Walter-Jörg Langbein
Götter aus dem Kosmos

Walter-Jörg Langbein

GÖTTER
AUS DEM
KOSMOS

MOEWIG

Bildquellennachweis

Aura-Z, Moskau: S. 102

Däniken (Archiv): S. 76, S. 77, S. 122, S. 150, S. 165

Däniken, Erich von: S. 218, S. 220, S. 222

Diekmann, Ingeborg: S. 138

Langbein (Archiv): S. 31, S. 44, S. 45, S. 53, S. 99, S. 103, S. 180, S. 188, S. 190, S. 191, S. 206, S. 208, S. 214

Langbein, Walter-Jörg: S. 107, S. 108, S. 109, S. 113, S. 121, S. 136, S.141, S. 145, S. 158, S. 161, S. 195, S. 196, S. 199, S. 204, S. 205, S. 232, S. 236

Pollo, Ilse: S. 9

5

*Dieses Buch widme ich
meinem »alten« Musiklehrer,
Herrn Heinz Müller-Beck,
in dankbarer Erinnerung
an schöne Schulstunden
im Meranier-Gymnasium
zu Lichtenfels*

Vorwort

Erich von Däniken

Ein Thema geht um die Welt. Es scheint nicht totzukriegen zu sein. Und wenn eine konservative wissenschaftliche Garde hofft, jetzt seien die Rätsel gelöst, die Menschen zur Vernunft zurückgekehrt und auch der UFO-Spuk habe nun ein Ende, zeigt sich am Firmament prompt eine leuchtende Scheibe. Und das Gezeter beginnt von vorne.

Erich von Däniken und Walter-Jörg Langbein in der geheimnisvollen unterirdischen Stadt von Derinkuyu

Oder jedesmal, wenn ich in den Medien lese, dieses oder jenes Rätsel sei nun endgültig gelöst – wissenschaftlich, versteht sich – und anschließend an der jeweiligen »Lösung« ein bißchen den Lack wegkratze, zerplatzt die ganze Wissenschaftlichkeit. Es ist ein Jammer mit der heutigen Wissenschaft. Sie ist einseitig und hat ihre Unschuld längst verloren.

Da gibt es in Peru jenes Wüstengebiet von Nazca. Wer darüber fliegt, erkennt unter sich ein phänomenales Panorama aus riesigen Zeichnungen, pistenartigen Trapezflächen und kilometerlangen, schmalen Linien. Man nennt Nazca auch »das größte Bilderbuch der Welt«. Bislang sind vierzehn Lösungen vorgebracht worden, die allesamt als »wissenschaftlich« in die Medien gedrückt wurden. Keine einzige taugt etwas, auch die neueste nicht, nach welcher Nazca ein »Wasserkult« gewesen sein soll.

Dabei gehöre ich keiner Zunft der Wissenschaftsfeindlichkeit an. Im Gegenteil: Ich liebe sie, unsere exakte Wissenschaft und ihre Erfolge. Nur gibt es in dieser Welt neben der exakten Wissenschaft auch die Sammelwissenschaft – und die benimmt sich gerade so, als habe man ihr blind zu folgen. Wenn Wissenschaftszweige dogmatisch werden, wirken sie wie ein Religionsersatz. Fürchterlich! Manchmal habe ich den Eindruck, es werde heimlich eine Zensur gewünscht, die am Endziel nur noch solche Bücher zuläßt, die ohnehin niemand lesen mag.

Deshalb freue ich mich über das vorliegende Buch von Walter-Jörg Langbein. Er schafft es, kuriose Dinge aufzugreifen, die nun einmal da sind, ob sie uns passen oder nicht. Es gelingt ihm, Phänomene zur Diskussion zu stellen, die zur Diskussion gestellt werden müssen.

Und das andere Thema, das nie zum Erlöschen gebracht werden kann, zumindest solange nicht, wie es Intelligenz gibt, ist das Thema der Außerirdischen. Sind wir tatsächlich nicht alleine in den Weiten des Universums?

Unerhört gar der Gedanke, Außerirdische könnten der Erde schon zu Olims Zeiten einen oder mehrere Besuche abgestattet haben.

Unseren Wissenschaftlern, die dauernd davon reden, die Distanzen im Universum seien unüberbrückbar, die Lichtjahre seien eine natürliche Grenze und außerirdische Lebensformen niemals menschenähnlich, diesen Wissenschaftlern fehlt der Instinkt zur modernen Realität.

Ihre Egozentrik hindert sie daran zu erkennen, was offensichtlich ist. Es wimmelt von Leben dort draußen, und auf erdähnlichen Planeten existieren menschenähnliche Wesen. Schlicht und einfach deshalb, weil sie alle Ableger einer Urspezies sind, über die sich (vorerst) nicht groß philosophieren läßt.

Dieser Gedanke ist nicht neu, nur scheint er kaum einen Astronomen oder gar Wissenschaftsjournalisten zu interessieren. Bereits Ende des vorigen Jahrhunderts hatte der schwedische Chemiker und Nobelpreisträger Svante August Arrhenius (1859–1927) postuliert, das Leben sei ewig und damit stelle sich die Frage nach dem Ursprung gar nicht. Natürlich habe auch ein Kreis irgendwo einen Anfang, meinte Arrhenius, doch sobald die Kreislinie geschlossen sei, stelle sich die Frage nach ihrem Anfang nicht mehr. Sie werde deshalb belanglos, weil sie unbeantwortbar sei. Man müsse, so Arrhenius, an den Anfang des Kreises mit allem Respekt einen Schöpfer setzen oder eben das, was man allgemein mit GOTT bezeichne. Dem kann ich mich nur bescheiden anschließen.

Vom selben Forscher Arrhenius stammt auch die »Panspermia-Theorie«[1]. Danach breiten sich die Lebenskeime überall im Kosmos aus. So automatisch und selbstverständlich, wie sich Staub über die gesamte Erde ausbreitet.

Prof. Dr. Sir Fred Hoyle und das Mathematikgenie, der indische Professor N. C. Wickramasinghe, untersuchten die Panspermia-Theorie und belegten blitzsauber, wie sich Lebenskeime im gesamten Universum verteilen[2]. Jeder Astrophysiker weiß, daß im Universum schier ununterbrochen Planetentrümmer oder Kometen auf irgendwelchen Planeten einschlagen. Der Effekt? Neue Planetensplitter. Durch den Einschlag eines Meteoriten auf der Erde wird beispielsweise irdisches Gestein oder Staub ins All geschleudert, schlicht und einfach deshalb, weil die Wucht des Einschlags so massiv sein kann, daß die kleineren Brocken aus der Erdanziehung herauskatapultiert werden. Und was enthalten diese Felsbrocken, was trägt der Staub mit sich? Selbstverständlich auch Lebenskeime!

Die Ausbreitung interstellarer Lebenskeime begann bereits vor Jahrmilliarden, und wer sich dieser Einsicht verschließt, wird wohl das berühmte Brett vor dem Kopf haben.

Professor Dr. Sir Francis Crick, immerhin Nobelpreisträger und damit wohl auch nicht gerade ein Phantast, ging noch einen Schritt weiter. Er fügte hinzu, eine fremde Zivilisation hätte bereits vor Jahrmilliarden mit Hilfe von Raumschiffen Mikroorganismen ins Weltall schießen können und letztlich das ganze Universum damit infiziert.

Nun ist die Erde bekanntlich, verglichen mit der Milchstraße geschweige denn gar mit anderen Galaxien, ein junger Planet. Ergo muß es auf Welten, die Jahrmilliarden älter sind als unser Heimatplanet und wir, und die dementsprechend viel mehr Zeit hatten, komplizierte Lebensformen heranzubilden, von intelligentem Leben nur so wimmeln. Da jene älteren Lebensformen wiederum ein Interesse daran hatten, ihre eigenen Lebensbausteine im Universum zu verbreiten, sind wir ihnen oder sie uns ähnlich.

So oder so, ob Panspermia-Theorie oder Ausbreitung durch intelligente Außerirdische: Wir sind nie und nimmer alleine im Weltall!

Wie die Fachliteratur belegt, sind all dies nicht die Träumereien eines abgehobenen Einzelgängers[4-8]. Bereits vor zwanzig Jahren berechnete der Astronom James R. Wertz, daß Außerirdische unser Sonnensystem problemlos in Abständen von 7,5 mal 10 hoch 5 Jahren besucht haben könnten. Das bedeutet, in den vergangenen 500 Millionen Jahren durchschnittlich 640mal[9]. Und Dr. Martin Fogg von der Universität London machte zehn Jahre später darauf aufmerksam, die gesamte Galaxis sei vermutlich schon besiedelt gewesen, als unsere Erde gerade zur Welt kam[10].

Und die integeren und klugen Astronomen, die stets wieder und wieder fragen, wo denn diese Außerirdischen, wenn es sie denn tatsächlich geben sollte, seien, die sollten den ETs eher dankbar dafür sein, daß sie sich nicht aufdringlich zeigen. Und was, wenn sie – eventuell – schon da sind und unser Treiben aus großem Abstand beobachten? Weshalb suchen sie dann keinen diplomatischen Kontakt mit uns? Pardon! Wir nehmen doch auch keine diplomatischen Beziehungen zu Hühnern auf!

Ich betrachte Walter-Jörg Langbeins Buch als hervorragenden Beitrag zu einer Diskussion, die immer dringender wird. Und dies weltweit.

ERICH v. Däniken

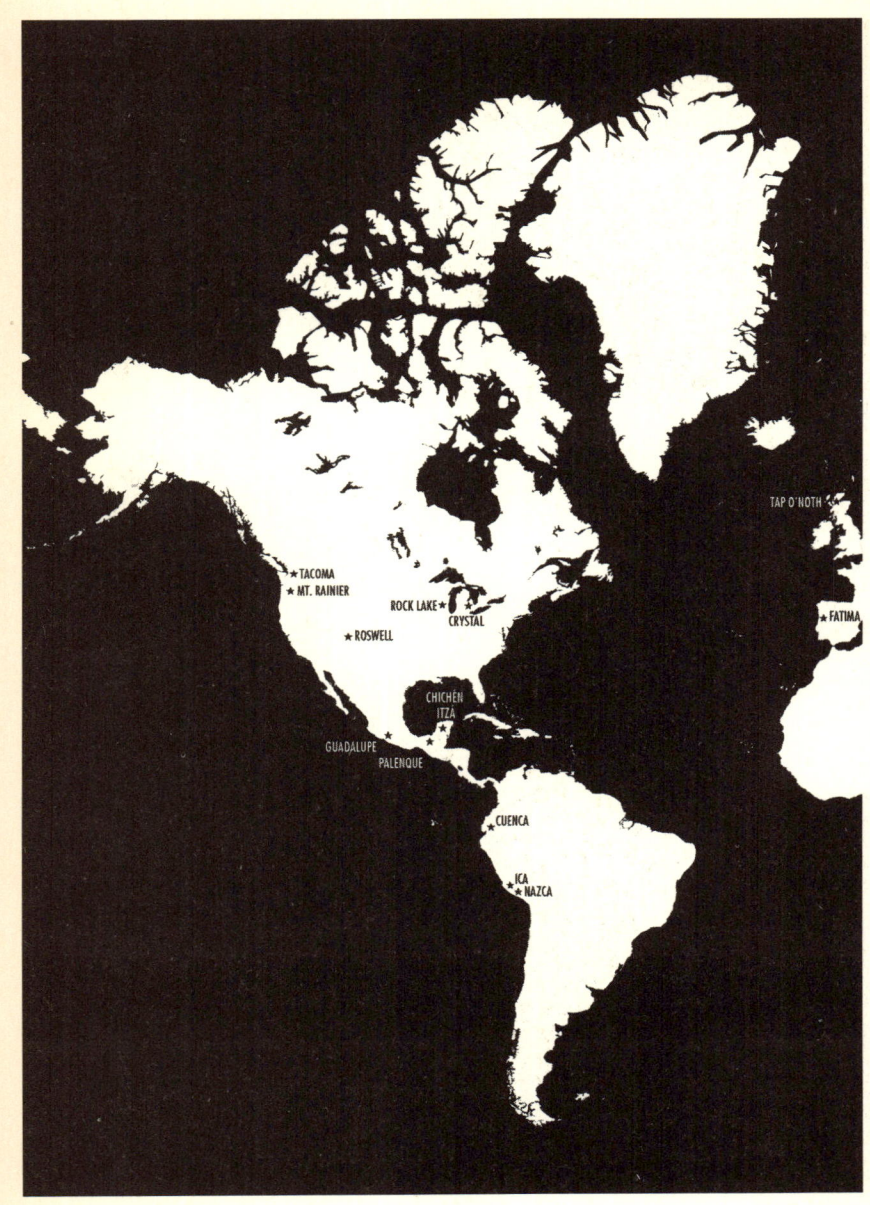

Zum Geleit

>»Nach welchen Kriterien wählst du die Sterne aus,
die du ansteuerst, und welche läßt du unberücksichtigt?«
Richard Bach in *Heimkehr*

»Die Geschichte ist ein Bündnis zwischen Wahrheit und
Lüge«, konstatierte Jean Cocteau, der geniale französische
Schriftsteller und Mitglied der »Academie Française«. Ähnlich kritisch dachte auch Charles Hoy Fort (1874–1932), der
Vater heutiger moderner Grenzwissenschaften. Er warf den
etablierten Wissenschaftlern seiner Zeit vor, nur solche Fakten
anzuerkennen, die in ihre Vorstellungswelt von der Wirklichkeit passen. Was nicht im Einklang mit vorgefaßten Konzep-
ten stand, das war dazu verdammt, der Vergessenheit anheim-
zufallen. Jene widerspenstigen Tatsachen, die von den
Vertretern offizieller Gelehrsamkeit vernachlässigt, ja ver-
drängt wurden, hatten es ihm besonders angetan. Er trug sie
mit Akribie zusammen: zum Beispiel Hinweise auf vorgeschichtliche Besuche von Außerirdischen auf der Erde.
»Und immer noch werden wir annehmen«, schreibt Charles
Hoy Fort in *Das Buch der Verdammten,* »daß es auf dieser
Erde vielleicht nicht nur eine untergegangene Kolonie gab,
eine Gruppe von außerirdischen Besuchern, die den Rückweg
nicht fanden, sondern auch andere außerirdische Gäste, die die
Erde wieder verließen«.
Hat sich die Haltung der Wissenschaft gegenüber unbequemen Tatsachen seit den Zeiten von Charles Hoy Fort grundlegend geändert? Eher nicht. Professor Dr. Peter Schattschnei-
der, Universität Wien, berichtet: »Ich habe in meinem Fach
die Erfahrung gemacht, daß nur wenige Kollegen angesichts
von Unverstandenem sagen: ›Das ist phantastisch. Dieser
Sache müssen wir nachgehen!‹ In aller Regel wird das Unver-
standene bagatellisiert, in notorischen Fällen sogar geleugnet.«
Bedauernd stellt der Gelehrte weiter fest: »Zugleich aber
bedarf die Naturwissenschaft ständig des Unverstandenen

16

gleichsam als Antrieb: Wäre alles erklärt, hätte sie ausgedient.« Er fordert: »Was wir brauchen, ist eine Darlegung unverstandener Fakten ohne Verdrängungspolitik und ohne Lobhudelei des Mysteriums.«

Das vorliegende Werk setzt sich intensiv mit einem Stiefkind wissenschaftlicher Publizistik auseinander. Es geht um außerirdische Besucher auf der Erde – in der Gegenwart und in der grauen Vergangenheit. Es ist das Ergebnis zwanzigjähriger Forschung – und ganz im Sinne von Charles Hoy Fort marschieren phantastische Fakten auf, die von so manchem Vertreter der etablierten Wissenschaften allzugern übersehen werden.

UFOs sind eines der größten Geheimnisse der Welt. Seit wann besuchen sie unseren Planeten? Seit fünf Jahrzehnten? 1947 stürzte bei Roswell ein außerirdisches Raumschiff ab, tote ETs wurden geborgen. Militärs verfolgten außerirdische Flugvehikel. Piloten kamen dabei ums Leben. War das der Anfang? Keineswegs! Bereits vor einhundert Jahren sichteten Zigtausende von Menschen in fast allen Staaten Nordamerikas riesige Raumschiffe. Eines stürzte ab, explodierte noch in der Luft. Ein toter Außerirdischer wurde geborgen.

Aber auch 1897 war nicht das Jahr, an dem erstmals die UFOs kamen. Sie werden schon seit Jahrtausenden gesichtet – und häufig religiös interpretiert. Heute behaupten unzählige Menschen, sie seien an Bord von UFOs entführt worden. Ähnliches geschah schon vor Jahrhunderten – ja vor Jahrtausenden!

Nach zwanzigjähriger Forschung auf fünf Kontinenten komme ich zu folgenden Erkenntnissen: Der Mensch entstand einst in grauer Vorzeit als das Produkt außerirdischer Wissenschaftler durch genetische Experimente. Im Laufe der Jahrtausende kehrten die Besucher aus dem All immer wieder zur Erde zurück. Sie wollten feststellen, wie sich ihr Versuch weiterentwickelt hatte. Für sie waren Menschen Lebewesen, mit denen man nach Belieben verfahren konnte. Das war so – in grauer Vorzeit. Hat sich daran etwas geändert? Anscheinend nicht. Die Besucher aus dem All sind wieder zur Erde zurückgekehrt. Sie experimentieren wieder.

17

»Was haben wir davon, wenn wir Nachforschungen darüber anstellen, ob vor vielen Jahrtausenden Außerirdische auf der Erde waren? Wir leben in der Gegenwart, nicht in der Vergangenheit! Was vor Ewigkeiten geschah, berührt uns nicht!« wird mir nach Vorträgen zu »meinem« Thema immer wieder vorgehalten.

Meine Antwort? Außerirdische waren vor vielen Jahrtausenden hier. Sie sind jetzt wieder da. Wenn wir wissen wollen, was wir von ihnen zu erwarten haben, müssen wir in Erfahrung bringen, wie sie sich vor Jahrtausenden verhielten! Für mich steht fest: Die Erde ist heute Ziel außerirdischer Besucher. Sie war es vor Jahrhunderten – und vor Jahrtausenden!

Solche Behauptungen erscheinen Ihnen als zu kühn, zu spekulativ? Lesen Sie erst mein Buch. Urteilen Sie erst, wenn Sie die Fakten kennen! Es ist so etwas wie ein riesiges Mosaikbild. Unzählige Fakten ergeben ein in der Tat phantastisches Bild ... von Außerirdischen, die aus den Tiefen des Universums zur Erde kamen. In grauer Vorzeit. In der Gegenwart.

»Elende Sterbliche, öffnet die Augen!« forderte der geniale Leonardo da Vinci. Ich will es höflicher formulieren: Lesen Sie unvoreingenommen. Urteilen Sie erst dann!

UFOs heute und einst

UFOs sind außerirdische Raumschiffe

Weltweit erhitzen UFOs heute mehr denn je die Gemüter. Immer mehr Zeitgenossen sind davon überzeugt, daß es sich bei UFOs um Flugvehikel handelt, gesteuert von intelligenten außerirdischen Wesen. UFO steht freilich zunächst nur für Unidentifiziertes Flugobjekt – und wird doch häufig automatisch mit fliegende Untertasse gleichgesetzt. Dieser Begriff, der aus unserem Sprachgebrauch nicht mehr wegzudenken ist, ist 50 Jahre alt. Er wurde von einem amerikanischen Journalisten erfunden.

Es geschah vor 50 Jahren

Am 24. Juni 1947 startete der Pilot Kenneth Arnold vormittags vom Chehalis-Flugplatz in Richtung Yakima, Bundesstaat Washington. Er hoffte, irgendwo an der Westseite des Mount Rainier das Wrack eines abgestürzten Flugzeugs zu finden. Immerhin winkten demjenigen 5 000 Dollar Belohnung, der die vermißte Transportmaschine C-46 entdeckte. Arnold machte eine Beobachtung, die ihn weltberühmt werden lassen sollte. Er startete gegen 14.00 Uhr, erreichte Mount Rainier eine Stunde später. Das Wetter war traumhaft schön. Nicht ein einziges Wölkchen war am blauen Himmel auszumachen.

Kenneth Arnold war optimistisch. Die Voraussetzungen waren ideal. Gern hätte er die fünftausend Dollar Belohnung kassiert. Sorgsam suchte er die Berghänge nach Wrackteilen ab. Plötzlich erschrak der Pilot. Da reflektierte ein Lichtstrahl an der Seite seines Flugzeugs. Hatte er im Eifer der Suchaktion ein anderes Flugzeug übersehen?

In unmittelbarer Nähe war aber keine weitere Maschine auszumachen. In einer Flughöhe von 9 200 Fuß, etwa fünfzehn Meilen entfernt, zog eine DC-4-Maschine ihre Bahn. Sie konnte eindeutig identifiziert werden: Sie war von San Francisco nach Seattle unterwegs. Woher rührte dann aber der Lichtstrahl, der sich an Arnolds Flugzeug gespiegelt hatte?

Plötzlich tauchten neun Lichtblitze auf. Sie bewegten sich in geordneter Formation in einer Höhe von 9 500 Fuß. Und das mit der unglaublichen Geschwindigkeit von 1200 Meilen pro Stunde. Der Pilot war mehr als verblüfft. Kein damals bekanntes irdisches Flugzeug konnte eine solch hohe Geschwindigkeit erreichen.

Am Flughafen von Pendleton, Oregon, berichtete Kenneth Arnold, was er da am Himmel gesehen hatte. Mehrere Journalisten waren anwesend, auch der Lokalreporter Bill Bequette. Und der kreierte den Terminus von den »fliegenden Untertassen«, wobei ihm freilich ein ganz entscheidender Fehler unterlief. Kenneth Arnold hatte nämlich beiläufig erwähnt, die neun rätselhaften Flugobjekte hätten sich »wellenförmig« bewegt, wie »Untertassen, die man über Wasser schießen läßt«. Bill Bequette griff diesen Vergleich auf und formulierte in einer Pressemeldung, Kenneth Arnold habe »fliegende Untertassen« gesehen.

Der Terminus »fliegende Untertasse« für ein »Unidentifiziertes Fliegendes Objekt« war geboren. Die Pressemeldung ging um die Welt. Seither ist von »fliegenden Untertassen« die Rede, wenn irgendwo geheimnisvolle Flugobjekte gesichtet werden, deren Herkunft nicht erklärt werden kann. Dabei sahen die arnoldschen UFOs alles andere als »untertassenförmig« aus. Der Zeuge beschrieb sie so: »Die Objekte waren sichelförmig und nicht rund. Sie hatten eine kleine Erhöhung im Zentrum der nach hinten verlaufenden Flügel.«

Was auch immer Kenneth Arnold gesehen hatte, er war nicht der einzige Zeuge. Nur wenige Tage später, am 7. Juli 1947, verließ William A. Rhodes aus Phoenix, Arizona, sein Haus, um in der Werkstatt auf seinem Grundstück zu arbeiten. Ein seltsames Geräusch, es klang wie »Wuuuusch«, ließ ihn zum Himmel blicken. War es ein niedrig fliegendes Düsenflugzeug?

Rhodes eilte ins Haus, holte seinen Fotoapparat und suchte den Himmel ab. Da flog etwas in einer Höhe von etwa siebenhundert Metern. Das Ding sah wie eine Flunder aus, nicht ganz kreisförmig, hinten etwas abgeflacht. Mitten auf der Rückseite befand sich ein Licht.

Mehrere Minuten konnte Rhodes das »UFO« beobachten. Zwei Fotos wurden am 7. Juli 1947 in der Lokalzeitung The Arizona Republic veröffentlicht. Korrekt wurde die Aussage des Zeugen zu einer Schlagzeile formuliert: »Untertasse jagt mit unglaublicher Geschwindigkeit über den Himmel«.

Kenneth Arnold studierte die Aufnahmen. Sein Urteil: »Genauso haben die neun Flugobjekte ausgesehen, die ich beobachtet habe!« Der Pilot hielt die Fotos für echt. Der Fotograf, so Arnold, hatte ein Flugobjekt vom gleichen Typ gesehen und fotografiert, der ihm bei seinem Erkundungsflug begegnet war. Dreißig Jahre später analysierte die Ground Saucer Watch-UFO-Gruppe die Aufnahmen per Computer. Ergebnis: Das Objekt hatte einen Durchmesser von zehn bis zwölf Metern und befand sich etwa 1400 Meter von der Kamera entfernt.

Der Bericht in *The Arizona Republic* erregte in der Öffentlichkeit großes Aufsehen. Aber auch das FBI interessierte sich für die Aufnahmen. Innerhalb von 48 Stunden nach Veröffentlichung des Zeitungsartikels erschienen ein Zivilbeamter namens Ledding und ein Oberstleutnant Beam bei dem Fotografen und beschlagnahmten die Negative. Angeblich würde man sie »bald« zurückgeben. Das ist bis heute nicht geschehen. Fest steht: Nach einem FBI-Memorandum vom 28. August 1947 wurden die Originalaufnahmen und die Negative an die US-Luftwaffe weitergeleitet.

Ganz offensichtlich hatten US-Behörden großes Interesse an UFO-Sichtungen. Sie sammelten Zeugenaussagen und zwangen die Beobachter zu striktem Stillschweigen. Das mußte auch Harold Dahl aus Washington erleben. Am 23. Juni 1947 verließ er auf seinem Boot zusammen mit seinem Sohn im Teenageralter und einem weiteren Mann den Hafen von Tacoma. Als sie die Maury-Insel passierten, tauchten zwei Flugkörper am Himmel auf. Was auch immer da hoch oben über dem Boot schwebte, es warf »Brocken« über Bord. Sie stürzten ins Meer, schlugen aber auch auf dem Boot auf. Harold Dahl junior wurde am Arm verletzt. Der Junge mußte im Krankenhaus behandelt werden. Schlimmer traf es den Schiffshund: Das Tier erlag seinen Verletzungen.

Wer oder was hatte da von UFOs aus »Klumpen« über Bord geworfen? Das Material war, wie eine Untersuchung ergab, radioaktiv. Was da am Himmel geflogen war – Harold Dahl hatte es fotografiert. Stunden später wurde er von einem geheimnisvollen »Mann im schwarzen Anzug« aufgesucht, der den Zeugen ausführlich befragte. Er legte ihm mehr als nahe, absolutes Stillschweigen über seine Beobachtung zu wahren. »Sonst könnte Ihrer Familie Schlimmes zustoßen!«

Zunächst ließ sich Harold Dahl nicht einschüchtern. Er informierte Kenneth Arnold über die Ereignisse. Und der ließ seine Verbindungen spielen. Zwei UFO-Forscher, Mr. Brown und Mr. Davidson, wollten sich des Falls annehmen und vor Ort recherchieren. Sie kamen bei einem Flugzeugabsturz ums Leben. Harold Dahl junior verschwand spurlos. Er tauchte später in einem Kaff in Colorado wieder auf. Er litt unter »vollkommenem Gedächtnisschwund«, was die Geschehnisse vom 23. Juni 1947 anbelangte, und konnte sich »an nichts mehr erinnern«.

Ray Palmer, Herausgeber der Zeitschrift *Amazing Stories,* recherchierte den Fall. Er beschrieb ihn ausführlich in dem Buch *The Coming of the Saucers* (etwa: *Als die Untertassen kamen*). Vielleicht hätte er den Fall aufklären können. Besaß er doch einige von den radioaktiven Bruchstücken, die am 23. Juni 1947 vom Himmel gefallen waren. Das Material wurde bei einem Einbruch in das Chicagoer Büro Palmers von Unbekannten entwendet und blieb bis heute verschwunden. Weitere Proben von den »radioaktiven Klumpen« lagen noch wochenlang auf der Maury-Insel. Sie waren von US-Behörden mit einem hohen Zaun umgeben worden. Darauf prangten Schrifttafeln: »Besitz der US-Regierung! Betreten verboten!«

Bald geriet der Vorfall von der Maury-Insel in Vergessenheit. Dr. David M. Jacobs erwähnte ihn 1973 beiläufig in seinem Buch *The UFO Controversy in America* in einem einzigen, mageren Absatz.

Am 23. September 1947 schickte Generalleutnant Nathan F. Twining einen Geheimbericht über »fliegende Scheiben« an Brigadegeneral George Schulgen im Pentagon. Er schlummerte 31 Jahre in den Archiven, bis er auf Befehl von US-Präsident Jimmy Carter publik gemacht wurde. Darin heißt es: »Es besteht die Ansicht, daß das Phänomen, von dem berichtet wird, real ist und nicht auf Einbildung oder Fiktion beruht, daß es Objekte gibt, die ungefähr Scheibenform haben und so groß wie gewöhnliche Flugzeuge zu sein scheinen.« Der amtliche Report faßte den Erkenntnisstand über die UFOs zusammen. Demnach handelt es sich um »metallische oder reflektierende Objekte«. Sie sondern »keine erkennbaren Ausstöße« ab, haben »eine runde oder elliptische Form«, sind an »der Unterseite abgeflacht, oben mit einer Kuppel versehen«. Einige Berichte sprechen »von gut ausgeführten Formationsflügen mit drei bis neun Objekten« Gewöhnlich »operieren sie lautlos, drei Fälle ausgenommen, wo ein donnerndes Grollen bemerkt wurde«.

Der amtliche Report kam zu keinem endgültigen Resümee, forderte aber, daß »der Generalstab Richtlinien zu einer gründlichen Untersuchung dieser Angelegenheit herausgibt und ihr eine Prioritätsstufe und Geheimhaltungsstufe zuweist«. 1956 schrieb Captain Ruppelt vom »Air Technical Intelligence Center« in seinem Buch *Bericht über unidentifizierte Flugobjekte*:

> »Die Spezialisten des lufttechnischen Nachrichtendienstes ATIC waren sich sicher, daß sie innerhalb eines Jahres die Antwort auf die Frage hätten, was UFOs sind. Die Frage, ob UFOs existieren, gab es damals gar nicht mehr. Das einzige Problem, mit dem ATIC zu tun hatte, war die Frage, ob die UFOs russischen oder interplanetarischen Ursprungs sind.«

Tödliche Begegnung

Diese Frage wurde spätestens am 7. Januar 1948 definitiv beantwortet. Am frühen Nachmittag hatten Hunderte von Militärs und Zivilisten in der Befehlszentrale des Militärflughafens von Godman Field, Kentucky, in Madisonville und Fort Knox eine »gigantische fliegende Untertasse« am Himmel gesichtet. Colonel Hix, Kommandant des Militärflughafens, ließ drei

Düsenjäger aufsteigen, um das UFO zu identifizieren und abzufangen. Inzwischen hatten sich Tausende eingefunden, um die geheimnisvollen Vorgänge am Himmel zu beobachten.

Zwei der Düsenjäger mußten bald wegen Spritmangels landen. Nur Geschwaderführer Captain Thomas Mantell, ein erfahrener Luftwaffenpilot, »blieb am Ball«. Er verfolgte das UFO, das auf den Radarschirmen der Militärbasis deutlich auszumachen war. Per Funk übermittelte Mantell seine Beobachtungen. Demnach war das UFO »scheibenförmig, enorm groß, schwer zu schätzen, es könnte siebzig Meter im Durchmesser sein, Oberfläche hat Ring und Kuppel, dreht sich enorm schnell um die eigene Achse«.

Um 15.15 Uhr meldete Mantell: »Ich fliege näher dran, um es besser zu sehen. Es ist direkt über mir. Das Ding ist metallisch und von ungeheurer Größe. Es schießt in die Höhe und hat fast dieselbe Geschwindigkeit wie ich. Das sind 600 km/h. Ich werde auf 7 000 Meter steigen, und wenn ich nicht näher rankomme, gebe ich auf.« Wenige Augenblicke später explodierte Mantells Maschine. Die Wrackteile stürzten auf ein Feld. Dort wurden sie von Angehörigen der Luftwaffe aufgesammelt. Angeblich waren sie von »feinen Löchern« durchbohrt.

Das riesige UFO wurde weiter beobachtet. Zeugen vom Lockburne-Flugplatz gaben zwei Stunden später an: »Es ist rund oder oval und größer als eine C-47. Es befindet sich auf gleichbleibender Höhe, fliegt aber schneller als 800 km/h.« Es »glühte« beim Flug, veränderte seine Farbe von Weiß zu Gelb und gab kein Fluggeräusch von sich.

DC-3-Piloten und ein riesiges UFO

Ähnlich eindeutig war auch die UFO-Sichtung vom 24. Juli 1948. Abends startete eine DC-3 der Eastern Airlines von Houston in Texas. Zielflughafen war Atlanta in Georgia. Gegen 2.45 Uhr näherten sich die Piloten Clarence S. Chiles und John B. Whitted Montgomery in Alabama. Aus der Dunkelheit der Nacht tauchte ein Licht auf. Es raste mit unglaublicher Geschwindigkeit auf sie zu. Kapitän Chiles machte seinen Copiloten Whitted auf die Erscheinung aufmerksam. Er wich leicht vom eingeschlagenen Kurs ab, um das Licht besser erkennen zu können.

Bis auf 250 Meter näherten sie sich dem UFO, als das helle »Ding« auswich. Es schoß in steilem Winkel in die Höhe und verursachte dadurch eine erhebliche Turbulenz. Die Piloten gaben später zu Protokoll:

> »Es war flügellos, dreißig Meter lang und doppelt so groß wie eine B-29! Wir sahen es und fragten uns: ›Was in aller Welt ist das?‹ Aber was immer das auch war, es schoß zu uns herunter, drehte sich ein wenig und passierte uns in 250 Metern Entfernung. Zuerst flog es nach rechts, danach stieg es auf. Dann, als hätte der Pilot uns gesehen und wollte eine Kollision vermeiden, stoppte es plötzlich, flammte auf und stieg steil in die Wolken. Die Unterseite glühte bläulich. Wir sahen zwei Reihen von Luken, aus denen es hell wie Magnesium leuchtete. Aber es waren keine Insassen auszumachen.«

Wenige Minuten später wurde das UFO von einem Kapitän der Robins Air Base in Macon, Georgia, gesichtet. Es flog als helles Licht mit unglaublicher Geschwindigkeit über den Nachthimmel.

Captain Ruppelt vom Air Technical Intelligence Center (ATIC) schreibt:

> »Dieser Bericht erschütterte den ATIC noch mehr als der Mantell-Fall. Es war das erste Mal, daß zwei glaubwürdige Zeugen nah genug an ein UFO herankamen, um Details zu erkennen. Die Beschreibung von Fenstern ließ nur den Schluß zu, daß das geheimnisvolle Flugobjekt bemannt war. Ein Blick auf die Karte zeigte, daß das UFO auf der von den Piloten beschriebenen Route Macon/Georgia kreuzen mußte – wo es tatsächlich Minuten später gesehen wurde. Die Presse sprach von einem ›riesigen Weltraumschiff‹, und auch für den ATIC schien die ›interplanetarische Hypothese‹ durch diesen Vorfall bestätigt.«

Nur wenige Wochen später, am 5. September 1948, konnte von der ATIC ein umfassender Bericht zusammengestellt und direkt an das Pentagon in Washington verschickt werden. Das Papier mit dem Titel *Project Sign – Lagebericht* war als Top Secret eingestuft. Resümee: UFOs sind Flugobjekte interplanetarischer Herkunft! Zusammengefaßt worden waren, so Captain Ruppelt, Luftwaffenanalysen zahlreicher Sichtungsfälle. Sie alle stammten von Wissenschaftlern, Piloten und anderen absolut glaubwürdigen und zuverlässigen Beobachtern.

Weltweit erhitzen UFOs heute mehr denn je die Gemüter. Forschern unserer Tage ist klar, daß der Terminus 1947 geprägt wurde. Dank detektivischer Kleinstarbeit wissen wir, daß bereits 1947 US-Militärs intensiv UFO-Meldungen untersuchten. Jahrzehntelang blieben ihre Studien und Recherchen nur wenigen Eingeweihten vorbehalten. Das beweisen Dokumente, die lange als »Top secret« klassifiziert waren. Freilich wurden 1947 und 1948 UFOs nicht nur von Zivilisten gesichtet, von Militärmaschinen verfolgt und in geheimen Dokumenten beschrieben. 1947 stürzte ein UFO bei Roswell, Neu Mexiko, ab. Wieder einmal spielte das Militär in Sachen Vertuschung eine mehr als unrühmliche Rolle.

Die Katastrophe von Roswell

Vor fünfzig Jahren begann der kalte Krieg. Eine unsinnige, ideologisch begründete Grenze teilte die Welt in den Ost- und den West-Block. Gewiß, Amerika und Rußland hatten gemeinsam den 2. Weltkrieg gegen Hitlerdeutschland geführt. Aber aus den Verbündeten von einst waren Feinde geworden. Jede Seite unterstellte der anderen, die Weltherrschaft anzustreben.

Wissenschaftler auf beiden Seiten arbeiteten an streng geheimen Projekten. Jede Seite wollte wirksamere Waffen, bessere Technologie besitzen. Und Wissenschaftler auf beiden Seiten waren davon überzeugt: Wer auch immer in den Besitz außerirdischer Technologie gelangen sollte, würde der anderen Seite um Lichtjahre überlegen sein. Irdische Wissenschaftler konnten damals von Raumfahrt, und sei es nur in unserem eigenen Sonnensystem, allenfalls träumen. Sollte es tatsächlich Wesen von einem anderen Stern gelungen sein, die Tiefen des Weltalls zu überbrücken, dann mußten diese intelligenten Wesen einen Wissensstand besitzen, den man – wenn überhaupt – auf unserem Planeten in ferner Zukunft erreichen würde. UFO-Forschung war deshalb in Ost wie West striktester Geheimhaltung unterworfen.

Heute, Jahrzehnte später, wird nach und nach geheimstes Material, das in den Archiven der Militärs gehütet wurde, zugänglich gemacht. Nach wie vor aber sind UFO-Forscher in den USA davon überzeugt, daß erst ein Bruchteil des Geheimmaterials aus den UFO-Akten bekanntgemacht wurde. Das betrifft in besonderem Maße die sogenannte Roswell-Katastrophe von 1947.

Ein Wettlauf gegen die Zeit

Am 1. Juli 1947 wurden über Roswell, New Mexico, und Umgebung »ungewöhnliche Flugbewegungen« registriert. Ein geheimnisvolles Flugobjekt tauchte immer wieder auf den Radarschirmen von Roswell, White Sands und Alamogordo auf. Den Militärs war die Angelegenheit unheimlich. War doch das »White-Sands-Testgebiet« betroffen, in dem man 1945 die erste Atombombe der Neuzeit gezündet hatte. Hier wurden die neuesten Waffen ausprobiert. Hier arbeiteten unter Ausschluß der Öffentlichkeit führende Forscher, etwa Raketenexperten aus Deutschland, die für Hitler die »Geheimwaffe« entwickeln sollten. Keine Frage: Just jenes Gebiet mußte für die andere Seite, für die Russen, von größtem Interesse sein. Wenn irgendwo in Amerika russische Spione auftauchen sollten, dann ohne Zweifel hier in der Region von White Sands.

So wurde das Areal der geheimen Tests besser bewacht als jedes andere in Amerika. Der Luftraum wurde ständig überwacht mit Radar. Eine umfassende Erfassung war dabei zur großen Sorge der Militärs gar nicht möglich. In manchen Regionen wurden nur solche Flugobjekte auf den Radarschirmen sichtbar, die sich in einer Höhe von dreitausend und mehr Metern bewegten.

Am 2. Juli 1947 tauchte ein »UFO« auf den Radarschirmen auf, verschwand wieder und wurde erneut registriert. Sollte es sich um ein Spionageflugzeug der anderen Seite handeln, das der Radarüberwachung ein Schnippchen schlug, indem es so tief wie möglich flog?

Am 2. Juli 1947 erhielt Steve Mac Kenzie, stationiert auf dem Roswell Army Field, von Brigadier General Martin F. Scanlon vom Luftverteidigungskommando den Befehl, sofort zum Dienst in White Sands anzutreten. Vierundzwanzig Stunden saß er am Radarschirm. Immer wieder tauchte das UFO auf, verschwand und erschien wieder. Steve Mac Kenzie und seine Kollegen kamen zu der Überzeugung, daß kein bekanntes irdisches Flugobjekt solche Manöver ausführen konnte.

Am Abend des 2. Juli wurde das UFO gegen 21.50 Uhr von Dan Wilmot und seiner Familie gesichtet. Es hatte die klassische Untertassenform und brauste über den Himmel. Irgend etwas schien mit dem Ding nicht zu stimmen.

Zwei Tage später tauchte die erste Gruppe von Militärspezialisten auf. In den folgenden Tagen folgten weitere Armeeleute. Ganz offensichtlich hoffte man, das Geheimnis der fliegenden Untertassen lösen zu können. Dieser Wunsch scheint bald darauf in Erfüllung gegangen zu sein. Am selben Abend beobachteten Nonnen vom Saint Mary's Hospital zwischen 23.00 und 23.30 Uhr, wie ein helles, leuchtendes Objekt »im Norden« vom Himmel fiel. War das UFO abgestürzt oder notgelandet? Die frommen Frauen befürchteten eine Flugzeugkatastrophe und beteten inbrünstig für das Seelenheil eventueller Opfer.

Ebenfalls am Abend des 4. Juli 1947 beobachtete Corporal E. L. Pyles, wie ein ungewöhnlich helles Objekt leuchtend über den Himmel zog. Es näherte sich stetig dem Boden. Für eine Sternschnuppe oder einen sonstigen Himmelskörper war es viel zu langsam. War es das UFO, das die Militärs so intensiv auf den Radarschirmen verfolgt hatten?

Gegen 23.30 Uhr begann das unbekannte Objekt auf den Radarschirmen zu pulsieren. Es blähte sich auf, schrumpfte wieder auf seine vorherige Größe zusammen und verschwand schlagartig vom Radarschirm. Das Ding war gelandet oder abgestürzt – aber wo?

Es begann ein Wettlauf gegen die Zeit, den die Militärs zunächst verloren. Denn es waren Zivilisten, die als erste an der Absturzstelle auftauchten. In den Morgenstunden des 5. Juli 1947 sahen Professor Dr. Curry Holden, ein Archäologe, und einige Studenten am Ort des Geschehens zufällig, wie etwas vom Himmel stürzte und sich in einen Steilhang bohrte. »Es sah wie ein abgestürztes Flugzeug ohne Flügel, aber mit sehr dickem Rumpf aus!«

Ein UFO-Wrack und tote Außerirdische

Mehrere tote Wesen waren auszumachen. Einige lagen außerhalb des Wracks, einige darin. Der Archäologieprofessor schickte einen seiner Studenten los. »Treiben Sie irgendwo ein Telefon auf! Und rufen Sie den örtlichen Sheriff an! Melden Sie einen Flugzeugabsturz!« Sheriff George Wilcox nahm den Anruf entgegen und benachrichtigte sofort die Feuerwehr von Roswell. Kurz darauf trafen sowohl die Feuerwehr als auch Beamte des Roswell-Police-Departments am Absturzort ein. Das mag etwa zu der Zeit gewesen sein, als die Radarexperten die Absturzstelle lokalisiert hatten.

Die Militärs schickten sofort ein gut ausgebildetes Team los. James Ragsdale und Trudy Truelove sollten später ihr Eintreffen am Katastrophenort beschreiben. Die beiden hatten mit dem Jeep einen nächtlichen Ausflug unternommen. Zufällig waren sie an die Absturzstelle gelangt. Sie sahen das Wrack, das zu einem guten Teil im Abhang steckte. Überall lagen Metallteile, weitflächig verstreut, als habe eine gewaltige Katastrophe stattgefunden. Später gab James Ragsdale zu Protokoll, daß ihn besonders die eigenartigen Metallfetzen fasziniert hatten. »Ich hob etwas von dem zerknautschten Zeug auf. Ich knüllte es zusammen, ließ es wieder los. Es glättete sich von selbst.«

Zusammen mit Trudy Truelove näherte er sich dem Hauptteil des UFOs. »Da lagen Körper leblos und starr. Sie sahen wie Zwerge aus, waren vielleicht 1,20, höchstens

1,50 Meter klein.« Die Toten waren es, die Trudy Truelove in Panik versetzten. Sie hatte das Gefühl, zur falschen Zeit am falschen Ort zu sein. »Laß uns hier verschwinden!« schrie sie entsetzt. James Ragsdale blieb ruhig. »Wir müssen etwas von diesem komischen Material mitnehmen«, meinte er und fing an, kuriose Metallfetzen aufzuheben und auf den Jeep zu laden. Mißmutig half ihm seine Begleiterin dabei.

Plötzlich tauchten Militärs auf: »Zwei oder drei Armeelastwagen, ein Abschleppwagen, ein 47er Ford mit Militärpolizei.« Die Männer erweckten den Eindruck, als hätten sie den Einsatz genau einstudiert. Sie arbeiteten wie Roboter, Punkt für Punkt einem sorgsam ausgetüftelten Programm folgend. James Ragsdale und Trudy Truelove hatten das Gefühl, daß ihre Anwesenheit bei dem Spektakel übersehen worden sei. Sie rannten zum Jeep und brausten los. Während der Fahrt warfen sie die aufgesammelten Wrackteile in den Wüstensand.

Am 8. Juli 1947 gab Walter Haut, Presseoffizier der Luftwaffenbasis Roswell, eine Presseerklärung heraus. Darin heißt es:

»Die vielen Gerüchte über die fliegenden Scheiben wurden gestern zur Realität, als es dem Nachrichtenbüro des 509. Bombengeschwaders des Eighth Air Force District, Luftwaffenstützpunkt Roswell, glückte, mit Unterstützung eines hiesigen Farmers und des Sheriffs von Chaves County und dessen Büro in den Besitz einer fliegenden Scheibe zu gelangen. Das fliegende Objekt landete in der vorigen Woche auf einer Ranch bei Roswell.«

Der *Daily Record* von Roswell berichtete am 8. Juli 1947 ausführlich über das sensationelle Ereignis. Die Schlagzeile auf der Titelseite hieß: »Army Airforce erbeutet fliegende Untertasse«. In diesem frühen Bericht, der weltweit zu ähnlichen Artikeln in der Presse führte, wurde freilich bereits angedeutet, daß die Armee dabei sei, den ganzen Vorfall massiv zu vertuschen. Und tatsächlich währte die Zeit der offenen Informationen nur kurz. So strahlte der örtliche Radiosender

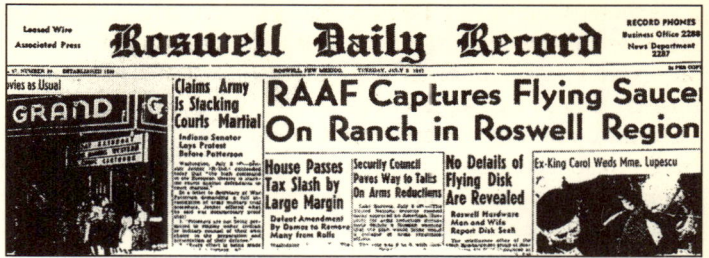

Die historische Schlagzeile vom 8. Juli 1947

KWSK, Roswell, einen Bericht über den UFO-Absturz aus, der abgebrochen werden mußte. Ein amtliches Fernschreiben traf ein, während die Reportage lief: »Keine Übertragung! Wiederhole! Unterbrechen Sie die Übertragung sofort!« Dem Befehl wurde Folge geleistet, die Sendung mitten im Satz abgebrochen.

Wie viele Menschen, die als Zeugen vor Ort gewesen waren oder etwa Wrackteile sahen, zum Schweigen gebracht wurden, ist bis heute nicht geklärt. Fest steht aber, daß massiver Druck ausgeübt wurde. Frankie Rowe zum Beispiel, die Tochter eines Feuerwehrmanns des Roswell Fire Department, war anno 1947 zwölf Jahre alt. Ihr Papa erzählte ihr, als er von der Absturzstelle zurückkehrte, was er selbst vor Ort gesehen hatte:

»Er sagte, da sei etwas abgestürzt, das nicht von dieser Erde stammte. Durch den Absturz hätten zahlreiche Stücke eines seltsamen Materials herumgelegen, außerdem sah er zwei kleine Leichen und eine Person, die herumlief. Er sagte, sie seien von einem anderen Planeten. Sie sähen nicht aus wie wir. Er sagte, sie seien sehr klein gewesen, nicht größer als ein zehnjähriges Kind, hätten keinerlei Behaarung, sehr kleine Ohren und eher große, schwarze Augen. Sie trügen einen einheitlichen Anzug, der den ganzen Körper bedeckte. Die beiden Getöteten wurden in Leichensäcke gesteckt. Der andere erschien so erschreckt und verloren und verängstigt, daß er ihnen leid getan habe.«

31

Feuerwehrmann Rowe nahm ein kleines Bruchstück des Wracks an sich. Er zeigte es später seinen Kollegen auf der Feuerwache und seiner Tochter. Sie beschreibt es wie folgt:

> »Es hatte zackige Enden und war grau-silbrig. Ich nahm es in die Hand. Man konnte es kaum fühlen. Es war so dünn, als würde man ein Haar halten. Die Feuerwehrleute versuchten, es zu schneiden oder zu zerreißen, aber ohne Erfolg. Es war dünn wie Alufolie. Wenn man es zusammen-knüllte, entfaltete es sich von selbst und nahm seine ursprüngliche Form wieder an.«

Wenige Tage später bekam die Feuerwache Besuch von einem Armee-Offizier, der von drei Militärpolizisten begleitet wurde. Sie bedrohten Frankie Rowe und die Feuerwehrleute. Mit niemandem dürfe darüber gesprochen werden.

Frankie Rowe erinnert sich: »Er fragte mich, was ich gesehen hätte. Er sagte, ich hätte dort nichts zu suchen (gehabt). Ich hätte nichts gesehen. Ich erwiderte, ich hätte ein Stück Metall gesehen. Er wiederholte, ich hätte nichts gesehen und daß ich verantwortlich dafür wäre, daß sie jeden töten, wenn ich darüber redete.« Helen Cahill, Frankie Rowes Schwester, bestätigte an Eides statt seine Aussagen.

Die Mauer des Schweigens fällt

Am 8. Juli 1947 erhielt Stabsfeldwebel Irving Newton, damals Leiter der Wetterstation und des Flugdienstes auf dem Luftwaffenstützpunkt von Carswell-Fort Worth, Texas, von General Roger Ramey den Befehl, sofort nach Roswell zu kommen. Er wagte es zu widersprechen, war er doch der einzige Diensthabende in der Station und konnte, durfte seinen Posten nicht verlassen. Das ließ der General nicht gelten. In Roswell mußte Newton die Reste eines anscheinend abgestürzten Wetterballons als das »Roswell-Wrack« identifizieren.

Ein solcher Ballon bestand aus ein- bis zweihundert Gramm Kunststoff. Der Zentralkörper des UFOs allein maß acht bis zehn Meter in der Länge und vier bis fünf Meter in der Breite. Er hatte damit ein Vieltausendfaches der Masse des unscheinbaren Wetterballons. So war eigentlich schon damals offensichtlich, daß die eilig angebotene Ersatzerklärung gar nicht stimmen konnte. Sie wurde trotzdem weltweit verbreitet und bis in unsere Tage von selbsternannten »UFO-Forschern« akzeptiert. Freilich hat die Luftwaffe inzwischen zugegeben: Es war kein Wetterballon, was da 1947 bei Roswell abstürzte.

Mehr als ein halbes Jahrhundert ist seit der Katastrophe von Roswell vergangen. Der amtliche Druck auf Zeugen ließ allmählich nach. Im Lauf der Jahre wagten es immer mehr Menschen, offen darüber zu sprechen, was sie bei Roswell gesehen hatten. Die Ereignisse können daher weitestgehend rekonstruiert werden.

Nach Eintreffen des Militärs an der Absturzstelle wurde zunächst die unmittelbare Aufschlagstelle, bald das gesamte Gebiet weitläufig abgeriegelt. Zivilisten wurden verjagt oder daran gehindert, das Areal zu betreten. Ein Trupp Soldaten postierte sich auf einer Anhöhe, von der aus sie die nähere Umgebung der Absturzstelle überblicken konnten. Sie sollten zufällig anwesende Zivilisten verjagen. Ihre Namen und Anschriften wurden notiert. Man schärfte ihnen ein, auf keinen Fall zum Absturzort zurückzukehren. Mit niemandem dürfe über den Vorfall gesprochen werden.

Die Absturzstelle wurde zunächst von einem Mann im Schutzanzug auf radioaktive Verstrahlung überprüft. Erst dann durften neun speziell ausgebildete Militärs das Zentrum des abgesperrten Areals betreten. MacKenzie war einer von ihnen:

»Als wir das abgestürzte Etwas sahen, waren wir wie von einem Schock gelähmt. Wir blieben einen Moment stehen, unfähig, uns zu bewegen. Von den Radarbeobachtungen her wußten wir, daß etwas Merkwürdiges geschehen war. Aber auf den Anblick, der sich uns bot, waren wir nicht vorbereitet.«

Als sich die Männer dem Zentralkörper, dem eigentlichen UFO-Wrack, näherten, fanden sie Leichen. Es konnte keinen

Zweifel geben: Es handelte sich um Außerirdische. Sie waren kleinwüchsig, etwa 1,50 Meter groß, zierlich und schlank. Ihre Köpfe paßten nicht zu den zarten Körpern. Ihre Augen waren etwas größer als die von Menschen.

Zwei tote Außerirdische lagen außerhalb des UFO-Wracks. Einer davon hatte vielleicht den Absturz zunächst überlebt, hockte kauernd am Boden. Im UFO selbst wurden mindestens drei Tote entdeckt. Einer von ihnen saß leicht geneigt auf einer Art Stuhl. Ein zweiter soll am Boden gelegen haben, ein dritter wurde erst später im Inneren des UFOs gefunden.

Spezialisten waren damit beschäftigt, die Absturzstelle sorgsam zu kartographieren. Mit pedantischer Gründlichkeit wurde jedes noch so kleine Wrackteil registriert. Gleichzeitig wurde das Areal von kleinen Flugzeugen überflogen und unzählige Luftfotos gemacht. Schließlich barg man die Leichen und verstaute sie auf Lastwagen.

Melvin E. Brown stand vor einem der Lastwagen Wache. Ihm war es strikt untersagt, einen Blick auf die unter einer Plane liegenden Toten zu werfen. Er tat es trotzdem: »Sie waren kleinwüchsig, hatten große Köpfe und gelbe oder orangefarbene Haut.« Schließlich brachte man die toten Außerirdischen per LKW nach Roswell. Ein Dr. Jesse Johnson konstatierte: »Diese Wesen sind tot.« Zwei weitere ortsfremde Ärzte wurden eingeflogen. Sie führten eine Autopsie durch. Schließlich flog man die toten Außerirdischen, aber auch einen Großteil der Wrackteile, nach Washington.

Noch im Sommer 1949 fand Bill Brazel, der Sohn des Ranchers, auf dessen Farmgelände der Roswell-Flugkörper abgestürzt war, kleinere Metallteile, die ganz offensichtlich vom UFO stammten. Sie blieben nicht lange in seinem Besitz. Ein Captain Armstrong erschien mit einigen weiteren Militärs bei dem Farmer und beschlagnahmte das Material.

UFOs vor 100 Jahren

Sacramento, Kalifornien, USA, 20. September 1896: Der Astronom Professor Swift beobachtet einen seltsamen hellen

Flugkörper am Horizont. Ist es ein Komet? Der Gelehrte richtet sein Fernrohr auf das wandernde helle Etwas. Er stellt fest, daß es eine dreieckige Form hat. An jeder Ecke strahlt ein Licht. Zwei davon sind besonders hell. Professor Swift weiß nicht, was er da observiert. Er meldet seine Entdeckung im *Astronomical Journal* und in der *Stockton Evening Mail*.

Dreieckig ist auch das fliegende Etwas, das John Ahern aus Stockton, Kalifornien, etwa vier Wochen später am Himmel erspäht: »Es war das Schönste, was ich je gesehen habe! Nur was es war, das weiß ich leider nicht!«

Diese beiden UFO-Sichtungen waren der Anfang mehrerer UFO-Wellen, die wie eine Naturgewalt über fast alle Staaten Nordamerikas hereinbrachen. In Kalifornien fing es an. Dann folgten weitere Beobachtungen im Osten, zum Beispiel in Ohio und in Virginia. Heute, an der Schwelle zu einem neuen Jahrtausend, kommt es ohne Zweifel vor, daß Flugzeuge nächtens für UFOs gehalten werden. Anno 1896/97 freilich gab es noch keinerlei irdischen Flugverkehr.

UFOs, UFOs, UFOs

Der 17. November 1896 war in Sacramento, Kalifornien, ein verregneter Tag. Gegen Abend verschlechterte sich das Wetter. Charles Lusk, er arbeitete für die »Electric Railway Company«, trat vor sein Haus Ecke 23. und 10. Straße. Gelangweilt blickte er in den Himmel. Plötzlich erregte etwas seine Aufmerksamkeit. Da flog etwas in einer Höhe von etwa 300 Metern gen Westen. Charles Lusk: »Es war weder Stern noch Meteor. Hinter dem Licht war ein massiver Körper. So etwas hatte ich noch nie zuvor gesehen.«

Am Abend desselben Tages machte der Regierungsbeamte George Scott zusammen mit einigen Kollegen in der Landeshauptstadt Sacramento eine ähnlich geheimnisvolle Beobachtung. Die Männer sahen von der Kuppel des Regierungsgebäudes aus ein »dunkles Etwas« am Himmel. Es hatte an der Unterseite drei »Lichter«. Vermutlich sah auch J. H. Vogel das gleiche Flugobjekt: »Ein Licht und darüber ein eiförmiges Gebilde.«

35

Die örtliche Tageszeitung *The San Francisco Call* meldete am 18.11.1896: »Zeugen wollen ein fliegendes Luftschiff gesehen haben!« Auch *Union* meldete: »Hunderte haben es beobachtet!« Der *Sacramento Record Union* fragte verblüfft: »Was war es?« Niemand vermochte eine Antwort zu geben. Colonel H. G. Shaw und Camille Spooner waren vermutlich die ersten, die eines der UFOs näher zu Gesicht bekamen. Sie waren am 25. November 1896 mit einer Kutsche unterwegs. Gegen 18 Uhr sahen sie das fliegende Etwas. Es schwebte langsam in einer Höhe von nur sieben Metern und war immerhin 50 Meter lang und in der Mitte etwa acht Meter dick. Motorengeräusche waren nicht zu vernehmen. Auch konnten die Zeugen keinerlei Steuerungsmechanismen erkennen.

Was flog da vor einhundert Jahren am Himmel Amerikas? Sollte es sich um Flugmaschinen irdischer Herkunft gehandelt haben? Das fragten sich damals Tausende Amerikaner. Nur: Flugapparate wurden damals noch gar nicht gebaut. Sollte das Erfindergenie Thomas A. Edison seine Hände im Spiel haben? Der reagierte empört: »Ich widme meine Zeit nur solchen Dingen, die wirtschaftlichen Wert haben!«

Hastings, Nebraska. Nach der örtlichen Zeitung *Omaha Bee* vom 2. Februar 1897 meldeten aufgeregte Menschen »ein Luftschiff oder etwas in der Art im Westen der Stadt«. Aus einem Zeitungsbericht: »Es flog in einer Höhe von etwa 135 Metern, stand einmal eine halbe Stunde lang still, kreiste dann, bewegte sich zwei Meilen gen Norden und kehrte wieder zurück. Dann verschwand es spurlos.« Zunächst hielten die Zeugen das fliegende Etwas für einen Stern. Dann aber erkannten sie bei näherer Betrachtung, daß es sich um ein »Luftschiff« handelte, ausgestattet mit Scheinwerfern »von erstaunlicher Leuchtkraft«.

Drei Tage später wurde das geheimnisvolle Flugobjekt 40 Meilen nördlich von Hastings von »respektablen Bürgern, die von einer Gebetsversammlung zurückgekommen waren, gesichtet. Was es auch war, es wurde von den Dimensionen her ganz anders beschrieben als das Flugobjekt, das Colonel Shaw gemeldet hatte: »Es hatte eine konische Form, war dreizehn Meter lang, mit einem hellen Licht vorn und einem fächerförmigen Ruder.«

Werden heute UFOs gesichtet, dann haben manche »UFO-Forscher« schnell eine »Erklärung« parat. Was wie ein außerirdisches Raumschiff ausgesehen habe, das sei in Wirklichkeit die Venus gewesen. So neu ist diese Antwort auf das Himmelsphänomen keineswegs. So erklärte auch Professor William Rigge, Astronom am Creighton College in Omaha: »Die Leute haben die Venus gesehen.« Es mag sein, daß einige der nach Tausenden zählenden Zeugen damals, als tagtäglich Luftschiffe in der Presse beschrieben wurden, nächtens voreilig die Venus mit einem Flugobjekt verwechselten. Diese Erklärung trifft aber auf die überwiegende Mehrzahl der sehr klaren Beschreibungen auf keinen Fall zu.

So überflog am 2. April 1897 »ein mysteriöses schwarzes Objekt, das mit einem durchdringenden Scheinwerfer ausgestattet war«, Kansas City. Nach örtlichen Pressemeldungen wurde es von »mehreren tausend Zeugen« gesehen. Was die Menschen auch gesehen haben mögen, die Venus war es mit Sicherheit nicht. Die »Venus-Erklärung« zieht auch nicht, wenn es um die Beobachtungen vom 10. April in Keokuk, Iowa, geht. Am Tag darauf war in *Gate City* zu lesen: »Letzte Nacht beobachteten viele Bürger ein merkwürdiges Licht. Es handelte sich wohl um das Luftschiff, das schon so viel Furore in unserem und in anderen Staaten machte.«

Auf keinen Fall war es die Venus, die Lokomotivführer Jim Hooton bei Rockland, Texas, landen sah. Lautes Getöse ließ ihn in den Wald eilen. Dort sah er auf einer Lichtung ein riesiges Luftschiff. Das gewaltige Etwas hatte offenbar eine Panne.

In der Nacht vom 9. auf den 10. April 1897, so steht es im *New York Herald,* starteten Tausende auf den Straßen in den Himmel. Sie erkannten Lichter an einem UFO. Seine Flughöhe wurde auf »mehrere Meilen« geschätzt.

Am 10. April 1897 soll bei Carlensville, Illinois, ein Luftschiff nachmittags bei einer Farm gelandet und wieder davongeflogen sein. Laut Zeitungsmeldungen war es zigarrenförmig. Zwei Tage später wurde es laut *New York Herald* über

37

New York fotografiert. Am 19. April flog das Ding abends gegen 21.00 Uhr Sisterville, West Virginia, an. Zeugen beobachteten den Flugapparat durch starke Ferngläser. Sie beschrieben es als riesigen Flugapparat, dessen rote, weiße und grüne Lichter auf- und abblinkten. Die Länge wurde mit 54 Meter angegeben.

UFO-Absturz im Jahre 1897

Am 19. April 1897 stürzte ein UFO ab – fünfzig Jahre vor Roswell. Der ausführlichen Berichterstattung der *Dallas Morning News* verdanken wir viele Details:

»Gegen sechs Uhr morgens waren die Frühaufsteher von Aurora, Texas, mit dem plötzlichen Auftauchen des Luftschiffs konfrontiert, das im ganzen Staat umhergeflogen war. Es war auf Nordkurs und näherte sich der Erde. Offensichtlich war etwas mit dem Mechanismus nicht in Ordnung, denn es machte nur zehn oder zwölf Meilen die Stunde und sank immer tiefer. Es überflog den Marktplatz, und als es den Nordteil unserer Stadt erreichte, stieß es mit Richter Proctors Windmühle zusammen und ging mit einer gewaltigen Explosion zu Bruch. Die Wrackteile wurden auf einer Fläche von mehreren Morgen verteilt. Dabei wurden die Windmühle und der Wassertank zerstört.«

Nach der *Dallas Morning News* wurde im Wrack des UFOs von anno 1897 die Leiche des Piloten gefunden.

»Seine sterblichen Überreste sind in starkem Maße entstellt, man kann aber erkennen, daß es kein Bewohner unserer Erde ist. Mr. T. J. Weems, Fernmeldeoffizier und Autorität auf dem Gebiet der Astronomie, glaubt, daß der Pilot ein Bewohner vom Mars ist. Papiere des Piloten, in seinem Besitz gefunden, sind in unbekannten Hieroglyphen verfaßt und lassen sich nicht entziffern. Das Luftschiff selbst ist so zerstört, daß keine Rückschlüsse auf seine Bauweise und auf seinen Antrieb möglich sind. Es besteht aus einem unbekannten Metall, das eine Art Mischung aus Aluminium und Silber zu sein scheint.«

1973 nahmen sich William Case, Walter Andrus und Frank N. Kelly des »Aurora-Falls« an. Sie recherchierten vor Ort und suchten nach möglichen Augenzeugen. Mit Erfolg. Die 91jährige Mary Evans und der 83jährige Charles Stephans erinnerten sich deutlich an die »gewaltige Explosion« von 1897. Ihre Eltern hätten damals lange davon gesprochen, daß »zahlreiche Trümmer und Metallteile« gefunden worden seien.

Nach alten Zeitungsberichten wurde der tote Außerirdische auf dem örtlichen Friedhof bestattet. Sollte sich sein Grab noch ausfindig machen lassen? Tatsächlich entdeckten die Forscher auf dem Friedhof einen etwa 45 Zentimeter kleinen Grabstein. Er trug eine kaum noch erkennbare, stark verwitterte Gravur, die so etwas wie ein Luftschiff darstellte.

Frank Kelly untersuchte das zum rätselhaften Stein gehörende Grab mit einem Metalldetektor. Er kam zu folgendem Ergebnis: »In einer Tiefe von etwa einem Meter befindet sich etwas Metallisches.« Walter Andrus, William Case und Frank Kelly stellten den Antrag auf Exhumierung des unbekannten Toten. Doch dazu sollte es nicht kommen. Bevor über das Gesuch entschieden werden konnte, wurde der Grabstein gestohlen und das Grab geschändet. Ein »Schacht« mit einem Durchmesser von nur etwa sieben Zentimetern war in das Grab getrieben worden. Jetzt zeigte der Detektor nichts Metallisches mehr an. Etwas war aus dem Grab entfernt worden. Was? Hatte man 1897 dem toten Außerirdischen Teile des Wracks mit ins Grab gelegt?

Die Forscher gaben trotz dieses Rückschlags nicht auf. Sie suchten nach weiteren Zeugen. Sie hofften, daß irgendwer damals Teile des Wracks aufgehoben haben könnte. Sollten sich nicht doch noch irgendwelche Bruchstücke finden lassen? Kurz bevor die Rechercheure abziehen wollten, wurden ihnen Metallteile zugespielt, die angeblich vom Absturz von 1897 stammten. Die Proben wurden in wissenschaftlichen Labors sorgsam analysiert und offenbarten zahllose Details.

Das Metall besteht aus Aluminium mit einem kleinen Eisenanteil. Es muß kurzfristig so hohen Temperaturen ausgesetzt gewesen sein, daß es schmolz. Während des flüssigen Stadiums wurde das Metall mit dem örtlichen Sandstein verunreinigt. Wider Erwarten waren dem Metall weder Zink noch Kupfer beigemengt. Damit stand fest, daß es sich um keine bekannte industrielle Legierung handelte. William Case:

»Alle Hinweise deuten definitiv auf eine Explosion. Die Verteilung der Metallfragmente zeigt, daß die Maschine relativ niedrig flog. Zuerst explodierte ein Teil der rechten unteren Hälfte und verstreute die Trümmer über eine Fläche von 10 000 Quadratmetern entlang dem flachen Hang eines Hügels aus Kalkstein. Unmittelbar darauf erfolgte die zweite, vernichtende Explosion, die die Trümmer nach Norden und Westen schleuderte.«

Mit dem Absturz von Aurora endete aber die UFO-Welle von 1896/97 nicht. So wurde am 21. April 1897 der Ex-Senator Harris aus Harrisburg gegen ein Uhr nachts durch ohrenbetäubenden Lärm geweckt. Verstört stürzte er aus dem Haus und beobachtete ein tief fliegendes Himmelsschiff. Gegenüber einem Journalisten der *Modern News* äußerte er in einem Interview, das am 23. April 1897 veröffentlicht wurde: »Es war ein seltsam aussehendes Objekt, wohl das wundersame Luftschiff, das die Menschen im Westen so in Erstaunen versetzt hat.«

UFOs 1910 und 1913

Dann verschwanden die Luftschiffe wieder für mehrere Jahre – um 1910 wieder aufzutauchen. So vermeldete die *Tribune* vom 13. Januar, daß tags zuvor in Chatanooga, Tennessee, morgens um neun Uhr »Tausende das Luftschiff sahen«. Mehrere Tage lang hielt es sich im Luftraum der Stadt auf. So schreibt die New York Tribune vom 15. Januar 1910:

»Den dritten Tag hintereinander glitt ein geheimnisvolles weißes Luftschiff über Chatanooga. Heute kam es um die

Mittagszeit von Norden, fuhr nach Südosten und verschwand hinter einer Hügelkette. Am Mittwoch kam es von Süden, und am Donnerstag kehrte es nach Norden zurück.«

Die Besucher statteten auch Europa einen Besuch ab. Nach dem Londoner *Standard* vom 24. Januar 1913 wurde eines der Luftschiffe am 4. Januar 1913 über Dover registriert und zur gleichen Zeit über dem Bristol Channel. Die Londoner *Times* vom 21. Januar publizierte einen Bericht des Captain Lindsay, Chief Constable von Glamorganshire. Er sah am 17. Januar gegen 17.00 Uhr ein riesiges Flugobjekt über Cardiff. Laut *Times* trafen weitere Meldungen ein. Ein UFO bewegte sich – wieder über Cardiff – mit erstaunlicher Geschwindigkeit über den Himmel. Besonders markant war so etwas wie ein starker Suchscheinwerfer.

Cardiff, Newport und andere Ortschaften in Wales scheinen ebenso von dem Flugkörper besucht worden zu sein. Immer wieder ist von »Suchscheinwerfern« die Rede, die von den UFOs aus auf die Erde gerichtet waren und die pechschwarze Nacht in hellen Tag zu verwandeln schienen. Eine Zeitungsmeldung von vielen sei zitiert. Am 25. Januar 1913 stand im *Cardiff Evening Express:*

»Gestern abend wurden strahlende Lichter beobachtet, die himmelwärts schwenkten, und heute, an diesem Abend, werden die Lichter kühner. Straßen und Häuser im Ort Tottertown wurden plötzlich von einem blendenden hellen Licht erfaßt, das, als es nach oben schwenkte, vielen Beobachtern einen guten Blick auf die Hügel im Hinterland erlaubte.«

Verabschiedet haben sich die Luftschiffe dann im Februar 1913 in Kanada. Sie wurden über Toronto, aber auch über Saskatchewan und Bermuda beobachtet. Der *Toronto Daily Star* vom 10. Februar berichtete: »Sie glitten in drei Gruppen von West nach Ost und kehrten dann in aufgelöster Formation zurück. Es waren insgesamt etwa sieben oder acht.«

1979 setzte sich Professor Dr. Roger L. Welsch, Sprachwissenschaftler an der Universität von Lincoln, Nebraska, mit den geheimnisvollen UFO-Wellen von 1896/97 auseinander. Sicher, so urteilte er, mag es »auch bewußt in die Welt gesetzte Lügengeschichten« gegeben haben. Trotzdem müsse man aber, nicht zuletzt wegen der Vielzahl der Zeugen, davon ausgehen, daß das Phänomen real war.

Dr. Johannes Fiebag kommt zu einem ähnlichen Resümee: »Das Luftschiff-Phänomen war kein Vorläufer des heutigen UFO-Phänomens, es war die kontinuierliche und zeitangepaßte Variante desselben.«

Das Geheimnis der UFOs erscheint um so umfassender, je intensiver man sich damit auseinandersetzt. Recherchiert man einzelne UFO-Fälle, so hat man rasch den Eindruck, an so etwas wie einer »kosmischen Schnitzeljagd« beteiligt zu sein. Die Spur ist entdeckt, die Fährte ist aufgenommen. Wo mag sie beginnen? Fakt ist jedenfalls: UFOs gibt es nicht erst in unseren Tagen. Sie wurden bereits vor 50 und vor 100 Jahren gesichtet. Wann mögen sie zum ersten Mal aufgetaucht sein? Wie mögen frühe Beobachter Himmelsphänomene verstanden haben?

Marienerscheinungen und UFOs

Im ausgehenden 20. Jahrhundert ist Raumfahrt etwas Selbstverständliches geworden. Der Mensch hat unseren Erdtrabanten, den Mond, besucht. Von Menschenhand gefertigte Raumsonden haben unser Sonnensystem nicht nur bereits erkundet, sondern auch schon verlassen. Wenn nun UFOs am Himmel auftauchen, dann kann sich der Mensch des Raumfahrtzeitalters zumindest mit dem Gedanken anfreunden, daß es sich bei den Himmelserscheinungen um Raumschiffe von außerirdischen Besuchern handelt.

Wie aber mögen Menschen, denen Raumfahrttechnik vollkommen fremd ist, kosmische Besucher wahrnehmen? Etwa als himmlische Wesen im wahrsten Sinne des Wortes? Eine Untersuchung von Marienerscheinungen zeigt, daß es eine Fülle von Parallelen zum UFO-Phänomen gibt. Verbergen sich hinter Marienerscheinungen Kontakte mit Außerirdischen? Diese Überlegung kann zumindest nicht von der Hand gewiesen werden.

Was geschah in Fatima?

Am 7. Dezember 1996 traf gegen 15.00 Uhr Ortszeit auf dem Roten Platz in Moskau eine Kommission ein, die noch vor wenigen Jahren schlechterdings unmöglich gewesen wäre. Da wurde, in Begleitung von mehreren Priestern, eine Marienstatue getragen: die »Mutter Gottes«, wie sie sich 1917 in Fatima gezeigt haben soll.

Was ist geschehen? Was erlebten die Kinder Lucia dos Santos, ihr Vetter Francisco Marto und ihre Cousine Jacinta Marto? Bereits im Sommer 1915 kündigten sich die bevorstehenden Ereignisse an. Die »Seherkinder« von Fatima nahmen eine »weiße Wolke«, in der sich eine »überirdisch schöne Gestalt« befand, wahr. Sie konnte nicht identifiziert werden und wurde nicht religiös gedeutet.

Die weltberühmten Ereignisse begannen am 13. Mai 1917. Die Kinder hüteten Schafe, als etwas am Himmel aufblitzte.

Die Seherkinder von Fatima: Lucia dos Santos, Francisco und Jacinta Marto

Die Zeugen erschraken. Ein zweites hell gleißendes Licht zuckte am Firmament auf. Es war noch heller als das erste. Es war kein normaler Blitz, denn Donner war nicht zu hören. Ängstlich staunend starrten die Kinder in den Himmel. Sie nahmen eine liebliche Erscheinung wahr, die ihnen kundtat, sie werde von nun an immer am 13. des Monats kommen.

Sinnestäuschung oder Realität?

Die Erwachsenen reagierten, als sie von der Erscheinung hörten, mit ablehnender Skepsis. Man suchte nach »vernünftigen« Erklärungen, sprach von »Sinnestäuschungen«, von zu

langem Starren in die Sonne und von kuriosen Wolkenforma-
tionen. So kam es, daß sich am 13. Juni, also einen Monat später, nur eine kleine Schar Erwachsener den Kindern anschloß,
als diese auf die himmlische Erscheinung warteten.

Die Erscheinung von Fatima war »eine überirdisch schöne Gestalt«.

Wieder blitzte etwas am Himmel. Wieder war kein Donner
zu vernehmen. Die fromm erzogene Lucia sank auf die Knie.
Was sie da am Himmel sah, das konnte nur himmlisch sein,
also eine göttliche Offenbarung. Sie bat daher das Wesen, es
möge sie, die kleine Lucia, doch mit in die überirdischen
Sphären nehmen. Die Antwort war alles andere als rücksichts-
voll oder kindgerecht: »Francisco und Jacinta Marto werde ich
bald holen. Du, Lucia, aber wirst noch länger hier bleiben.«
Diese Worte konnten nur so verstanden werden: Francisco
und Jacinta würden bald sterben, Lucia aber würde länger
leben. Tatsächlich erfüllten sich diese unheimlichen Worte:

Bereits am 4. April 1919 starb Francisco, nicht ganz ein Jahr später verschied auch Jacinta. Lucia lebt noch.

Am 13. Juli 1917 waren es bereits viertausend Gläubige, die auf die Erscheinung warteten. Ein gewaltiger Donnerschlag war zu vernehmen. Ein überirdisch schöner Regenbogen verbreitete rätselhaftes Licht. Eine Himmelsfrau konnte nur von den Kindern, nicht aber von den Erwachsenen gesehen werden. Die Kinder befürchteten, die »Großen« würden ihnen nicht glauben. So baten sie die Erscheinung darum, sie möge ein Wunder vollbringen, »damit Ungläubige zum Glauben finden«. Die Himmelsfrau versprach einen solchen Beweis für den 13. Oktober.

Prophezeiungen, die in Erfüllung gingen

Wiederum einen Monat später, am 13. August, wurden drei prophetische Visionen übermittelt. Zwei der Vorhersagen sind weltweit bekannt. Sie haben sich inzwischen erfüllt. Die erste Botschaft war eine sehr frohe: Der Erste Weltkrieg werde bald enden. Die zweite Botschaft war geradezu deprimierend, ja erschreckend düster: »Wenn ihr einmal die Nacht durch ein unbekanntes Licht erhellt sehen werdet, so wißt, daß dieses das große Zeichen sein wird, durch das Gott euch anzeigt, daß die Züchtigung der Welt wegen ihrer Verbrechen nahe ist, nämlich Krieg, Hungersnot und Verfolgung der Kirche.« Außerdem werde im Jahr des Ausbruchs des Krieges ein Papst sterben.

Auch diese Prophezeiungen sind genau eingetroffen. Am 23. August 1939 zu nächtlicher Stunde geschah Unheimliches: Die Nacht wurde von einem rötlichen Lichtschein erhellt, einem Nordlicht, das über ganz Europa zu sehen war. Bereits am 2. März 1939 war Papst Pius XI. gestorben. Damit hatten sich die zwei Prophezeiungen erfüllt – denn tatsächlich brach 1939 der Zweite Weltkrieg aus. Am 1. September 1939 marschierten deutsche Truppen in Polen ein.

Die dritte Botschaft von Fatima ist bis heute nicht veröffentlicht worden. Sie wurde bisher nur den Päpsten und einigen sehr wenigen auserwählten kirchlichen Würdenträgern in schriftlicher Form vorgelegt.

Sonnenwunder oder UFO?

Für den 13. Oktober war ein »Wunder« vorhergesagt worden, von sämtlichen Kanzeln Portugals wurde darauf hingewiesen. An diesem Tag goß es in Strömen. Zahlreiche Gläubige, die ursprünglich vorgehabt hatten, nach Fatima zu pilgern, blieben dann doch lieber zu Hause. Trotzdem fanden sich etwa 70000 Menschen ein. Ihnen wurde ein Schauspiel zuteil, das bis heute nicht erklärt werden konnte. Sahen sie ein UFO?

Die Sonne – wenn es denn tatsächlich die Sonne war – verbarg sich hinter nebeligem Schleier. Sie strahlte nicht gleißendes Licht aus und erinnerte an den Mond. Plötzlich begann die »Sonnenscheibe« sich mit immer schnelleren Bewegungen um die eigene Achse zu drehen. Sie erinnerte an einen »Feuerwerkskörper«. Plötzlich hielt sie in ihrem Kreisen inne, bewegte sich kurz darauf aber noch schneller als zuvor. Sie stoppte ein zweites Mal in ihrer Bewegung und schien auf die Erde zu stürzen. Der deutschstämmige italienische Fernsehjournalist Hellmuth Hoffmann:

> »Mit einem Male schien es, als ob die Sonne sich vom Firmament loslöse und in Zickzacksprüngen auf die Erde stürze. Als die Menge wieder zu sich gekommen war, bot sich eine neue Überraschung an. Die von dem anhaltenden Regen völlig durchnäßten Kleider waren in wenigen Minuten trocken geworden.«

Kritisch betrachtet muß konstatiert werden: Die eher fahle Lichtscheibe, die zum Boden herabsauste, kann nicht die Sonne gewesen sein. Hätte unser Zentralgestirn die von Zigtausenden gesehenen Bewegungen ausgeführt, es wäre von den unglaublichen Zentrifugalkräften förmlich zerfetzt worden. Zudem hätte eine Annäherung der Sonne an die Erde zu weltweit auftretenden Katastrophen unvorstellbaren Ausmaßes führen müssen. Das Klima hätte im wahrsten Sinne des Wortes »verrückt« gespielt. Es wäre zum Abschmelzen der Pole und als Resultat zu entsetzlichen Flutkatastrophen gekommen. Es gab aber weder Katastrophen noch Hinweise darauf, daß sich die Sonne wirklich bewegt hätte. Es kann also nicht die Sonne gewesen sein, die den beschriebenen Tanz aufführte. Was also geschah in Fatima?

Bereits am 13. September 1917 machte der Generalvikar von Leiria, Monsignore Jean Quaresma, sowie ein weiterer hoher geistiger Würdenträger eine Beobachtung in Fatima, die an eine UFO-Sichtung erinnert. Monsignore Quaresma gab später zu Protokoll, daß der Himmel vollkommen wolkenlos gewesen sei. Plötzlich tauchte etwas am Firmament auf:

> »Und siehe, zu meiner größten Überraschung erblicke ich klar und deutlich eine leuchtende Kugel, die sich von Osten her nach Westen zu nähert, indem sie langsam und majestätisch durch den Raum gleitet. Dann verschwanden diese Kugel und das von ihr ausströmende Licht ganz plötzlich wieder vor meinen Augen, und auch der neben mir stehende Priester sah es nicht mehr.«

Deutlich wird im Protokoll zwischen der Sonne und der fliegenden Kugel unterschieden:

> »Nach einer kleinen Weile, die der gewöhnlichen Dauer der Erscheinung entsprach, rief dasselbe kleine Mädchen von neuem: ›Da! Da! Jetzt steigt sie wieder auf!‹ und zeigt mit dem Finger in die Richtung. Und das Kind hörte nicht auf zu schauen und mit der Hand auf die Lichtkugel zu weisen, bis diese in Richtung Sonne verschwunden war.«

Ein »Himmelsgefährt« mit dem Getöse einer Rakete

Quaresma weiter: »Die Hirtenkinder hatten in einer himmlischen Vision die Mutter Gottes sehen dürfen. Uns war nur der Anblick des ›Gefährts‹ gewährt worden, wenn man so sagen darf, das sie vom Himmel zu der unwirtlichen Sierra de Aire getragen hatte.«

Chanoine Barthas gibt in seinem Werk *Fatima – ein Wunder des zwanzigsten Jahrhunderts* eine Beschreibung wieder, die die Ähnlichkeit dieses »Gefährts« mit einem UFO unterstreicht:

»Nach anderen Berichten hatte der Lichtball sogar eine längliche Form, die Breitseite der Erde zugekehrt. Alle, die ihn sahen, hatten denselben Eindruck wie die schon erwähnten Geistlichen, daß er nämlich eine Art ›himmlisches Flugzeug‹ war, das die Mutter Gottes zu der Zusammenkunft mit den Hirtenkindern brachte, um sie danach wieder ins Paradies zurückzuholen. Dieses ›Flugzeug aus Licht‹ war unmittelbar vor und nach der Erscheinung zu sehen.«

Derselbe Chronist fährt fort: »Am 13. September bewunderten aus der schon erwähnten Gruppe dreier Priester (Gois, Quaresma und da Silva) die beiden ersten das Lichtoval, das beim Volk ›das Flugzeug Unserer lieben Frau‹ hieß.«

Dr. Johannes Fiebag weist darauf hin, daß ein weiteres »Wunder« von Fatima typisch für UFO-Begegnungen ist. In seinem Werk *Die geheime Botschaft von Fatima* zitiert er aus der *UFO-Encyclopedia* von Margaret Sachs aus dem Jahr 1980:

»Engelshaar ist eine weiße, spinnwebähnliche Substanz, die in zuweilen großen Mengen vom Himmel fällt. Der Durchmesser der herabfallenden Objekte variiert zwischen wenigen Zentimetern und mehreren Metern. In etwa der Hälfte aller Fälle wurde beobachtet, wie sie von einem zylinderförmigen UFO ausgestoßen wurden, das wolkenähnliche Formationen unter oder neben sich besaß.«

Beim Kontakt mit dem Boden löse sich die geheimnisvolle Substanz auf.

Tatsächlich gehört das Abregnen von »Engelshaar« zu den häufigen Begleiterscheinungen von UFO-Sichtungen. Eine Auflistung der wichtigsten Fälle ergäbe ein umfangreiches Buch. So seien nur zwei markante Fälle kurz beschrieben, auf die Dr. Johannes Fiebag hinweist.

Am 17. Oktober 1952 wurden mehrere hundert Menschen Zeugen, wie über Oloron in Frankreich urplötzlich am wolkenfreien Himmel ein schmales, weißes, zylinderförmiges Objekt auftauchte. Es war etwa 45 Grad nach unten geneigt. Seinem Heck entströmte weißer »Rauch«. Begleitet wurde das große UFO von zahlreichen kleinen Flugkörpern, die ebenfalls weißen »Rauch« ausstießen. Die »Mini-UFOs« bewegten sich paarweise zickzackförmig am Himmel. Dr. Fiebag:

> »Sobald sich zwei sehr nahe kamen, leuchtete ein greller Blitz auf, und es bildete sich so etwas wie eine elektrische Überschlag-Brücke. Als die Objekte bereits verschwunden waren, sank etwas ›Weißes‹ zur Erde herab. Es handelte sich um eine leichtflüchtige Substanz, eben jenes berühmte ›Engelshaar‹.«

Am 27. Oktober 1954 mußte ein Fußballspiel im Stadion von Florenz unterbrochen werden, weil ein UFO über dem Spielfeld auftauchte. Nachdem das Flugobjekt verschwunden war, rieselte »Engelshaar« hernieder. Die seltsame, flockige Substanz blieb allenfalls kurze Augenblicke auf Dächern und in Ästen von Bäumen liegen und löste sich dann in nichts auf.

Just dieses für so viele UFO-Sichtungen typische »Engelshaar« wurde auch in Fatima gesehen und beschrieben – und zwar in Verbindung mit einem länglichen Flugkörper. Auch die im Zusammenhang mit Engelshaar so oft beobachteten »Wolken« gab es in Fatima. Lassen wir nochmals Jean Quaresma zu Wort kommen: »Während die Kinder mit dem unsichtbaren Gegenüber sprachen, erblickte das Volk die weiße Wolke, welche die Steineiche und die Gruppe der kleinen Hirten umhüllte, gleichzeitig fiel vom Himmel ein Regen weißer Blumen hernieder.«

Bis heute konnte nicht geklärt werden, worum es sich bei dem »UFO-Engelshaar« handelt. Es kann aber nicht bestritten werden, daß eben dieses Phänomen auch im Zusammenhang mit der Erscheinung von Fatima auftrat. Joao, der Bruder Jacintas und Franciscos, machte bei der vierten Fatima-Erscheinung im August eine Beobachtung, die dazu geeignet ist, die UFO-These zu erhärten: »Außer den unmittelbar Beteiligten sah Joao als einziger dieses Naturschauspiel. Dann vernahm er ein lautes Geräusch, das ihm wie die Detonation einer Bombe oder auch nur einer Rakete erschien.« Ähnliches hörten die Zeugen der zweiten Fatima-Erscheinung: »Schließlich versichern die Anwesenden, sie hätten im Augenblick des

Scheidens der Erscheinung von der Steineiche her ein Geräusch gehört wie von einer aufsteigenden Rakete.«

Sollte es sich bei dem geheimnisvollen Phänomen am 13. Oktober also doch nicht um die tanzende Sonne, sondern um ein UFO gehandelt haben? Der Chronist Barthas hielt fest:

»Plötzlich hörte es auf zu regnen, die dunklen Wolken, die seit dem Morgen den Himmel bedeckt hatten, zerstreuten sich. Die Sonne erschien am Zenit wie eine silberne Scheibe, auf die man den Blick heften kann, ohne geblendet zu werden. Ein leuchtender Kranz ist um diese matte Scheibe erkennbar.«

Barthas zitiert einen Brief an den damaligen Bischof von Meliapour, Indien, den der Missionar Ignazio Lourenco Pereira, ebenfalls ein Zeuge des »Sonnenwunders«, verfaßte. Da heißt es: »Ich blickte fest auf das Gestirn. Es schien mir fahl und ohne Glanz und wie ein großer Schneeball, der sich um sich selbst drehte.«

Dr. Johannes Fiebag faßt in seinem Werk *Die geheime Botschaft von Fatima* zusammen: Das sonnenähnliche Objekt war eine »silberne Scheibe, beziehungsweise wie eine Scheibe von hellem, irisierendem Glanz«, es glich »einem rotierenden Schneeball«, man konnte es anschauen, ohne geblendet zu werden, es erschien den Zeugen »flach und poliert«, hatte einen »scharf umrissenen Rand«, um den ein »leuchtender Kranz« zu sehen war. Dr. Fiebags Resümee:

»Es gibt wohl kaum eine Beschreibung, die treffender den gängigsten ›Typ‹ eines UFOs schildern könnte wie diese Punkte. Diskusförmige, leuchtende, strahlende Flugobjekte werden seit Jahrzehnten rund um die Welt beobachtet und mit nahezu den gleichen Begriffen oder tatsächlich identisch beschrieben. Sie sind es, die den UFOs in der frühen Zeit ihrer ›Entdeckung‹ den wenig schmeichelhaften Namen ›fliegende Untertassen‹ eintrugen, sie werden weltweit mit Begriffen wie ›scheibenförmiges Objekt mit orangerotem Feuerkranz‹ (Mantell-Fall, 7.1.1954), ›riesiges

51

Rad aus glühendem Metall‹ (DC-3-Sichtung über dem Atlantik, 27.4.1950), ›stark leuchtende runde Flugkörper‹ (Norwegen, Januar 1972) usw. bezeichnet. Die Parallelität ist so augenfällig, so unzweideutig, daß jeder Zweifel an der tatsächlichen Identität der ›Sonne‹ von Fatima schwinden muß.«

Handelt es sich bei dem sogenannten »Sonnenwunder« um eine Fehlinterpretation? Gab es 1917 in Fatima Begegnungen mit einem UFO, mit einem von Außerirdischen gesteuerten Flugvehikel, die im Lauf der Jahrzehnte umgedeutet, sprich religiös verbrämt wurden?

Das dritte Geheimnis

1921 zog sich Lucia dos Santos in das Kloster der heiligen Dorothea in Oporto zurück. 18 Jahre später brach der Zweite Weltkrieg aus, so wie das von der Erscheinung 1917 angekündigt worden war. Das Interesse am dritten Geheimnis wuchs weltweit. Lucia sah sich einer Flut von Fragen ausgesetzt, schwieg aber eisern. 1948 entsagte sie fast jedem Kontakt mit der Welt, sie lebt seither im Karmeliterinnen-Kloster von Coimbra. Hier feierte sie am 22. März 1997 bei guter Gesundheit ihren 90. Geburtstag.

Voller Spannung wurde auf das Jahr 1960 gewartet. Dann sollte nämlich, so hatte die Erscheinung von Fatima gefordert, auch das dritte Geheimnis öffentlich bekanntgegeben werden. Es war 1957 in einem versiegelten Brief von Josef Alvas Cerreida de Silva, dem Erzbischof von Leiria, dem Vatikan ausgehändigt worden. Doch er ließ das Jahr 1960 verstreichen, ohne das letzte Geheimnis zu offenbaren. Seither kursieren unbestätigte Gerüchte. Nach Padre Augustin Fuentes aus Mexiko enthält die dritte Botschaft Visionen von einem dritten Weltkrieg, der viele Nationen vom Angesicht der Erde verschwinden lassen werde. Die gottlosen Völker würden dann bestraft, die Endzeit werde nahen.

Hellmuth Hoffmann, Journalist und Buchautor, erhielt verschiedene Hinweise, wonach Papst Johannes Paul I. die feste

Absicht hatte, eben dieses letzte Geheimnis von Fatima zu lüften. Er starb freilich auf mysteriöse Weise.

Warum ist bis heute die dritte Botschaft von Fatima unter Verschluß, obwohl die Erscheinung doch klipp und klar forderte, 1960 müsse sie publik gemacht werden? Man kann nur spekulieren: Betrifft es vielleicht gar keine theologischen Themen, sondern Besucher aus dem All?

Werden wir je die Wahrheit erfahren? Wenn die Geheimniskrämer befürchten sollten, die Veröffentlichung der dritten Botschaft könnte Panik verursachen, sollten sie lieber baldestmöglich die dritte Botschaft enthüllen. Solange das nicht geschieht, können nur Spekulationen gewagt werden – gegen den Wunsch der Erscheinung von Fatima. Oder nimmt Rom die Botschaft gar nicht wirklich ernst?

Außerirdische und die Maria von Guadalupe

Unübersehbar sind die Parallelen zwischen UFO-Erscheinungen und den Ereignissen von Fatima. Anno 1531 gab es bei Guadalupe in Mexiko ebenfalls ein »Marienwunder«. Es ist das wohl phantastischste seiner Art – und eigentlich nur mit außerirdischer Technologie zu erklären. Was auch immer 1531 geschah – wir haben einen »fotografischen« Beweis.

Der Umhang mit der »Jungfrau von Guadalupe«

Am Morgen des 9. Dezember 1531 stand Juan Diego vor Sonnenaufgang auf. Er hatte einen weiten Weg vor sich, von seinem Heimatdorf Tolpetlac nach Tlatilolco. Er kannte ihn gut, denn als gläubiger Christ – der gebürtige Azteke war 1525 getauft worden – besuchte er fast täglich die Frühmesse. Neun Meilen mußte er durch teilweise unwegsames Gelände marschieren. Einen bequemen Weg oder gar eine richtige Straße gab es damals noch nicht.

Unweit des Hügelchens Tepeyacac erklang geheimnisvolle Musik, die aus der Richtung der aufgehenden Sonne zu kommen schien. Juan Diego verharrte kurz. Ihm war bekannt, daß hier in grauer Vorzeit »Teteo innan«, die »Göttermutter«, verehrt und angebetet worden war. Noch 1740 hatte der italienische Reisende Boturini am Fuß des Berges eine Skulptur unschätzbaren Alters entdeckt, die eindeutig die »Göttermutter« darstellte.

Als Juan Diego seinen Weg bereits wieder fortsetzen wollte, wurde er vom Tepeyacac her angerufen: »Juan, Juan Dieguito!« Suchend blickte er sich um und nahm ein »edles Fräulein wahr, dessen Gewand wie die Sonne leuchtete, als ob es vom Licht widerstrahle«. Mystisches Leuchten ging auch von dem Fels aus, auf dem das himmlische Wesen stand. »Ihr Glanz schien wie Edelsteine, wie der schönste Schmuck. Und die Kakteen und die übrigen Kräutlein sahen aus wie Smaragde. Wie Türkis sah ihr Blätterwerk aus, ihre Zweige, ihre Dornen leuchteten wie Gold.« Von tiefer Ehrfurcht ergriffen, sank Juan Diego auf die Knie.

Die Erscheinung bat Juan Diego, er solle veranlassen, daß auf jenem Hügel, von dem sie zu ihm sprach, ein Heiligtum errichtet werde. Seine Aufgabe sei es nun, vor den Bischof zu treten und ihm diesen Wunsch kundzutun. Gehorsam machte sich der damals 57jährige Juan Diego auf den Weg und bat, in der Stadt angekommen, um eine Audienz bei Bischof Juan de Zumarrage. Freilich mußte er Stunden warten, bis er endlich vorgelassen wurde. Man hörte ihn an, vertröstete ihn aber. Zu gegebener Zeit, so hieß es, werde man sich mit der Angelegenheit auseinandersetzen.

Juan Diego war zutiefst enttäuscht und hastete zum Tepeyacac zurück, wo er der Erscheinung erneut begegnete. Er bat sie fast weinend, doch einen anderen Menschen mit der Aufgabe zu betrauen. Die himmlische Frau freilich wollte davon nichts wissen. Sie betonte, wie wichtig, ja notwendig es sei, daß er den Auftrag erfülle. Also machte sich Juan Diego wieder auf den Weg, sprach ein zweites Mal beim Bischof vor. Der erteilte ihm einen konkreten Auftrag: Juan möge sich noch einmal mit der Erscheinung treffen und sie um einen Beweis dafür bitten, daß sie die »Königin des Himmels« sei.

Wieder marschierte Juan Diego zum Hügel. Jetzt hatte er Angst. Würde ihm der Zweifel des Bischofs angelastet werden? Würde die »Himmlische« ihm vorwerfen, nicht engagiert genug aufgetreten zu sein? Die Erscheinung indes erwartete ihn bereits und erklärte sich dazu bereit, ein Wunder zu vollbringen. Sie befahl ihm, am folgenden Tag, am 12. Dezember 1531, wieder zum Erscheinungsort zu kommen.

An jenem 12. Dezember freilich erkrankte Juan Diegos Onkel schwer. Sein letztes Stündchen schien geschlagen zu haben, dringend bat er um einen Priester. Also wurde Juan Diego losgeschickt, um so schnell wie möglich einen Geistlichen herbeizuholen. Diego wollte am Tepeyacac auf keinen Fall der Himmelsfrau begegnen, er befürchtete, sonst aufgehalten zu werden. Die Erscheinung aber kam von der Seite des Hügels herab und schnitt ihm den Weg ab. »Was ist geschehen, mein kleiner Sohn? Wohin gehst du?« wollte sie von ihm wissen. Als Juan Diego von seiner Mission berichtete, erklärte die »Erscheinung«, der Onkel sei geheilt. Und tatsächlich soll, so weiß es die fromme Überlieferung zu berichten, der Mann urplötzlich wieder genesen sein.

Man könnte die Überlieferung als Legende ohne jeden Wahrheitsgehalt abtun, gäbe es nicht einen unwiderlegbaren Beweis, die Fotografie eines Wunders, die ganz klar auf den Einsatz unbegreiflicher außerirdischer Technologie gewertet werden muß.

Der Beweis

Juan Diego erhielt von der Erscheinung einen klar formulierten Auftrag. Er möge eine Vielzahl von »Blüten und Knospen« pflücken – und zwar dort, wo er die himmlische Erscheinung zum ersten Mal gesehen hatte. Das freilich war unmöglich. Denn es war Trockenzeit. Die gewünschten »Blüten und Knospen« konnte es gar nicht geben. Und doch fand er sie auf dem Hügel vor, in herrlichsten Farben. Juan Diego sammelte die Pflanzen und Blüten in seinem schürzenartigen Umhang, der Tilma. Er zeigte sie schließlich der himmlischen Gestalt, die geduldig auf ihn gewartet hatte. Sie ließ sich das Zusammengetragene zeigen, berührte die Blumen, nahm sie in die Hände und legte sie wieder in die Tilma.

»Bringe die Pflanzen und Blüten zum Bischof!« trug sie ihm auf. Also machte sich Juan Diego wieder auf den Weg. Wieder dauerte es Stunden, bis man ihn zu Bischof Don Sebastian Ramirez y Funeral vorließ. Als er endlich vor dem hohen Würdenträger stand, geschah das »Wunder von Guadalupe«. Auf dem Stoff der Tilma erschien das »geliebte Bild der Vollkommenen, der Heiligen Jungfrau, der Mutter Gottes«. Dieses Bild ist noch heute erhalten, obwohl das den Naturgesetzen widerspricht.

Der Bischof mochte bisher gezweifelt haben, als er aber das wundersame Bildnis sah, kniete er ergriffen nieder. Sofort gab er den Befehl, am Tepeyacac eine Kapelle bauen zu lassen. 1695 wurde eine Kathedrale errichtet. 1754 erkannte Papst Benedikt XIV. das Wunder von Guadalupe ausdrücklich als echt an. 1976 wurde neben der Kathedrale eine Basilika erbaut, weil die Kathedrale zusehends vom Einsturz bedroht war. Sie bietet 20000 Gläubigen Platz. Bereits zweimal hat Papst Johannes Paul II. das gewaltige Gotteshaus besucht.

In seinem Zentrum steht die Tilma mit dem fotografischen Beweis für das Wunder von Guadalupe. Man kann es von fast jedem Punkt der Basilika aus sehen: das Bildnis, das es eigentlich gar nicht mehr geben dürfte und von dem niemand genau sagen kann, wie es entstanden ist.

Die Tilma ist aus groben Agavefasern gewebt und hätte damit eigentlich eine Lebensdauer von allenfalls 20 Jahren. Die Tilma wurde 1531 von Juan Diego getragen, hätte sich also spätestens 1551 auflösen und zerfallen müssen. Aber der Stoff, der gewöhnlich nur zwei Jahrzehnte alt wird, zeigt nach über 450 Jahren keinerlei Verfallserscheinungen. Irgendwie muß er haltbar gemacht, konserviert worden sein. Doch auch nach sorgsamsten Analysen ist bis heute nicht geklärt worden, wie das geschehen sein könnte.

Eigentlich müßten aber auch die »Farben« auf der Tilma längst verschwunden sein. Man muß bedenken, daß das Bildnis in den ersten einhundert Jahren völlig ungeschützt aufbewahrt wurde. Es hing in einer feuchten, muffigen Kapelle. Zigtausende, ja Hunderttausende faßten die Tilma an. Da die Menschen davon überzeugt waren, daß eine heilende Wirkung von dem Wunderbild ausgehe, legten sich unzählige den Umhang auf den kranken Leib. Hunderttausende küßten das Bildnis. Hunderttausende rieben Amulette und Talismane daran, um etwas von der besonderen Kraft der Reliquie mit nach Hause nehmen zu können. Der Stoff der Tilma hätte längst zerfallen, die Farben längst verschwunden sein müssen – und doch erstrahlen sie auch heute noch in rätselhaftem Glanz. Allein schon die Abertausende von Kerzen, die über die Jahrhunderte direkt neben der Tilma aufgestellt waren, hätten das Bildwerk zerstören müssen, worauf Prof. Philip Callahan bereits 1979 hingewiesen hat. Der Gelehrte kam nach sorgsamer Analyse zu folgendem Schluß: Eigentlich hätte das Kerzenlicht über die Jahrhunderte die Farben der Tilma längst zum Verblassen bringen müssen.

Den Naturgesetzen trotzend ist der Umhang aber immer noch nicht zerfallen, sind die Farben aber immer noch nicht verblaßt – wenn es denn Farben wären! Denn das »Bild« ist gar keines, wie Professor Richard Kuhn, Nobelpreisträger aus Heidelberg, herausfand. Es ist auf keinen Fall gemalt. Weder sind auf der Oberfläche des Stoffs Farben aufgetragen, noch sind die einzelnen Fasern gefärbt. Pinselstriche sind nicht auszumachen. Experten der Firma Kodak kamen nach sorgsamen Untersuchungen zu einem eigentlich unmöglichen Resultat, wenn man das Alter des Bildes berücksichtigt: »Das Bild ist seinem Wesen nach eine Fotografie!«

Vergegenwärtigen wir uns die Situation des Jahres 1531: Juan Diego befindet sich beim Bischof. Mehrere Zeugen sind zugegen. Juan Diego öffnet seine Tilma, Pflanzen, Blumen und Blüten, die es zu jener Jahreszeit gar nicht geben dürfte, fallen heraus. Irgendwie haben sie ein Bild hinterlassen. Es ist so etwas wie ein Foto der Maria von Guadalupe. Wie auch immer die Fotografie aufgenommen wurde, fest steht, daß die »Maria« im Raum gewesen sein muß.

Das Bild im Bild

Bereits 1929 machte der mexikanische Fotograf Alfonso Gonzales die Entdeckung, daß sich in den winzigen Pupillen der Maria auf der Tilma etwas widerspiegelt. Was das ist, konnte erst mit Hilfe modernster Technologie sichtbar gemacht werden. Dr. José Aste Tonsmann von der Cornell-Universität fotografierte die Augen der Maria und vergrößerte die Pupillen auf das 2000fache. Erst jetzt wurden winzigste Details erkennbar, die in den Pupillen der Jungfrau zu erkennen sind.

So sieht das Szenario aus: Da ist ein würdiger Mann zu erkennen, vermutlich der Bischof. Er spricht mit einem weiteren Mann, vermutlich mit dem Dolmetscher Gonzales. Am Boden kauert Juan Diego, der gerade seine Tilma ausbreitet. Dann sind da noch eine Mutter mit Baby auf dem Rücken, ein weiterer Mann, bei dem es sich wohl um den Ehemann der Frau handelt, sowie ein kleiner Junge. Das Bild auf der Tilma ist 152,24 Zentimeter hoch, entsprechend klein sind die Pupillen. Fotografisch ist festgehalten, was geschah, als Juan Diego die Tilma öffnete. Diese Szene muß von der Jungfrau beobachtet worden sein, denn sie spiegelt sich in ihren Pupillen wider. Andererseits nahm aber keine der Personen die Gestalt der Maria wahr.

Dr. Johannes Fiebag faßt das Unmögliche, das doch geschah, zusammen:

»Der Vorgang der Bildentstehung war dabei nicht eine Fotografie im herkömmlichen Sinne. Zum einen fungierte die Tilma Juan Diegos sowohl als Linse als auch als Farbfilm, zum anderen blieb das Objekt der Fotografie, nämlich die Mariengestalt, während des Vorgangs unsichtbar. Möglicherweise haben wir es mit einer Art Infrarotaufnahme zu tun, die mit dem Auge nicht wahrnehmbare Wellenlängen sichtbar machte. Fraglos muß sich irgend etwas im Raum befunden haben, andernfalls würden sich Juan Diego und die anderen Personen nicht im Auge der Gestalt widerspiegeln können.«

Das Bild von Guadalupe, vor mehr als 450 Jahren entstanden, ist in seiner Rätselhaftigkeit erst heute voll erfaßbar. Es ist, als habe irgendwer so etwas wie ein Zeichen hinterlassen, das erst von einer künftigen Technologie erkannt werden kann. Auch heute können wir mit modernster Technologie Vergleichbares nicht reproduzieren. Wie konnte dann 1531 das Bild auf der Tilma entstehen? Und warum wurde es erschaffen? Hatten Außerirdische im alten Mexiko die Hände im Spiel? Wollten sie einen Beweis für ihre Präsenz hinterlassen? Wollten sie 1531 sichergehen, daß Jahrhunderte später der intelligente Mensch zu der Erkenntnis kommen mußte, daß Besucher aus dem All auf der Erde waren? Oder haben sie so etwas wie einen »Intelligenz-Test« hinterlassen, eine Spur, die nur denkfähige Wesen als solche erkennen würden?

»Marienerscheinungen« und Außerirdische

An der Schwelle zu einem neuen Jahrtausend ist Raumfahrt zur Selbstverständlichkeit geworden. Wenn Menschen UFOs sehen, dann ist ihnen die Vorstellung, es könne sich dabei um außerirdische Flugvehikel handeln, alles andere als fremd. Wie aber sieht ein Mensch ein UFO, wenn ihm Raumfahrttechnik vollkommen fremd ist? Wie nimmt er reale Himmelsphänomene wahr? Sehen ist zugleich auch Interpretieren. Liegt die Vermutung nicht zumindest nahe, daß religiös geprägte Menschen Himmelsphänomene der technisch-außerirdischen Art religiös deuten?

Es ist an der Zeit, daß endlich auch die zahllosen Marienerscheinungen, die seit fast zwei Jahrtausenden beobachtet werden, vor dem Hintergrund möglicher Besuche Außerirdischer untersucht werden. Gottfried Hierzenberger und Otto

Nedomansky schreiben in ihrem umfassenden Werk *Erscheinungen und Botschaften der Gottesmutter Maria:* »Vielfach treten im Zusammenhang mit Erscheinungen auch Lichtphänomene vielfältiger Art auf, die als ›außergewöhnlich‹ erkennbar sind.« Genau das trifft auch für UFO-Erscheinungen zu.

Geradezu unübersehbar groß ist die Zahl der teils anerkannten, teils von der Kirche skeptisch bewerteten Marienerscheinungen. Beim sorgsamen Studium der entsprechenden Chroniken und Schilderungen der geheimnisvollen Vorgänge muß stets bedacht werden, daß kaum noch sachlich-neutrale Berichte vorliegen. Was auch beobachtet wurde, es wurde von religiösen Menschen religiös interpretiert. Was oft wie eine Beschreibung anmutet, ist in Wirklichkeit schon Interpretation.

Himmlische Entführungen

In der Nacht vom 19. auf den 20. September 1961 kehrten Betty und Barney Hill aus Portsmouth, New Hampshire, von einem Urlaub an den Niagarafällen zurück. Kurz vor Mitternacht sahen sie vom Auto aus am südwestlichen Himmel ein helles, sternenähnliches Objekt, das über den Himmel flog. Das UFO kam direkt auf das Ehepaar zu. Betty Hill beobachtete es durch ihr Fernglas. Sie konnte Einzelheiten erkennen. Da war so etwas wie eine Scheibe, umgeben von einem hell leuchtenden Ring.

Das UFO kam immer näher, schwebte schließlich nur einhundert Meter vom Wagen entfernt in einer Höhe von dreißig Metern. Was wie ein Ring ausgesehen hatte, war nun mit dem bloßen Auge als eine Reihe von Fenstern zu erkennen, hinter denen es bläulichweiß schimmerte.

Barney Hill stoppte den Wagen. Er stieg aus und betrachtete das UFO durch ein Fernglas. Er nahm menschenähnliche Gestalten hinter den Fenstern wahr. Seine Frau blieb derweil ängstlich im Auto sitzen. Ihr Mann rief wiederholt: »Ich kann es nicht glauben! Ich glaube es nicht!« Das UFO kam nun noch näher. »Sie wollen uns fangen!« schrie Barney Hill und wollte ins Auto zurückkehren. Ein seltsames Summen war zu vernehmen.

Dann klafft eine Lücke in der Erinnerung der Hills. Als sie wieder zu sich kamen, fehlten zwei Stunden Zeit. Und die Hills waren 60 Kilometer von ihrem Ausgangspunkt entfernt.

Nehmen wir an, etwas Vergleichbares hätte im 12. Jahrhundert ein Rittersmann erlebt. Hätte er begreifen können, was ihm widerfahren war? Wohl kaum! Die Frage ist alles andere als hypothetisch. 1147 befand sich der Kreuzritter von Crégny in muslimischer Gefangenschaft im »Heiligen Land«. Plötzlich wurde er von irgend etwas entführt – und fand sich in seiner französischen Heimat, in Le Hamel, wieder. Er konnte nicht begreifen, was geschehen war. Einzig faßbare Erklärung: Maria hatte ihn befreit und in die Heimat zurückgebracht. Die Parallele zwischen der UFO-Entführung der Hills und dem Erlebnis des Kreuzritters von Crégny ist offensichtlich.

Lichter, Sterne, UFOs?

1155 arbeiteten einige Zisterziensermönche auf den Feldern von Clairvaux in Frankreich. Nehmen wir an, sie hätten eine UFO-Sichtung gehabt. Etwas für sie Unbegreifliches erschien am Himmel. Wie interpretierten dann die Mönche das Geschehen? Der Fall hat sich tatsächlich ereignet. Die Männer wurden von großer Ehrfurcht ergriffen. Für sie, aber auch für einige Bauersfrauen, gab es nur eine Erklärung: Der Himmel hatte sich aufgetan. Maria war über den Wolken erschienen!

1310 hatte die siebenjährige heilige Brigitta von Schweden (1303–1373) ein ähnliches Erlebnis. Sichtete sie ein UFO?

> »Ich sah nämlich einen Stern, allein nicht, wie sie sonst vom Himmel herab glänzen. Ich sah ferner ein Licht, allein kein solches, wie es in der Welt leuchtet. Darauf vernahm ich alsbald eine Stimme, jedoch nicht aus menschlichem Mund. Als ich dieselbe gehört, fürchtete ich mich sehr, da ich erwog, es möge vielleicht eine Täuschung sein. Und alsbald erschien vor mir der Engel Gottes....«

Hatte sie eine Begegnung mit Außerirdischen? Wie anders denn als Engel müssen sie dem frommen Kind erschienen sein?

1359 kam es wieder zu einer Entführung. Karl, der Graf von Verona, befand sich in türkischer Gefangenschaft. Irgend etwas holte ihn aus der Festung der Türken. Als er wieder zu sich kam, befand er sich in der Karmeliterkirche von Neapel. Für den frommen Mann gab es nur eine Erklärung: Maria hatte ihn entrückt und aus der fernen Fremde in die Heimat versetzt.

1388 wurden bei Andernach-Kell seltsame »Lichterscheinungen« beobachtet. Sie gingen angeblich von einer Marienerscheinung aus. 1397 kam in Renkum, Niederlande, ein Marienbild »auf wunderbare Weise« vom Himmel herab. Es soll »nicht irdischen Ursprungs« gewesen sein. 1434 erlebte der Franzose Simon Vela in Pena de Francia, Spanien, Wundersames: Vom Himmel herab schien ein strahlendes Licht, wie ein Scheinwerfer.

Himmlische Lichter tauchten auch 1450 am Himmel von Portugal auf: UFOs? Jedenfalls wurde Peter Martinez in Nordafrika »entrückt« und irgendwie nach Lissabon gebracht. War er von den »Lichtern« befreit und nach Europa transportiert worden? Peter Martinez jedenfalls konnte keine natürliche Erklärung dafür finden. Seine Interpretation: Maria hatte ihm geholfen.

1600 beobachtete der Freiherr Marquard von Schwendi (1574–1634) von seinem Garten in Mariahilf bei Passau »strahlende Lichter« auf dem gegenüberliegenden Hügel. Das konnte nur eine himmlische Vision sein. Der fromme Mann starrte in den Lichterglanz – und meinte, Maria erkennen zu können. Also ließ er am »Erscheinungsort« eine Kirche bauen.

1660 wurde Trun im schweizerischen Kanton Graubünden von Lichtphänomenen heimgesucht, die zunächst nicht erklärt werden konnten. Immer wieder erschien »strahlendes Licht auf dem Felsenhügel über Trun«. Selbst der örtliche Pfarrer stand vor einem Rätsel. Wieder erfolgte eine religiöse Interpretation: Die »Lichter« waren eine Botschaft Marias, die so darauf hinwies, daß sie den Bau einer Kirche wünschte.

Am 19. September 1846 hatten die Hirtenkinder Maxim Giraud, 11 Jahre, und Mélanie Calvat, 15 Jahre, auf einer Alm bei La Salette, Frankreich, ein geheimnisvolles Erlebnis. Am Morgen, so berichten Gottfried Hierzenberger und Otto Nedomansky in ihrem Standardwerk *Erscheinungen und Botschaften der Gottesmutter Maria,* befanden sie sich bei ihren Herden auf einer Wiese in 1800 Metern Höhe. Zu Mittag hatten sie etwas geschlafen, kümmerten sich dann wieder um die Tiere. Über einer ausgetrockneten Quelle sahen sie eine »strahlende Lichtkugel und darin die Umrisse einer Gestalt«.

Relativ häufig werden Formationsflüge von UFOs in der Fachliteratur beschrieben. An derlei Berichte erinnern die himmlischen Geschehnisse von Pontmain in Frankreich. Am Abend des 17. Januar 1871 beobachteten der zwölfjährige Bauernsohn Eugen Berbedette, sein zehnjähriger Bruder, weitere Familienangehörige und insgesamt etwa sechzig Bewohner des kleinen Dorfes ein Szenario, das der Phantasie eines Steven Spielberg entsprungen sein könnte. Drei große »Sterne« flogen sehr tief über dem Nachbarhaus, formierten sich zu einem Dreieck und verharrten etwa drei Stunden unbeweglich am Himmel. Die Lichter sahen zwar wie Sterne aus, waren aber keine.

Der zuständige Bischof überprüfte den Fall kritisch und erklärte bereits 1872, daß eine »echte Marienerscheinung« stattgefunden habe. 1873 wurde mit dem Bau einer Basilika begonnen, die 1900 eingeweiht werden konnte.

1876 erschien »Maria« mehrmals in einer Waldschlucht zwischen Mettenbuch und dem Benediktinerkloster Metten bei Deggendorf. 1878 wurde eine weitere Welle von Sichtungen registriert. Zeugen gab es viele. Die häufigsten Sichtungen wurden von Karoline Kraus, Franz Xaver Kraus, Therese Liebl und Mathilde Sack, alle im Alter zwischen 8 und 14 Jahren, gemeldet. Die Erscheinungen hielten insgesamt mehrere Monate an und wurden zunächst nicht in Verbindung mit Maria gebracht. Zunächst war nur von »Lichterscheinungen« die Rede, von »rötlichen, blauen und weißen Kugeln«, die manchmal in geringer Höhe über dem Boden schwebten.

Religiös interpretiert wurden die »Lichter« erst nachträglich. Ein Beispiel: Am 1. Dezember 1876 sahen die Witwe Kraus, die Witwe Liebl, Johann Eckls und drei Kinder »ein Licht in die Schlucht hinunterlaufen und daraus ein Christkindl entstehen«. Mit anderen Worten: Beobachtet wurde etwas UFO-artiges. Kinder und Erwachsene wußten nicht, was sie von der Leuchterscheinung halten sollten. Sie kam vom Himmel, konnte also nur etwas Göttliches sein. Ihrer Überzeugung nach herrscht Jesus, neben Gottvater sitzend, im Himmel über die Scharen der Engel. Wenn nun etwas Hellleuchtendes, Mystisches vom Himmel kam, dann mußte es sich um einen Engel oder Jesus handeln. Die Zeugen starrten auf die Lichtkugel und erkannten, religiös geprägt, wie sie nun einmal waren, was sie sehen wollten. Vor ihren Augen »entstand« ein »Christkindl«.

Außerirdische in der Bibel

Am Anfang schuf Gott Himmel und Erde

Für den gläubigen Christen galt jahrhundertelang: Die Bibel ist Gottes Wort. Und so befiel ihn geradezu ängstliche Scheu, wenn er im Buch der Bücher las. »Das Wort Gottes geschah mir«, las er ehrfürchtig in der lutherischen Übersetzung von Jeremia. Ist also die Bibel das Wort Gottes? Angesichts zahlreicher offensichtlicher Fehler, die wir in den Schriften des Alten wie des Neuen Testaments finden, fällt es schwer, das zu glauben. Denn müßte nicht das Wort Gottes makellos und fehlerfrei sein?

Ein Studium der Originaltexte zeigt, daß zahlreiche Fehler der Bibel auf eindeutigen Fehlübersetzungen basieren. Um solche zu entdecken, bedarf es nicht einmal eines Theologiestudiums. So heißt es in zahlreichen heutigen Übersetzungen des Psalms 150: »Lobet ihn mit Saitenspiel und Orgelklang!« Doch als die Psalmen entstanden, gab es noch keine Orgeln. Ein Blick auf den Originaltext genügt: Da ist von einem Instrument namens UGAF die Rede. Als der hebräische Text ins Griechische übertragen wurde, wußte der Übersetzer schon nicht mehr, um welches Instrument es sich dabei handelte. Also wählte er den Sammelbegriff für »Musikinstrumente«: »Organon«. Und aus »Organon« wurde dann bei der Erstellung einer lateinischen Übersetzung die Orgel.

Solche Übertragungsfehler können aber zu ganz entscheidenden Verfälschungen führen. Wo in heutigen Übersetzungen »Wort Gottes« steht, findet sich im Hebräischen DAWAR, was soviel heißt wie »Sache Gottes«, »Anliegen Gottes«, »Angelegenheit Gottes«. Daraus wurde in der griechischen Übersetzung »LOGOS«, »Rede«, »Aussage« etc. Und »logos« wurde in der lateinischen Übersetzung zu »verbum dei« – »Wort Gottes«. So wurde also aus der recht allgemeinen »Angelegenheit/Sache Gottes« das »Wort Gottes«.

Wenn also die ursprünglichen Texte des Alten Testaments gar nicht behaupten, das Wort Gottes zu sein, ist dann im bekanntesten Text des Alten Testaments überhaupt von der Schöpfung der Erde durch Gott aus dem Nichts die Rede? Spricht das Buch Genesis überhaupt von dem universellen Gott, von dem Schöpfer alles Existierenden?

Testlabor Erde

Das ist in der Tat nicht der Fall. Übersetzt man den vielleicht bekanntesten Satz der Bibel wörtlich aus dem Hebräischen, dann ergibt sich ein vollständig anderer Sinn. In allen herkömmlichen Bibelausgaben beginnt das Erste Buch Mose im 1. Kapitel mit dem Vers: »Am Anfang schuf Gott den Himmel und die Erde.« Eine wörtliche Übersetzung enthüllt zunächst, daß es im Hebräischen nicht »am Anfang« heißt. Da ist vielmehr davon die Rede, daß aus dem, das am Anfang war, etwas geschaffen wurde – und zwar nicht von dem allmächtigen Gott (Einzahl!), sondern von den Göttern, von den Elohim. Und schließlich ist nicht von einem Himmel (Einzahl!) die Rede. Wortwörtlich steht da: »Aus dem, was am Anfang war« oder »Aus dem Vorgefundenen schufen die Götter die Himmel und die Erde.«

Was aber schufen die Götter aus dem, was sie vorfanden? Etwa die Erde? Nimmt man den Text wörtlich, dann ergibt sich ein wiederum ganz anderer Sinn. Da geht es nicht um den Planeten, nicht um die Erde, da wird etwas kreiert, eine Miniaturwelt, eine Art Forschungsstation, ein Testlabor. Und in diesem Testlabor produzierten die Götter der Vorzeit die ersten Menschen, nämlich Adam und Eva.

Wo mag sich das »Testlabor Erde« befunden haben? Eine geographische Lokalisation ist nicht möglich. Doch mir scheint: Es kann keinen Zweifel geben, daß es sich auf dem Grunde eines Meeres befand. Genau das verrät uns nämlich der Text – besonders klar im hebräischen Original, aber auch in den herkömmlichen Bibelübersetzungen, wenn wir sie nur sorgsam genug und Wort für Wort lesen!

Im 1. Buch Mose (1: 2) erfahren wir, daß der »Hauch Gottes«, Original »der Götter«, über den Wassern schwebte. Übersetzen kann man auch: »Und das Brausen der Götter schwebte über dem Meer.« Sollte es sich dabei um ein Raumschiff der Astronautengötter gehandelt haben, das die Meeresfluten aufwirbelte? In den Versen 6 und 7 wird es dann spannend: »Die Götter errichteten ein festes Gewölbe inmitten der Wasser, sie trennten das Wasser oberhalb und unterhalb der Kuppel.«

Wollen wir Näheres über diese Kuppel erfahren, müssen wir auf die »Legenden der Juden« zurückgreifen, die von Louis Ginsberg gesammelt wurden. Die Kuppel war durchsichtig, bestand aus extrem hartem Material und war »nur drei Finger dick«. Sie wurde einer speziellen Behandlung unterzogen, nämlich mit der »Kraft des Feuers« gehärtet, damit sie die auf ihr lastenden Wassermassen tragen konnte. Das verrät der Text, der für die Juden des Alten Israel nicht minder heilig war als jene Texte, die später in den Kanon des Alten Testaments aufgenommen wurden.

1. Buch Moses (1: 7): »Die Götter schieden zwischen den Wassern, die unterhalb der Kuppel waren, und dem Wasser, das oberhalb der Kuppel war.« Jetzt wurde das Wasser aus dem Raum unter der Kuppel herausgepumpt. Folge: »Es wurde sichtbar das Trockene.« (1. Buch Mose 1: 9) Das trockene Land wurde von den Göttern bearbeitet: »Und die Götter sprachen: Das Land lasse hervorsprießen Gesproß, Kraut, Samen bringend, Fruchtbäume, Frucht tragend.« Schließlich wurden »Lampen« an der Kuppel befestigt, »um zu scheiden zwischen dem Tag und der Nacht. Und sie seien Zeichen und Zeiten zwischen den Tagen und den Jahren.«

Im 1. Buch Mose (1: 26) erfahren wir, was die Götter mit ihrer Unterwasserstation vorhatten: »Und die Götter sprachen: Lasset uns einen Menschen machen, in unserem Bilde, nach unserer Ähnlichkeit.« Die Mehrzahlform wurde in die Übersetzungen übernommen, was heutigen christlichen Theologen Kopfschmerzen bereitet. Sie theologisieren die Probleme weg, fabulieren etwa von »Pluralis majestatis«. Diese Sprachform, die von Kaisern und Königen vergangener Jahrhunderte benutzt wurde, um sich vom niederen Volk zu unterscheiden, gab es freilich zu jenen Zeiten noch gar nicht. Auch die christliche Dreieinigkeit von Gottvater, Sohn und Heiligem Geist (»Trinität«) war den Genesisautoren völlig fremd.

Adam, Eva und Seth

In der künstlich konstruierten Miniaturwelt schufen die Götter die ersten Menschen, Adam und Eva. Laut Genesis (1. Buch Mose 2: 21) entstand Eva aus einer Rippe Adams. »Ti« lautet im Sumerischen – und die Grundgedanken des biblischen Schöpfungsberichts basieren auf Überlieferungen aus dem Sumerischen – das Zeichen für »Rippe«. Gleichzeitig bedeutet »Ti« aber auch »Lebenskraft«. »Die Götter nahmen von Adams Lebenskraft« wäre eine mögliche Übersetzung.

Was aber bedeutet das? Die Lebenskraft hat ihren Sitz in der Zelle. Ein Gen ist der Informationsträger der Vererbung. Die Grundinformation liegt bereits im DNS-Molekül. Durch Mutation in diesem Bereich, künstlich herbeigeführt, werden die Erbfaktoren verändert, können die Astronautengötter etwa aus einem affenähnlichen Menschen ein intelligenteres Wesen schaffen, das der Sprache mächtig ist.

Damit es aber nicht bei einem Individuum bleibt, damit die veränderten Erbanlagen auch weitergegeben werden, muß der mutierte Chromosomensatz einem weiblichen Wesen eingepflanzt werden. Und just dieser Vorgang wird im »Schöpfungsbericht« der Bibel beschrieben, nämlich im 1. Buch Mose (4: 25). Man muß den Text freilich wörtlich aus dem Hebräischen übersetzen, um den eigentlichen Sinn zu erkennen, der den Lesern moderner Bibelausgaben fremd bleibt. »Und Adam erkannte nochmals sein Weib, und sie gebar einen Sohn Seth, denn gewährt hat mir Gott anderen Samen für Abel, welchen Kain erschlug«, läßt den eigentlichen Sinn nur erahnen. Die wörtliche Wiedergabe indes lautet: »Und Adam schwängerte nochmals seine Frau, und sie gebar einen Sohn, den nannte sie Setzling (oder: Eingepflanzter), denn gesetzt haben mir die Elohim (die Götter) fremden Samen für Abel, welchen Kain erschlug.«

Analysiert man den vorliegenden Satz gründlich, dann erkennt man: Hier wurden offensichtlich zwei Aussagen aus verschiedenen Urquellen miteinander verknüpft. Einmal: »Und Adam schwängerte ... und sie gebar.« Zum anderen: »Denn gesetzt haben mir die Götter fremden Samen für Abel, welchen Kain erschlug.« Beide Sätze, wobei der zweite älter sein dürfte als der erste, wurden miteinander vermengt. Im Hebräischen ist das noch zu erkennen, während dieser Sachverhalt in späteren Übersetzungen entstellt wurde.

Das Einpflanzen fremden Samens wird, dies als interessante Ergänzung, auch im altindischen *Nala und Damayanti* beschrieben, einem Teilstück des altindischen Epos *Mahabharata*. Da erhält die Frau des Herrschers Bhima von den Göttern, vermittelt von einem Rsi, der zwischen himmlischen und irdischen Gefilden pendelte, Knaben- und Mädchenperlen. Diese werden eingepflanzt, die Königin wird schwanger und gebiert Kinder, just so, wie sie gewünscht worden waren; die Gene waren von den Göttern präpariert worden.

Mein Fazit: Der Schöpfungsbericht im Alten Testament ist nicht Wort Gottes, er beschreibt vielmehr die Angelegenheiten der Götter. Er schildert auch keineswegs die Erschaffung der Erde durch den allmächtigen Gott aus dem Nichts. Vielmehr ist vom Wirken von Göttern die Rede, die eine Miniaturwelt bauen, vermutlich auf dem Meeresgrund. In diesem Testlabor, dessen »Umweltbedingungen« veränderbar sind, entstehen die ersten Menschen. Und zwar durch gentechnische Manipulationen.

Das Testlabor wird schließlich zerstört, so steht es im Sintflutbericht. Einige gelungene Exemplare des »Experiments Mensch« sollen erhalten, die übrigen zerstört werden. Als die zu rettenden Exemplare verstaut sind, öffnen die Götter »die Schleusen der Kuppel« (1. Buch Mose 7: 11, wörtliche Übersetzung!). Das Testlabor auf dem Meeresboden wird geflutet. Wassermassen brechen von oben ein, überschwemmen das einst trockene Land. Noch steht die Arche auf dem Boden, das ändert sich aber schnell, sie steigt höher und höher, wird für kurze Zeit zum »U-Boot«, von Wasser rundum umschlossen, schließlich schaukelt sie auf dem Meer.

Im Testlabor wurden also durch Genmanipulationen Wesen erzeugt, die weniger gelungenen Exemplare vernichtet, auserwählte Exemplare ausgesetzt, um die Erde zu bevölkern. Zu diesen Überlebenden gehörte, wir wissen es aus der Bibel, Noah. Noah aber war, so verrät es uns die Lamech-Rolle, ein

69

Text, der nicht in den Kanon des Alten Testaments aufgenommen wurde, ein »Produkt der Wächter des Himmels«.

Hat Adam gelebt?

An dieser Stelle ist eine kritische Rückfrage angebracht: Hat Adam wirklich gelebt? Wer an Adam und Eva als reale Persönlichkeiten glaubt, die es einst wirklich gegeben hat, findet sich in unserer Zeit, die sich als aufgeklärt und kritisch empfindet, meist hämischem Spott ausgeliefert. Dabei wird freilich übersehen, daß es dem aktuellen Forschungsstand entspricht, daß es Adam und Eva wirklich gegeben hat. Umstritten ist lediglich die Frage, wie viele »erste Menschen« als Vorfahren des heutigen Homo sapiens angesehen werden müssen.

1986 untersuchte der amerikanische Genetiker Douglas C. Wallace von der Emroy-Universität in Atlanta zusammen mit seinem Team die Mitochondrien, die menschlichen Erbanlagen. Er kam zu dem Ergebnis, daß die heute lebenden Frauen auf vor etwa 100000 Jahren in Afrika lebende »Evas« zurückgehen. Ganz ähnliche Resultate erhielten auch die Genetiker J.S. Jones und S. Rouhani, University College, London, und Jim S. Wainscoat und Team, Universität Oxford. Sie untersuchten einen Bestandteil des menschlichen Bluts, Beta Globulin, und kamen zu der Erkenntnis, daß vor 100000 Jahren in Afrika sechs Frauen lebten, die als »Evas« der heutigen Menschheit angesehen werden müssen. Von 500, vielleicht aber auch 10000 Ur-Individuen, gehen auch der Tübinger Immungenetiker Professor Dr. Jan Klein und Kollegen aus Japan aus: Adams und Evas, real existierende Ur-Ahnen der heutigen Menschheit.

Adam, Abraham und die Außerirdischen

In altjüdischen heiligen Texten, die nicht in den Kanon der Bibel aufgenommen wurden, wimmelt es nur so von Hinweisen, die die ersten Menschen in Verbindung mit Außerirdischen bringen. So veröffentlichte Paul Rießler *Altjüdisches Schrifttum außerhalb der Bibel*. Im Text *Leben Adams und*

Evas wird ein Bericht vorgelegt, der Adam selbst als »UFO-Zeugen« darstellt. Da lesen wir: »Da sah ich gleich dem Winde einen Wagen, und seine Räder waren feurig.« Adam wurde an Bord genommen. »Ich wurde...entrückt. Ich sah den Herrn da sitzen.« Der Erzengel Michael steuerte das Vehikel.

Laut Überlieferungen, die Louis Ginsberg übersetzt und aufgezeichnet hat, unternahm Adam Flugreisen durchs All. Sechs Welten wurden ihm gezeigt: Erez, Adamah, Arqua, Ge, Neshiah und Ziah. Erez war eine Welt der Dunkelheit, anscheinend ein Planet, der sich in großer Distanz um seine Sonne drehte. Auf Adamah hatten es die Bewohner, offenbar Vertreter einer fortgeschrittenen Zivilisation, bereits geschafft, ihre Umwelt zu verpesten. Auf Arqua lebten die Cainiten, Zwerge und Riesen. Jene Kreaturen fristeten ein ärmliches Dasein, kannten kein Getreide. Oft wurden zweiköpfige Wesen geboren, Mutationen. Planet Ge befand sich »nah am flammenden Feuer«. Umkreiste dieser Planet wie unser Merkur in relativ geringem Abstand seine Sonne? Auf Nesiah hausten Zwerge ohne Nase. Sie atmeten durch zwei Löcher. Auf Ziah herrschte arge Wasserknappheit, die Bewohner jener Welt werden als besonders schön beschrieben.

Die *Apokalypse des Moses* nennt Eva als »UFO-Zeugin«: »Und Eva blickt zum Himmel auf, da sieht sie einen Lichtwagen heranfahren. Kein aus dem Mutterleib Geborener kann die Herrlichkeit beschreiben.«

So verwundert es dann auch nicht, daß die geheimnisvollen Texte von Qumran, die über Jahrzehnte hinweg der Öffentlichkeit vorenthalten wurden, ebenfalls sehr deutliche Hinweise auf Außerirdische enthalten. Im *Buch Henoch der Riesen* (Textbezeichnung 4 Q 532) wird auf »himmlische Wesen« hingewiesen, die mit »irdischen Töchtern« höchst intim verkehrten und Nachwuchs erzeugten – die »Nephilim«, die Riesen. Text 4 Q 286/287 spricht konkret vom »Wagen der Herrlichkeit«, erwähnt einen »Streitwagen der Herrlichkeit mit Scharen von Radengeln«. Und Text 4 Q 227 lobt Henochs »himmlisches Wissen....über die himmlischen Sphären und ihre Wege«. Kein Wunder: Wie wir aus dem 1. Buch Mose (5: 24) wissen, wandelte jener Mensch mit den Göttern der

Vorzeit. Er starb auch keines natürlichen Todes auf Erden, sondern wurde ins All »entrückt«. Ins All wurde auch Michael gebracht (Text 4 Q 529), »zu den höchsten Himmeln«. Erzengel Gabriel unterrichtete ihn im Städtebau. Text 4 Q 385/389 schließlich beschreibt ein himmlisches Flugvehikel, hebt den »Strahl seines Wagens« hervor.

Und in Louis Ginsbergs *Legenden der Juden* berichtet Rabbi Bar Jochai, wie Rabbi Yosse und eine kleine Schar Menschen auf einen Außerirdischen treffen. »Woher kommst du?« wird er gefragt. »Vom Planeten Arqua«! antwortet er bereitwillig. Die Menschen staunen: »Es gibt also Lebewesen auf Arqua?« Das bestätigt der Fremde. »Als ich euch kommen sah, beschloß ich, nach dem Namen der Welt zu fragen, auf die ich gekommen bin.«

Auf seinem Heimatplaneten sei so manches anders als auf der Erde. So seien die Jahre dort länger, mehr Zeit vergehe zwischen Saat und Ernte. Dem Besucher sind aber noch andere Welten bekannt. Doch nur auf der Erde könne er wie auf seinem Heimatplaneten leben. Friedlich gehe es aber auf Arqua keineswegs zu, da würden weite Bevölkerungskreise in Lagern gehalten und streng von Wächtern beaufsichtigt. Auf der Welt Herabah gebe es reichlich Wasser, auf Tebel hausten entsetzliche Monsterwesen, Kreaturen, die künstlich erzeugt worden seien.

Wie Adam und Eva hatte auch Abraham Kontakt mit Außerirdischen. Darüber berichtet die *Abrahamapokalypse*. Zwei Fremde besuchen den jungen Abraham. Einer spricht ihn an. »Als ich die Stimme hörte, die solche Worte sprach, da sah ich bald hierhin und bald dorthin. Nicht eines Menschen Atem war's.« (10: 1–2) Angesichts der Fremdartigkeit seiner Besucher wird Abraham ohnmächtig: »Und so erschrak mein Geist, und meine Seele floh aus mir. Ich wurde wie ein Stein und fiel zu Boden, weil ich nicht mehr zum Stehen Kraft besaß.«

Schließlich erlebt Abraham auch eine Himmelsreise, die in Kapitel 5 der *Abrahamapokalypse* beschrieben wird: »Und es geschah bei Sonnenuntergang, da gab es Rauch wie Rauch aus einem Ofen ... So trug er mich bis an der Feuerflammen Grenzen. Dann stiegen wir hinauf, so wie mit vielen Winden, zum

Himmel, der da ob dem Firmament war.« (15: 1,4,5) Abraham erspäht ein Raumschiff, eine Raumstation: »Ich sehe in jener Höhe, die wir bestiegen, ein mächtig Licht, nicht zu beschreiben, und in dem Licht ein Feuer, darinnen eine Schar, ja eine große Schar von mächtigen Gestalten,...die Worte rufen, wie ich sie nicht kannte.« (15: 6)

Zu den besten Indizien für die Prä-Astronautik schlechthin gehört für mich die Beschreibung Abrahams von seinem Aufenthalt im Inneren dieser Orbitalstation. Sie dreht sich allem Anschein nach um die eigene Achse und erzeugt so künstliche Schwerkraft. Bei Abraham liest sich das so: »Der hohe Ort, worauf wir standen, bald stand er aufrecht da, bald drehte er sich abwärts.«(17: 3) Eine Luke wird geöffnet (19:4), Abraham beobachtet, daß mal die Sterne oben, mal unten zu sehen sind (20: 3).

Wirken der Götter

Auf dem Planeten Tebel sichtete Adam bei seiner Reise durchs All furchteinflößende Monster. Diese Kreaturen können nicht als Produkte der Evolution angesehen werden, sie müssen vielmehr von den Göttern erzeugt worden sein. Solche Monstrositäten wurden aber auch auf der Erde produziert, von den Göttern, wie etwa der Historiker Eusebius schaudernd berichtet:

»Menschen mit Schenkeln von Ziegen und Hörnern am Kopfe, noch andere, pferdefüßige, und andere von Pferdegestalt an der Hinterseite und Menschengestalt an der Vorderseite. Erzeugt hätten sie (die Götter) auch Stiere, menschenköpfige, und Hunde, vierleibige, deren Schweife nach Art der Fischschwänze rückseits an den Hinterteilen hervorliefen, auch Pferde mit Hundeköpfen... sowie andere Ungeheuer, pferdeköpfige und menschenleibige und nach Art der Fische beschwänzte, dazu weiter auch allerlei drachenförmige Unwesen und Fische und Reptilien und Schlangen und eine Menge von Wunderwesen, mannigfaltig gearteten und untereinander verschieden geformten.«

Man möchte diese Horrorkreationen gerne ins Reich der Märchen verbannen, möchte hoffen, daß es sie nie gegeben hat. Doch in fast allen Museen der Erde finden sich Abbildungen, präzise Darstellungen jener Wesen. So kann man im Louvre etwa 4200 Jahre alte Miniaturen sehen, die menschenköpfige Stiere darstellen. Im Eingangsbereich des Ägyptischen Museums von Kairo sah ich in einer Glasvitrine das in Stein gearbeitete Halbrelief fremdartiger Monster. Ihre Leiber erinnern an Pferde, sie haben Löwenfüße, auf unnatürlich langen Hälsen sitzen verhältnismäßig kleine Köpfe, die an Löwenhäupter erinnern. Angriffslustig stehen die beiden Wesen einander gegenüber, scheinen einander angreifen zu wollen. Noch hindern sie kleine, sehr naturgetreu dargestellte Wesen daran, zerren an Stricken.

Hesekiel und seine kosmischen Kontakte

Hesekiel wurde im Jahre 597 vor Christus mit vielen seiner Landsleute auf Befehl von König Nebukadnezar nach Babylon deportiert. Er lebte in Tel-Abib am Flusse Chebar in Chaldea, war verheiratet und gehörte zur Oberschicht der Bevölkerung. 593 oder 592 begann er als etwa Dreißigjähriger mit seinen Aufzeichnungen, rund zwanzig Jahre führte er Buch über phantastische Geschehnisse. Detailfreudig beschrieb er seine kosmischen Kontakte.

Diese Kontakte mit Außerirdischen waren real. Der Priester beschrieb echte Begebenheiten, keine Träume, keine Visionen. Das wird deutlich, wenn man den Bibeltext im hebräischen Original liest. Offensichtlich wollte Hesekiel in besonderem Maße hervorheben, daß er konkrete Erlebnisse hatte, so phantastisch sie auch erscheinen mußten. Deshalb wandte er einen sprachlichen Trick an und verdoppelte alle wichtigen Zeitwörter. Seine Leserinnen und Leser verstanden, was damit ausgesagt wurde: Hesekiel war Zeuge, nicht Träumer oder Visionär. So heißt es (Hesekiel, 1: 3): »Da geschah ein Geschehen.« Vers 4: »Und ich sah, und siehe, es kam ein ungestümer Wind von Norden her....«

Der NASA-Ingenieur Josef Blumrich rekonstruierte anhand der genauen Texte Hesekiels ein Raumschiff. Blumrich, 1913 in Österreich geboren, 1959 in die USA ausgewandert, wurde für seine »außergewöhnlichen Leistungen« für die Raumfahrt ausgezeichnet. Der »Leiter der Abteilung für Projektkonstruktion« war von seiner Frau auf Dänikens *Erinnerungen an die Zukunft* aufmerksam gemacht worden. Eher mißmutig hatte er in dem Weltbestseller geblättert. Als er bei Däniken las, Hesekiel habe Kontakte mit Außerirdischen gehabt, beschloß er empört, den Laien zu widerlegen. Er machte sich als Experte in Sachen Raumfahrt an die Arbeit. Je tiefer er in die Materie einstieg, desto überzeugter wurde er davon, daß Hesekiel tatsächlich kosmische Kontakte hatte.

Hesekiels Raumschiff

Der Ingenieur schreibt:

»Die Hauptmerkmale des Raumschiffes zeigen uns einen Flugkörper von überraschend sinnvollem Aufbau. Wir erkennen in der auffälligen Form des Hauptkörpers die aerodynamischen und gewichtlichen Vorteile. Wir sehen, wie sehr sie für die Anbringung von Hubschraubern geeignet ist. All diese Eigenschaften fügen sich lückenlos und widerspruchsfrei an- und ineinander. Sie sind unverkennbare Anzeichen für eine sehr überlegte und gekonnte Planung und Entwicklungsarbeit.«

Blumrich rekonstruierte: Hesekiel sah und beschrieb ein Zubringer-Raumschiff, das zwischen einer Weltraumstation in der Erdumlaufbahn und der Erde hin- und herpendelte. Es hatte die Form eines Brummkreisels. Nach unten lief es spitz zu und endete in einem atomar betriebenen Raketenmotor. An der Oberseite befand sich eine durchsichtige Kuppel. Von hier aus steuerte der Kommandant das Vehikel. Diese Kuppel konnte, versehen mit eigenem Antrieb, vom Hauptkörper losgelöst und zu Naherkundungsflügen verwendet werden. Zusätzlich waren an der Unterseite vier Hubschraubereinheiten angebracht.

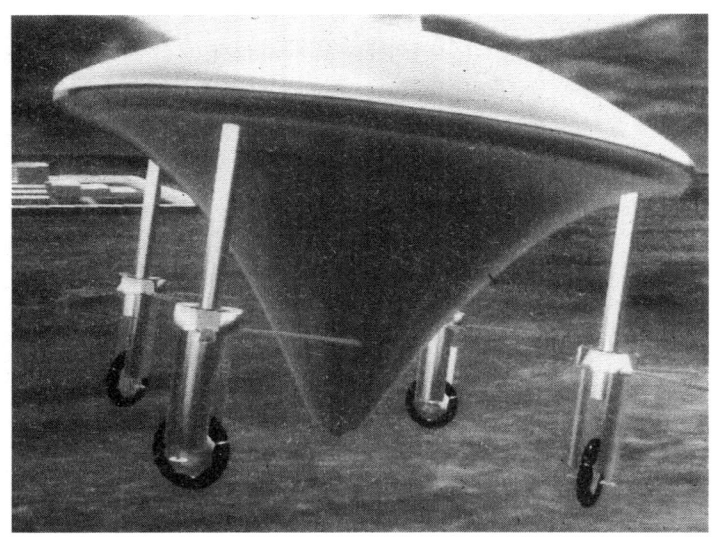

Das Hesekiel-Raumschiff im Landeanflug

Beim Flug vom Erdorbit zur Erde wurde zunächst der atomare Hauptantrieb benutzt. Dabei waren die vier Hubschraubereinheiten hochgeklappt. Beim Eindringen in die Atmosphäre fungierte der spitz zulaufende untere Teil des Flugvehikels als Hitzeschild. Stand die Landung bevor, wurde der Raketenantrieb abgeschaltet. Die Hubschraubereinheiten wurden nach unten geklappt und in Betrieb genommen.

Unter diesen Einheiten waren Räder angebracht, auf denen das Shuttle nach der Landung hin- und herrollen konnte (Hesekiel, 1: 15–17):

»Da stand je ein Rad auf der Erde bei den vier Gestalten. Die Räder waren anzuschauen wie ein Türkis und waren alle gleich, und sie waren so gemacht, daß ein Rad im anderen war. Nach allen vier Seiten konnten sie gehen, sie brauchten sich nicht umzuwenden.«

Hesekiel war keineswegs nur passiver Beobachter. Er wurde auch als Passagier mit an Bord genommen und erlebte

Flüge in den erdnahen Raum (Hesekiel 3: 12–13): »Und der Geist hob mich empor, und ich hörte hinter mir ein Getöse wie von einem großen Erdbeben, als sich die Herrlichkeit des Herrn erhob von diesem Ort.«

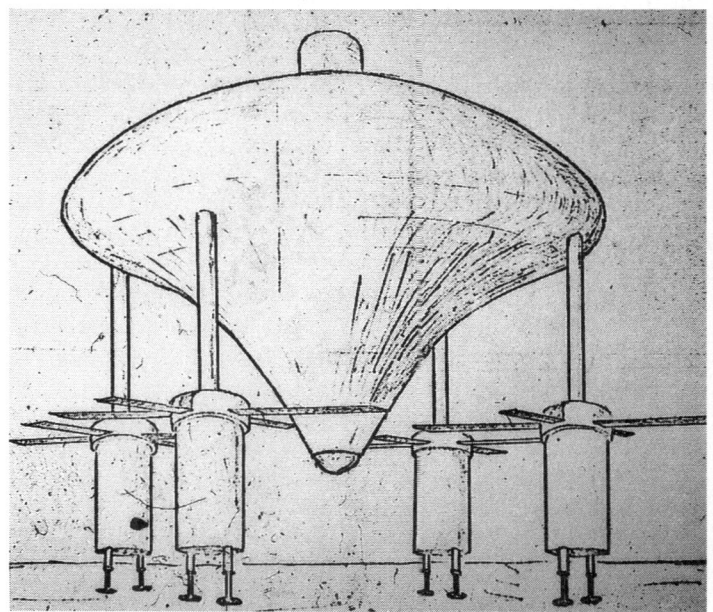

Modernste Technik beweist Bibeltext: das Hesekiel-Raumschiff

Nach seinem ersten Flug stand er unter Schock. Fast verschämt gibt er zu (Kapitel 3: 15):

»Und ich kam zurück zu den Weggefährten, die am Fluß Chebar wohnten, nach Tel-Abib und setzte mich zu denen, die dort wohnten, und blieb unter ihnen sieben Tage ganz verstört.«

Diese Reaktion ist nur zu verständlich. Selbst für einen heutigen Zeitgenossen wäre ein Flug im Raumschiff vom Typ Hesekiel ein überwältigendes Erlebnis. Für Hesekiel indes

muß so ein Flug einem unvorstellbaren Mysterium geglichen
haben. Er gewöhnte sich aber rasch an Flüge im Raumschiff,
die erstaunlich schnell zur Routine für ihn wurden. (Kapitel
8: 1ff und 40: 1ff).

Ein Flug ins Unbekannte

Im Jahre 573/572 vor Christus fand ein dritter Flug statt.
Dieser Flug ist für den heutigen Forscher zweifelsohne der
interessanteste. Hesekiel wurde nämlich in ein unbekanntes
Land verfrachtet. Wo auch immer das Raumschiff landete –
im Tempelkomplex von Jerusalem war es jedenfalls nicht. Der
lag nämlich zu Hesekiels Zeiten noch in Schutt und Asche und
wurde erst 538 vor Christus wiederaufgebaut. Und doch
erwecken heutige Bibelübersetzungen den falschen Eindruck,
Hesekiel sei durch die Luft nach Jerusalem verfrachtet worden. Fakt ist: Hesekiel wußte nicht, wo er war. Er schreibt von
»einem sehr hohen Berg«, ohne einen Namen zu nennen. Er
sah »etwas wie eine Stadt« (Hesekiel, 40: 2), wieder ohne
einen Namen zu nennen. Jerusalem war's jedenfalls nicht,
sonst hätte Hesekiel die Metropole seines Heimatlandes beim
Namen genannt.

Bibelübersetzer und Kommentatoren störten sich daran, daß
geographische Begriffe fehlten, weil Hesekiel nicht wußte,
wohin ihn die Himmlischen gebracht hatten. Sie fügten Ausdrücke ein, die im hebräischen Original fehlen.

Konkretes Beispiel: Im Kapitel 47, Vers 8, ist in heutigen
Übersetzungen die Rede vom »Toten Meer«. Im hebräischen
Original ist freilich lediglich von »einem Meer« die Rede. Der
Theologe Eichrodt erklärt, man müsse annehmen, daß das
»Tote Meer« gemeint sei, und habe daher die Bezeichnung
einfach eingefügt. Wie falsch das ist, beweist eine genauere
Lektüre des Textes. Da wird der Fischreichtum gepriesen,
werden die üppigen Pflanzen und herrlichen Bäume gelobt.
All das gab es in der Wüstenregion des Toten Meeres nicht.

Um den Text mit der Realität in Einklang zu bringen, griffen die Übersetzer zu einem Trick. Im Hebräischen gibt es
keine Zukunftsform. Was Hesekiel als aktuellen Bericht zu

Papier brachte, manipulierten sie in eine Vision von übermorgen. Für den Theologen Rudolf Smend blickte Hesekiel in die Zukunft, sah das Israel einer fernen Zukunft. Es kann aber nicht geleugnet werden, daß Hesekiel ein Land beschrieb, das er nicht kannte, so wie es damals zu seinen Lebzeiten aussah.

Damit nicht genug: Hesekiel wurde von den kosmischen Besuchern in ein fernes Land gebracht. Auf ihren Befehl hin wurde vor seinen Augen ein ihm völlig unbekanntes Gebäude vermessen. Ihm wurde befohlen, eine schier nicht zu überblickende Flut von Zahlen und Maßangaben zu Papier zu bringen. Warum?

Bei dem geheimnisvollen Bauwerk handelte es sich nach der umfangreichen Forschungsarbeit von Ingenieur Hans Herbert Beier um eine technische Anlage, die zur Wartung von Raumschiffen vom Typ Hesekiel verwendet wurde. Bei diesen befand sich zwischen den Hubschraubereinheiten der Raketenantrieb. Nach der Landung in der Wartungsanlage glühte er noch rot. Ein Techniker, der offensichtlich einen Schutzanzug trug, nahm einen Eingriff vor. Er mußte ein Element aus diesem Antrieb entnehmen. Dazu benützte er ein mechanisches Gerät. In Kapitel 10, Vers 8 heißt es, wörtlich übersetzt: »in der Ähnlichkeit eines Menschen Hand«.

Josef Blumrich dazu:

»Über die brennende Frage nach dem, was sich hier tatsächlich ereignete, kann man immerhin einige Vermutungen anstellen. Vom technischen Standpunkt aus gesehen, ist als einziges sicher, daß ein heißes Element entfernt wurde. Ob dieses ›heiß‹ rein thermisch war oder auch radioaktive Strahlung enthielt, ist unklar.« Der Vorgang war jedenfalls gefährlich. So erteilte der Kommandant seine Befehle aus sicherer Distanz, möglichst weit vom Gefahrenherd entfernt.«

Theologen pflegen den wohl langatmigsten Text der Bibel geflissentlich zu überlesen: Kapitel 40 und 41. Hans Herbert Beier aber stellte fest, daß jedes Detail stimmig und präzise ist. Es ergibt sich, baut man die erstaunlich präzise Anleitung nach, so etwas wie ein »Stadion« – nach oben offen. Im Zentrum landete und startete das Hesekielraumschiff. Hier wurden Reparaturen und Wartungsarbeiten vorgenommen, Routinekontrollen durchgeführt.

Der Beweis

UFOs wurden vor fünfzig, vor 100 Jahren beschrieben. UFO-Sichtungen erfolgten in den vergangenen 2000 Jahren und wurden als »Marienerscheinungen« fehlgedeutet. Und nun beschreibt Hesekiel ein Raumschiff und eine Wartungsanlage. Man ist versucht, einzuwenden, daß wiederum nichts wirklich Greifbares geliefert wird, daß es wiederum nur um die Interpretation von Texten geht. Wo bleiben die Beweise?

Der Ingenieur Hans Herbert Beier stellt fest:

> »Sicher ist, daß der Tempel real war und daß Hesekiel dort war. Dieses Haus muß zu finden und nach der Rekonstruktion zu erkennen sein. Ich wage nicht vorauszusehen, was passieren wird, wenn es – wie ich erwarte – weit weg von Babylon gefunden wird!«

Hesekiel liefert uns so etwas wie eine Schnitzeljagd. Er beschreibt Flüge im Raumschiff – unter anderem zu einer technischen Wartungsanlage. Er beschreibt diesen Komplex so präzise, daß man ihn auch heute noch wiedererkennen müßte. Nehmen wir seine Herausforderung an. Suchen wir nach diesem Gebäudekomplex. Wenn wir ihn finden sollten, dürfte der konkrete Beweis dafür erbracht sein, daß vor rund 2500 Jahren Außerirdische auf der Erde waren. Eine konkrete Spur wird uns nach Indien führen. Ein weiterer handfester Beweis für Außerirdische auf der Erde in grauer Vorzeit wäre die Mannamaschine.

Gesucht: die Manna-Maschine

Als das Volk Israel unter der Leitung des Moses aus der ägyptischen Gefangenschaft floh, ernährten sich die Menschen auf dem vierzig Jahre währenden Zug durch die Wüste von Manna. Zwei Wissenschaftlern zufolge wurde die geheimnisvolle Substanz mit Hilfe einer außerirdischen Maschine hergestellt. Was war eigentlich das ominöse Manna?

Was ist das?

Schon der Name der Himmelsspeise ist nicht mit Sicherheit geklärt. Im Alten Testament selbst wird eine einleuchtende Begriffsbestimmung vorgeschlagen (2. Buch Mose, 16: 15). Demnach fragten die Israeliten erstaunt »Was ist dies?« – man hu im Hebräischen –, als sie die ungewohnte Kost zum ersten Mal erblickten. Daraus habe sich der Begriff Manna entwickelt.

Moderne Theologen behaupten, das Manna-Rätsel sei gelöst. Es handele sich dabei um das Produkt von Coccidien, von Schmarotzern an den Tamariskengewächsen, ein süßes, weißliches Sekret. Neu ist diese Erklärung nicht, sie wurde bereits 1823 von Christian Gottfried Ehrenberg vorgeschlagen. Sie ist aber nicht besonders glaubhaft. Denn ein solches Naturprodukt wäre gewiß dem Wüstenvolk der Israeliten bekannt, ja bestens vertraut gewesen. Niemand hätte beim Anblick der eher unappetitlichen Substanz »Was ist das?« gefragt.

Außerdem wird im Alten Testament (2. Buch Mose, Kapitel 16: 25) auf eine Besonderheit hingewiesen: Demnach wurde nur an sechs Tagen in der Woche frisches Manna geliefert, nicht aber am siebten Tag. Wenn tatsächlich die Coccidien Manna hervorgerufen haben sollten, dann wäre das an jedem Tag geschehen, an sieben Tagen in der Woche und nicht nur an sechs.

Interessanterweise ist »Manna« oder »Mana« auch im Melanesischen bekannt: als Bezeichnung für »übernatürliche göttliche Hilfe«. Wer das »mana« der Götter besaß, konnte davon ausgehen, stets Unterstützung von den Himmlischen zu erhalten. Ganz ähnliche Hinweise finden sich auch im Alten Testament. So spricht der Psalmist (Psalm 78: 24) vom »Korn des Himmels«, aber auch von »Brot vom Himmel« (Psalm

105: 40). Im hebräischen Original erwähnt Psalm 78 (Vers 25) das »Brot der Starken«. In vielen Übersetzungen gibt man diesen Begriff mit »Brot der Engel« wieder. Laut Psalm 103 (Vers 20) waren jene Wesen »mächtig an Kraft«.

Wie auch immer: Sehr schmackhaft kann das Manna nicht gewesen sein. Den Israeliten hing es bald zum Halse heraus – und die Flüchtlinge haben gewiß in der Wüste keine sonderlich hohen Anforderungen an die Küchenmeister gestellt. Abfällig sprachen sie von »verächtlichem Brot« und es kam zu einem Aufstand gegen Jahwe, der zur Strafe giftige Schlangen sandte, denen viele Menschen zum Opfer fielen. (4. Buch Mose 21: 5–6)

Manna ex machina?

George Sassoon, 1936 geboren, studierte in Oundle und am King's College zu Cambridge Naturwissenschaften und ergriff schließlich den Beruf eines Konstruktionsingenieurs. Zudem gründete er eine »Vertragsorganisation für Forschung und Entwicklung«. Als technischer Übersetzer genießt er hohes Ansehen, auch als Elektronikspezialist. Sein Freund und Kollege Rodney Dale, 1933 geboren, studierte an der Prese School und am Queen's College, Cambridge, ebenfalls Naturwissenschaften, spezialisierte sich auf dem Gebiet des Maschinenbaus und betreibt eine eigene Firma.

Die beiden Wissenschaftler nahmen sich des »Manna-Problems« an – und zwar von der technischen Seite. Die biblischen Informationen genügten ihnen freilich nicht. Sie fanden in altehrwürdigen Texten der Kabbala, im mehrbändigen Werk des *Sepher-ha-Joachai* eine Flut von erstaunlichen Details. Der Überlieferung nach sind die darin enthaltenen Kapitel *Große Heilige Versammlung, Kleine Heilige Versammlung* und *Das Mysterium* Vorträge, die Rabbi Simon Bar Joachai vor seinen besten Schülern hielt. Im Zentrum dieser ausführlichen Vorlesungen stand ein rätselhaftes Etwas, das als der »Hochbetagte« umschrieben wird. Dieser »Hochbetagte«, auch »Uralter der Tage« genannt, hatte zwei »Schädel«. Einer saß über dem anderen. Der obere Schädel enthielt das obere Gehirn, im unteren Gehirn befand sich das »himmlische Öl«. Der untere Schädel besaß vier Augen, eires davon leuchtete von innen heraus. Die drei anderen waren nicht selbstleuchtend. Beide Schädel waren wiederum von einem äußeren Haupt umgeben. Im oberen Teil wurde Wasser destilliert. Das Wasser gelangte in einen Behälter, in dessen Mitte sich eine starke Lichtquelle befand. Sie bestrahlte eire Algenkultur, vermutlich vom Chlorella-Typ. Diese Algenkultur produzierte eine eiweißhaltige Substanz – das Manna. Die »Speise der Starken« kreiste in einem Röhrensystem. Überschüssige Wärme wurde abgegeben. Ein Austausch von Sauerstoff und Kohlendioxyd erfolgte mit der Atmosphäre.

Das Produkt der Algen wurde in ein Gefäß geleitet und behandelt, so daß sich die Stärke zum Teil in Malzzucker umwandelte, der dann – leicht gebrarnt – als »Manna« verzehrt wurde, das »wie Honigkuchen« schmeckte. (2. Buch Mose 16: 31)

Nach den Berechnungen der britschen Wissenschaftler erzeugte die Manna-Maschine täglich ein »omer« für jede Familie, insgesamt eineinhalb Kubikmeter. Das reichte für 600 Familien aus. Nun werden gut informierte Bibelleser einwenden, daß im Alten Testament von 600000 Israeliten die Rede ist, die 40 Jahre lang bei der Flucht durch die Wüste verköstigt werden mußten. Wenn nun eine Manna-Maschine 600 Personen verpflegen konnte, waren dann nicht 1000 Apparate erforderlich?

Vermutlich liegt ein Übersetzungsfehler vor. Das hebräische Wort für »tausend« kann ebenso mit »Haupt« wiedergegeben werden. Vernünftigerweise muß man davon ausgehen, daß »600 Häupter« aus Ägyptenland flohen – nicht 600000 Menschen. Für diese 600 Personen reichte das Manna aus, das nach den Berechnungen von Sassoon und Dale pro Tag von der Maschine zur Verfügung gestellt wurde.

Zwei Gefäße fingen das Endprodukt auf. Eines wurde tagtäglich geleert. Das frische Manna aßen die Israeliten an sechs Tagen in der Woche. Am 7. Tage aber mußte die komplizierte Maschine gereinigt und gewartet werden und konnte kein Manna produzieren. Trotzdem mußten die Israeliten auch an diesem Tag mit Manna versorgt werden. Aus diesem Grund gab es ein zweites Gefäß, das in sechs Tagen langsam vollief. Am siebten Tag enthielt es genug Manna, um die Israeliten ausreichend zu versorgen, ohne daß die Maschine neue »Götterspeise« herstellen mußte.

Derlei Wartungsarbeiten mußten, so Rodney Dale und George Sassoon, regelmäßig von Außerdischen vorgenommen werden. Die Israeliten waren überfordert, wenn es um die Technik der Maschine ging. Ein biblischer Text kann im Zusammenhang mit diesem Vorgang gesehen werden. Wir lesen im Buch Daniel (7: 13–14), daß »einer wie ein Menschensohn mit den Wolken des Himmels« kam – also ein Außerirdischer aus dem Weltall? Oder aus einem Raumschiff im Erdorbit? Er »gelangte zu dem, der uralt war, und wurde vor ihn gebracht«. Sollte damit ein außerirdischer Techniker gemeint sein, der zur Manna-Maschine, zum »Ältesten der Tage«, geführt wurde? Nach Daniel war dieser eine »wie ein Menschensohn«, also ein menschenähnliches Wesen. Er »gab dem, der uralt war«, also der Manna-Maschine, »Macht, Ehre und Reich«. Was ist damit gemeint? Kümmerte sich der Fremde um den atomaren Energiespeicher der Maschine?

George Sassoon und Rodney Dale jedenfalls sind zu der festen Überzeugung gekommen, daß es sich bei dem biblischen Manna nicht um ein wie auch immer geartetes Naturprodukt handelte. Ihren Untersuchungen zufolge entstand es in einer komplizierten Maschine, die nicht irdischen Ursprungs sein konnte.

Nach ihrer theoretischen Rekonstruktion der Maschine anhand des altjüdischen Textes stammte der größte Teil der Energie, die für die Mannaherstellung benötigt wurde, von einem Laser, der intensives Licht erzeugte und durch einen kleinen Atomreaktor betrieben wurde.

»Heutzutage könnten wir«, schreibt George Sassoon, »die dazu nötigen finanziellen Mittel einmal vorausgesetzt, eine Manna-Maschine herstellen. Aber keine frühere irdische Kultur wäre dazu in der Lage gewesen. Wir kommen daher unausweichlich zu dem Schluß, daß sie aus einer anderen Quelle stammen müßte – einer außerhalb dieser Erde. Sie war das Produkt einer außerirdischen Technologie!«

Wie aber kamen die Israeliten in den Besitz eines solchen Apparats? Es ist mehr als augenfällig, daß just bevor die Manna-Maschine erstmals zum Einsatz kam, der biblische Jahwe mit Donnergetöse vom Himmel herabfuhr.

Diese Landung kam nicht unerwartet. Moses erhielt von Jahwe den Befehl, die Israeliten darauf vorzubereiten: »Und der Herr sprach zu Mose: Geh hin zum Volk, daß sie bereit seien für den dritten Tag, denn am dritten Tage wird der Herr vor dem Volk herabfahren auf dem Berg Sinai.«

Diese Landung war gefährlich für die Menschen. So wurde aus Sicherheitsgründen ein Zaun errichtet. Die Ankunft Jahwes aus dem Himmel war für die Israeliten furchteinflößend:

»Als nun der dritte Tag kam und es Morgen ward, da erhob sich ein Blitzen und eine dichte Wolke auf dem Berge und der Ton einer starken Posaune. Das ganze Volk aber, das im Lager war, erschrak. Und Mose führte das Volk aus dem Lager Jahwe entgegen und es trat unten an den Berg. Der ganze Berg Sinai aber rauchte, weil Jahwe auf dem Berg herniederfuhr.« (2. Buch Mose 19: 16–18)

Tödliche Gefahr

Für George Sassoon und Rodney Dale gibt es keinen Zweifel: Die Israeliten erhielten zu Beginn ihres Zuges durch die Wüste Besuch von einem Außerirdischen, der ihnen die Manna-Maschine übergab. Während der Wüstenwanderung befand sich die Manna-Maschine mindestens einen Kilometer vom Hauptlager entfernt in der sogenannten Stiftshütte. Direkten Zugang hatten nur die Priester. Das mag aus Sicherheitsgründen geschehen sein, gehörte doch zur Manna-Maschine ein kleiner Atomreaktor.

Nachdem die Israeliten endlich im »Gelobten Land« angekommen waren, war die nützliche Maschine überflüssig geworden. Die Menschen konnten endlich wieder auf abwechslungsreichere Kost zurückgreifen.

Was aber wurde aus der Manna-Maschine? Zweifelsohne war sie für den Israeliten als Gottesgeschenk so etwas wie eine heilige Reliquie, die, auch wenn sie nicht mehr verwendet werden konnte oder gar defekt war, nicht weggeworfen wurde. Was geschah mit ihr?

Sassoon und Dale bringen Manna-Maschine und Bundeslade miteinander in Verbindung, vermuten gar, beide Objekte könnten miteinander identisch sein:

»Wohin die Israeliten auch zogen, sie führten die sogenannte Stiftshütte mit. Dies war eine Art großes, offenes Zelt ohne Dach. Im Inneren befand sich laut Bibel die Bundeslade, die als reichverzierte Truhe beschrieben wird, in der bestimmte heilige Gegenstände aufbewahrt wurden. Von den Priestern einmal abgesehen bekam niemand je die Bundeslade zu Gesicht, denn während der Wanderung wurde sie von den Priestern immer einen Kilometer vor dem wandernden Volk hergetragen. Außerdem war sie während des Transports mit Schaffellen abgedeckt. In Anbetracht dieser Geheimhaltung liegt es auf der Hand, daß es sich bei der Bundeslade nicht nur um eine simple Holztruhe gehandelt hat, sondern um die Manna-Maschine, den Hochbetagten.«

War also die Manna-Maschine mit der Bundeslade identisch? Oder wurde sie als heiliges Objekt ehrfürchtiger Verehrung in der Bundeslade transportiert? Im Brief des Paulus an die Hebräer gibt es einen konkreten Hinweis auf das biblische Manna (9: 3): »Hinter dem zweiten Vorhang (des Tempels, der Autor) aber war die Hütte, die da heißt das Allerheiligste. Die hatte goldene Räuchergefäße und die Lade des Bundes allenthalben mit Gold überzogen, in welcher war der goldene Krug mit dem Himmelsbrot (Manna) und der Stab Aarons...« War mit diesem »goldenen Krug« die Manna-Maschine gemeint? Nach dem 2. Buch Mose (16: 32–34) befand sich dieser »Krug« mit Manna in der Bundeslade! Also die Manna-Maschine?

Im ersten Buch Samuel (5: 1 ff.) wird berichtet, die Philister hätten die Bundeslade in Besitz genommen – und damit auch die Manna-Maschine? Lesen wir den Bibeltext: »Dann nahmen sie die Lade Jahwes und brachten sie in das Haus Dagons. Sie stellten sie neben Dagon. Und als die Leute von Asdod am anderen Morgen sich früh aufmachten und in das Haus Dagons kamen, sahen sie Dagon auf seinem Antlitz liegen auf der Erde vor der Lade Jahwes.« Was hatte Dagon niedergestreckt? Weiter im Bibeltext: »Aber die Hand Jahwes lag schwer auf den Leuten von Asdod, und er brachte Verderben über sie und schlug sie mit bösen Beulen, Asdod und sein Gebiet.«

Menschen, die sich in der Nähe der Bundeslade aufhielten, wurden also krank. Es muß viele Todesopfer gegeben haben, denn immerhin geht auch der jüdisch-römische Geschichtsschreiber Josephus Flavius (etwa 37 bis 100 n. Chr.) in seinem Werk *Jüdische Altertümer* (Band VI 1,1) auf die geheimnisvolle Epidemie ein:

> »Endlich sandte Gott eine tödliche Krankheit über die Stadt Asdod und die umliegende Gegend: Denn die Menschen starben an der Ruhr, einer schmerzhaften Seuche, welche schleunigen Tod brachte. Ehe die Seele noch durch den Tod vom Leibe gelöst wurde, brachten sie ihre Eingeweide herauf und gaben sie, durchfressen und ganz von der Krankheit verdorben, durch Erbrechen von sich.«

Johann Friedrich Cotta und August Gförer, die Übersetzer des Werkes des Josephus ins Deutsche, kommentierten:

> »Worin diese Krankheit bestand, läßt sich aus 1. Samuel (5: 0; 6: 5) nicht mit Gewißheit schließen. Wenn Josephus sie eine Ruhr nennt, so läßt sich nichts dagegen einwenden, schwerlich möchte ihm aber ein Arzt beistimmen. Ein verständiger Arzt, den der Herausgeber befragte, war der Meinung: ›Das Erbrechen der Eingeweide sei nicht möglich, Josephus habe wahrscheinlich erzählt, wie man die Sache angesehen habe.‹«

Was also tötete die Philister? Was verseuchte zudem noch das Land? Eine Antwort bietet sich an: radioaktive Strahlung, die vom Mini-Atomreaktor ausging. Strahlenerkrankungen waren weder dem Bibelautor noch Josephus Flavius oder den Übersetzern August Gförer und Johann Friedrich Cotta bekannt. Sie konnten nur umschreiben, was sie nicht verstanden. Wir, als Vertreter einer Zivilisation, die die Atombombe einsetzte, sind mit den Folgen radioaktiver Verseuchung bestens vertraut. Wir wissen, daß sie nicht sofort, sondern schleichend zum Tod führen kann.

Die Philister jedenfalls wollten ihre Beute nicht mehr behalten. Sie gaben sie entsetzt an die Israeliten zurück. Weitere Menschen, die sich in die Nähe des Kultobjekts wagten, mußten sterben: »Aber die Söhne Jechonias freuten sich nicht mit den Leuten von Beth-Schemesch, daß sie die Lade Jahwes sahen. Und Jahwe schlug unter ihnen siebzig Mann.« (1. Buch Samuel 6: 19) Tödlich endete auch Usas Berührung mit der Lade: »Er starb bei der Lade Jahwes.«

Von dem unheimlichen Objekt ging eine tödliche Gefahr aus. So war es nur vernünftig, daß sie, wie das 2. Buch der Makkabäer meldet (2: 4), vergraben wurde:

»Als sie nun an den Berg kamen, darauf Mose gewesen war und des Herrn Erbland gesehen hatte, fand Jeremias eine Höhle und den Altar des Räucheropfers und verschloß das Loch. Aber etliche, die auch mitgingen, wollten sich das Loch merken und zeichnen. Da das Jeremias erfuhr, strafte er sie und sprach: Diese Stätte darf kein Mensch finden noch wissen, bis der Herr sein Volk wieder zuhauf bringen und gnädig sein wird. Dann wird es ihnen der Herr wohl offenbaren, und man wird des Herren Herrlichkeit sehen in einer Wolke, wie er zu Moses Zeiten erschien.«

Zur Erinnerung: Nach Josef Blumrich bezeichnete der biblische Hesekiel den himmlischen Wagen Jahwes, ein Zubringerraumschiff, als »des Herren Herrlichkeit«.

Wir besitzen eine höchst präzise Beschreibung der Manna-Maschine. Wir wissen, daß sie von einem atomaren Mini-

Reaktor angetrieben wurde. Es ist also höchste Vorsicht geboten, wenn wir nach diesem geheimnisvollen Objekt suchen. Technisch dürfte das kein Problem darstellen. Wir sind dazu in der Lage, jeden Quadratmeter unseres Planeten von Satelliten aus zu erfassen. Nachdem endlich der unsinnige »kalte Krieg« zu Grabe getragen worden ist, müßten doch Kapazitäten bei Spionagesatelliten freigeworden sein. Wir haben es nicht mehr nötig, die »andere Seite« heimlich aus dem All zu beobachten. Warum nutzt man also nicht Satelliten, um die Manna-Maschine ausfindig zu machen?

Die Suche nach dem geheimnisvollen Objekt lohnt sich auf alle Fälle. Würden wir fündig, dann kämen wir in den Besitz eines faszinierenden Objekts, das vor Jahrtausenden von Außerirdischen auf die Erde gebracht wurde.

Wo ist die Bundeslade?

Die Bundeslade ist das wichtigste Kultobjekt des Alten Testaments. Sie wurde zunächst im Allerheiligsten der Stiftshütte verwahrt, kam dann auf Umwegen in den Tempel von Jerusalem. Und von dort wurde sie mit dem Einverständnis des weisen Salomo entführt.

Die Lade, für die die Bibelautoren immerhin zwanzig verschiedene Ausdrücke benutzten, war ein truhenähnlicher Kasten aus Akazienholz. Sie war innen und außen mit purem Gold überzogen. An jeder der Längsseiten befanden sich je zwei Ringe, durch die je eine Stange geschoben wurde. So konnten mehrere Männer die heilige Reliquie tragen. Wenn sie ermüdeten, dann konnten sie die »Truhe« abstellen. An den Ecken, vermutlich unter den Ringen, befanden sich »Schreitfüße, wie zum Schreiten ausgebogene Füße«. Die Tragestangen durften zu keinem Zeitpunkt aus den Ringen gezogen werden. Auf diese Weise sollte gewährleistet werden, daß niemand den Gegenstand frommer Verehrung direkt anfaßte.

Oben auf der Lade, auf dem Deckel, thronten zwei goldene Engel. Sie waren, wie wir verschiedenen Bibeltexten entnehmen können (2. Buch Mose 25: 10 und 11, 17 bis 22 und 36: 6–9), aus »getriebenem Gold« gefertigt und einander »zugewandt«. Ihre Häupter hielten sie gesenkt, die Flügel waren ausgebreitet, erhoben. Näheres wissen wir nicht über Größe und Aussehen der Engel.

Von Ägypten aus kam das Kultobjekt Bundeslade in das »Gelobte Land« und wurde lange Zeit in Silo aufbewahrt. Kurzzeitig gehörte sie den kriegerischen Philistern, wurde aber wieder zurückgegeben. Sie kam nach Beth-Schemesch, wurde dann nach Kirjath-Jearim verbracht und blieb dort etwa 70 Jahre. König David holte sie um 1000 vor Christus nach Jerusalem. 955 v. Chr. wurde der pompöse Bau des Tempels von Jerusalem abgeschlossen. Die Bundeslade erhielt einen Ehrenplatz im Tempel. Um 941 wurde sie »gestohlen«. Diesen Sachverhalt verschweigt freilich das Alte Testament. Um so gesprächiger ist das *Kebra Negest,* das Nationalepos der Äthiopier.

Wann das *Kebra Negest* in seiner Urfassung entstand, ist umstritten. Bereits Anfang des 14. Jahrhunderts war kein vollständiger Text mehr erhalten. Neburäed Jeshak rekonstruierte eine Komplettfassung aus verschiedenen älteren Fragmenten. Um 408 n. Chr. lag den Äthiopiern Isaak und Jehemharna-Ab eine sehr frühe Fassung vor, die vermutlich im ersten vorchristlichen Jahrtausend entstanden war (vermutlich 850 v. Chr.). Sie übersetzten das Werk ins Arabische.

Eine Version in deutscher Sprache wurde gegen Ende des 19. Jahrhunderts von dem Assyrologen Carl A. Bezold (1859–1922) im Auftrag der Königlich-Bayerischen Akademie der Wissenschaften erstellt.

Der Gelehrte mußte erst weitläufige Reisen durchführen, die ihn in die Museen von Oxford, London und Paris führten. Überall gab es uralte Handschriften vom ehrwürdigen Text, auch Teilfragmente.

Was die Bibel verschweigt

Für die Äthiopier ist das *Kebra Negest* ein Heiliges Buch. Westlichen Theologen ist es eher peinlich. Bietet es doch Informationen über ein Intrigenspiel König Salomos, das den Bibelautoren zu heikel war, als daß sie darüber im Alten

Testament berichtet hätten. Die Königin von Saba beschloß, den mächtigen Mann in dem fernen Land zu besuchen. 300 Edle und Bedienstete begleiteten sie auf ihrem Staatsbesuch. 797 Kamele, zahllose Esel und Maultiere wurden in Marsch gesetzt, schwer bepackt mit wertvollsten, edlen Geschenken. Allein das Gold, das die Königin von Saba dem König der Juden schenkte, hatte – auf heutige Verhältnisse umgerechnet – einen Wert von 85 Millionen DM. Da sage noch jemand, unsere heutigen Politiker gingen mit Geschenken bei staatspolitischen Besuchen zu verschwenderisch mit der Staatskasse um. Eines hat sich aber nicht geändert: Wenn heutige Politiker fremden Kollegen Präsente machen, dann bezahlen sie die nicht aus eigener Tasche, es wird vielmehr der Steuerzahler belastet. Ähnlich wurden wohl auch die Präsente für Salomo finanziert.

Im 25. Kapitel des *Kebra Negest* heißt es: »Aber auch der (Salomo) ehrte sie und freute sich und gab ihr Wohnung in seinem königlichen Palast nahe bei sich.« Langatmig, die Geduld des Lesers arg strapazierend, wird aufgelistet, was die Königin alles an Geschenken erhielt: »Augenfesselnde schöne Kleider und alle im Lande Äthiopien erwünschten Herrlichkeiten, Kamele und Wagen an 6000, die mit kostbaren, wünschenswerten Geräten beladen waren.«

Man muß den zunächst langweilig wirkenden Text sorgsam und Wort für Wort lesen, um in Kapitel 30 das wohl wichtigste Geschenk nicht zu übersehen. Da heißt es nämlich: »Er gab ihr....einen Wagen, der durch die Lüfte fuhr, den er gemäß der ihm von Gott verliehenen Weisheit angefertigt hatte.« Salomo schenkte also – ich muß diesen Sachverhalt hervorheben und wiederholen – der Königin von Saba eine Flugmaschine. Just jener Flugapparat war es, der dann später in einer für Salomo selbst höchst peinlichen Aktion zum Einsatz kam.

Doch zurück zum Alten Testament. Auch hier wird die liebreizende Königin von Saba erwähnt – und das gleich zweimal. Merkwürdigerweise wurde der sehr kurze Text wortwörtlich doppelt wiedergegeben. Einmal bei 1. Könige 10: 1 bis 13. Ein zweites Mal bei 2. Chronik 9: 1 bis 12. Der biblische Autor erinnert an einen Politiker der Opposition, der dem

Regierungschef Verschwendung vorwirft. Notiert er doch leicht säuerlich: »Und der König Salomo gab der Königin von Saba alles, was ihr gefiel und was sie erbat, außer dem, was er von sich aus gab. Und sie wandte sich und zog in ihr Land mit ihrem Gefolge.« Deutlich kann man einen Vorwurf herauslesen – im Sinne von »außer Spesen nichts gewesen«. Da war eine fremde Königin zu Besuch, sie wurde mit Geschenken überhäuft, verlangte noch mehr als man zunächst bereit war, ihr zu geben, um dann wieder in die ferne Heimat zu entschwinden.

Salomos Sohn und der »Diebstahl« der Bundeslade

Altes Testament und *Kebra Negest* unterscheiden sich in der jeweiligen Berichterstattung in einem wesentlichen Punkt. Folgt man den Aussagen des biblischen Autors, dann gab es zwischen den beiden Herrschern einen Wettstreit in Sachen Weisheit, wobei über hochphilosophische Themen disputiert wurde. Das *Kebra Negest* indes vermeldet Irdischeres. Die beiden schliefen miteinander. Neun Monate und fünf Tage nach der Rückkehr in die Heimat bekam die Königin von Saba Nachwuchs: Salomos Sohn. Sie nannte ihn Baina-lekhem.

Er wuchs rasch zu einem gewitzten Burschen heran, die stolze Mama beobachtete mit Freuden, wie sehr er schon bald seinem Papa im fernen Königreich Israel ähnelte. Das *Kebra Negest* im Kapitel 32:

> »Er aber, der Sohn Baina-lekhem, war schön, seine ganze Statur, sein Körper und die Haltung seines Nackens glichen Salomo, dem König, seinem Vater, seine Beine und seine Art glich dem Salomo.«

Mama überhäufte den Sprößling mit Liebe und Geschenken – und der wollte unbedingt seinen Vater kennenlernen. 22jährig reiste er schließlich mit großem Gefolge nach Jerusalem, stellte sich beim königlichen Papa vor. Er wurde freudig begrüßt und mit reichen Gaben bedacht. Er bedankte sich zunächst formvollendet beim mächtigen Vater, erwies sich dann aber rasch als höchst unbescheiden. Vermutlich hatte ihm seine Mutter vom wertvollsten Besitz berichtet, über den man in Israel verfügte. Just dieses Kleinod, eben diesen Kultgegenstand höchster Wichtigkeit, forderte Salomos Sohn mit penetranter Unverfrorenheit. Salomo war zunächst entsetzt, konnte seinem Sohn den anmaßenden Wunsch aber nicht abschlagen. Er willigte also ein, stellte jedoch zwei Bedingungen. Zum einen sollte die Übergabe des Geschenks heimlich bei Nacht erfolgen. Zum anderen mußte der heilige Kultgegenstand ohne sein offizielles Wissen verschwinden. Niemals würde er zugeben können, die Bundeslade verschenkt zu haben, es müsse, sobald der unersetzbare Verlust bekannt würde, von »Diebstahl« die Rede sein.

Salomos Sohn ging auf die Bedingungen ein und tüftelte rasch einen Plan aus. Seine besten Handwerker stellten so schnell wie möglich eine möglichst perfekte Kopie der Bundeslade her, die vom Original kaum zu unterscheiden war. Dann wurde bei Nacht und Nebel die echte Bundeslade aus dem Tempel getragen und durch die Kopie ersetzt.

Ins heimische Reich wurde das heilige Original dann ausgerechnet auf jener Flugmaschine gebracht, die Salomo der Königin von Saba geschenkt hatte.

Im 52. Kapitel des *Kebra Negest* lesen wir:

»Von der Lade ging eine Wolke aus wie ein Schleier und umhüllte sie damit schützend gegen die Sonnenhitze. Es war niemand, der ihren Wagenpark gezogen hätte, sondern er selbst, Erzengel Michael, zog den Wagen, indem sich von der Erde eine Elle hoch erhoben sowohl Menschen als Pferde, Maultiere und Kamele, und alle Leute, die auf den Tieren ritten, wurden eine Mannesspanne von ihren Rücken gehoben, aber auch alle die aufgeladenen Arten ihrer Gerätschaften wurden eine Mannesspanne hoch erhoben. Und alles eilte auf dem Wagen dahin wie ein Schiff auf dem Meere, wenn es der Wind hebt, und wie ein Adler, wenn er auf dem Winde leicht dahinfliegt. So eilten sie auf dem Wagen dahin, ohne nach vorn oder nach hinten, nach rechts oder nach links zu schwenken.«

Selbst über die Flugroute gibt das *Kebra Negest* in den Kapiteln 58 und 59 Auskunft. Als nämlich die Priesterschaft in Jerusalem vom Diebstahl des Kultobjekts erfuhr, wurde sofort Salomo informiert. Der gab sich, so wie er das mit seinem Sohn abgesprochen hatte, empört und entsetzt. Widerwillig ließ er die Verfolgung der »Diebe« aufnehmen, ein Troß Berittener hetzte hinterher. In Ägypten wurde den Jägern des gestohlenen Schatzes mitgeteilt, man habe die fliehenden Diebe durch die Lüfte sausen sehen, »indem sie auf einem Wagen fuhren wie die Engel, und sie waren schneller als die Adler am Himmel«.

Mit Nachdruck wurden die Ägypter befragt. Entsetzt berichteten die Zeugen von Begleiterscheinungen des Flugs des himmlischen Objekts. Statuen und Obelisken seien durch die Flugmaschine umgestürzt worden, so daß sie teils zerbrachen, teils völlig zerstört wurden. Ob dieses Frevels zeigten sich die Ägypter empört.

In Jerusalem bekam es die Priesterschaft mit der Angst zu tun. Ihr war natürlich klar, welche Bedeutung die Bundeslade für das Volk hatte. Der Mann auf der Straße anerkannte die Priester letztlich auch deshalb als Vertreter des allmächtigen Jahwegottes, weil sich die heilige Bundeslade in ihrem Besitz befand. Würde das Volk nun erfahren, daß die Bundeslade außer Landes geschafft worden war, würde es die Priester absetzen?

Salomo hörte sich das Jammern und Wehklagen der hohen Geistlichkeit eine Zeitlang an, wurde schließlich energisch und befahl lautstark, man solle die Sache mit der Bundeslade dem gemeinen Volk verschweigen. Für die tumben Massen müsse man so tun, als sei man weiterhin im Besitz der Bundeslade, als handele es sich bei der Imitation um das Original – so jedenfalls steht es im 62. Kapitel des *Kebra Negest.*

Die Priester, so behauptet das *Kebra Negest,* machten gute Miene zum bösen Spiel. Sie wollten lieber eine falsche Bundeslade als echt verehren und in Amt und Würden bleiben. Die Alternative wäre gewesen: die Wahrheit zuzugeben und an Ansehen und Macht zu verlieren.

Auch die Israeliten stahlen Kultobjekte

So entrüstet sich die Priesterschaft auch ob des »Diebstahls« der Bundeslade gab, gerade die Israeliten nahmen es mit der Unterscheidung zwischen fremdem und eigenem Besitz nicht so genau, wenn es um wertvolle Kultgegenstände ging. So raubten die Israeliten selbst, als sie unter der Anleitung von Moses aus Ägypten flohen, heilige Gegenstände. Im 2. Buch Mose (12: 35) wird zunächst recht beschönigend festgestellt: »Und die Israeliten taten nach dem Wort Moses und liehen sich von den Ägyptern silberne Geräte.« In Vers 36 heißt es dann realistischer: »Sie beraubten die Ägypter.« Ohne Zweifel bestand zu keinem Zeitpunkt die Absicht, den Ägyptern ihre Kultobjekte jemals wieder zurückzugeben. In diesem Zusammenhang von leihen zu sprechen, muß als zynisch bezeichnet werden.

Louis Ginsberg macht klar, daß die eigene Priesterschaft nicht so recht begeistert war ob der Diebstähle *(Legends of the Bible)*. Man hatte allerdings keine moralischen Skrupel, registrierte aber mit Besorgnis, daß sich nicht wenige Menschen den gestohlenen Idolen zuwandten. In einem altjüdischen Text, der nicht in das Alte Testament aufgenommen wurde, heißt es: »Das Volk aber blieb weiterhin uneinsichtig und schenkte Moses keine Beachtung. Angeführt wurde es von einem Idol, das man aus Ägypten mitgenommen hatte.«

Der Forscher Jörg Dendl ist überzeugt: Die Hebräer ließen eine »heilige Götterbarke« der Ägypter mitgehen, wohl eines der wichtigsten Kultobjekte überhaupt. Wohl wegen dieses wertvollen Diebesguts ließ der Pharao die fliehenden Hebräer verfolgen. Zunächst hatte ja der Pharao das Volk Israel abziehen lassen. Warum erfolgte dann ein militärischer Großeinsatz? Was löste den Meinungsumschwung beim Pharao aus? Hatte man den Diebstahl entdeckt ?

Für Salomo blieb die Sache mit der Bundeslade nicht ohne Folgen. Er interessierte sich von nun an kaum noch für Politik oder gar fromme Theologie, er führte ein weltliches Leben mit irdischen Freuden, genoß »ein Leben der Fülle und der Liebe zu den Weibern«. Elf Jahre später starb er.

In der Zeit nach Salomo fehlt im Alten Testament jegliche Erwähnung der Bundeslade. Verschwand sie also, so wie das *Kebra Negest* behauptet, zur Zeit Salomos?

587 v. Chr. belagerte König Nebukadnezar die Stadt Jerusalem. Seine Truppen eroberten die Stadt, drangen in den Tempel ein und raubten dessen Schätze. Die Bundeslade, heiligstes Objekt der Juden, wäre mit Sicherheit die wichtigste Kriegstrophäe gewesen. Sie wird aber mit keinem Wort erwähnt. Warum nicht? Weil der heilige Kultgegenstand nur als wertlose Kopie im Tempel vorgefunden wurde? Es kann keinen Zweifel geben: Hätte sich die Bundeslade damals noch im Tempel befunden, sie wäre erwähnt worden. Man hätte sie stolz als Kriegsbeute aufgelistet. Oder man hätte darauf hingewiesen, daß sie beim Brand des Tempels zerstört wurde.

Völlig korrekt weist der Forscher Jörg Dendl darauf hin:

»Sämtliche Behauptungen, die ein Weiterbestehen des Heiligtums voraussetzen, basieren ... auf einer ganzen Reihe von Annahmen, ungesicherten Sagen und Verknüpfungen und Fakten, die so nicht unbedingt in Zusammenhang gebracht werden können.«

Wohin wurde die Bundeslade gebracht? Wo lag das Reich der legendären Königin von Saba? In Äthiopien, behauptet man dort in höchsten Regierungskreisen. Die Bundeslade sei von Salomos Sohn auf Umwegen in die Landeshauptstadt Axum geschafft worden, wo sie noch heute in der Marienkathedrale als Hauptheiligtum des dortigen koptischen Christentums aufbewahrt werde. Vor der Kirche sitzt ein moderner Zerberus, der das Kultobjekt bewachen soll. Freilich kann das alte Äthiopien gar nicht das legendäre Reich der Königin von Saba gewesen sein – zumindest nicht zu Salomos Zeiten.

In zahlreichen verschlüsselten Romanen aus dem 12. und 13. Jahrhundert finden sich viele Hinweise auf das Reich der Königin von Saba. Autoren wie Albrecht von Scharfenberg *(Der Jüngere Titurel)* und Wolfram von Eschenbach siedelten es in Indien an. Sie verfügten allem Anschein nach über geheimes Wissen über die Königin von Saba.

1165 tauchte in Europa ein Brief des Priester-Königs Johannes aus Indien auf, eines Nachfolgers der legendären Königin. Und 1177 schrieb Papst Alexander III. eben jenem Johannes einen Brief, seinem »liebsten Sohn in Christo, Johannes, illustren und erhabenen König der Inder«.

Auch der Weltreisende David Hatcher Childress, der sich in unseren Tagen der großen Geheimnisse der Vergangenheit annimmt, kommt zu der Überzeugung: Die Bundeslade könnte sehr wohl nach Indien entführt worden sein. Ein ähnlicher himmlischer Wagen, wie er zum Abtransport des heiligen Kultgegenstands benutzt wurde, wird auch im altindischen Epos *Mahabharata* beschrieben, Kapitel 15, Verse 20 bis 24. Da lesen wir:

> »Indem er dies zu der Göttin sagte und sich von ihr und den Weisen verabschiedete, ging er an Bord des Flugzeugs. Indem er die Elefanten, Pferde, Wagen und Waffen sowie mechanische Vorrichtungen zusammenholte, machte er sich auf den Weg.«

Atombomben auf Sodom und Gomorrha

Es kann und soll nicht behauptet werden, daß der allmächtige Gott der Bibel ein Astronaut war. Es kann aber nicht bestritten werden, daß auch die Bibel deutliche Hinweise auf prähistorische Besucher enthält. Curt F. Schulz verdeutlicht in seinem Buch *Und das alles im Namen Gottes,* daß in der Bibel Handlungen beschrieben werden, die eher zu vorgeschichtlichen Besuchern aus dem All als zum Gott der Nächstenliebe und der Toleranz passen. Das trifft in ganz besonderem Maße auf die Zerstörung von Sodom und Gomorrha zu.

»Und Jahwe sprach: Es ist ein Geschrei zu Sodom und Gomorrha, das ist groß, und ihre Sünden sind schwer.« (1. Buch Mose 18: 20) Jahwe ist keineswegs allwissend. Zusammen mit einer Schar nicht näher beschriebener Männer stieg er zur Erde hinab, um sich vor Ort über die aktuelle Situation zu informieren. Zusammen mit Abraham »lugten die Männer über die Ebene von Sodom hinab«. (1. Buch Mose 18: 16 in der wörtlichen Übersetzung Martin Bubers)

Jahwe wird also gar nicht als Gott bezeichnet, vielmehr einer Gruppe von Männern zugeordnet. Jahwe jedenfalls war empört und beschloß, die Städte total zu vernichten. Zunächst ließ er freilich mit sich handeln. Sollten fünfzig Gerechte gefunden werden, würde er von einer Zerstörung absehen. Abraham gab sich damit nicht zufrieden. Sollten zehn Gerechte aufgetrieben werden, würde die Zerstörung nicht stattfinden. Freilich konnte auch diese Forderung nicht erfüllt werden.

Zwei Engel wurden gesandt, um Lot zu warnen. Sie kehrten bei Lot ein, wurden von einheimischen Lüstlingen bedrängt. »Lot ging hinaus zu ihnen vor die Tür und schloß die Tür hinter sich zu und sprach: ›Ach, liebe Brüder, tut nicht so übel. Siehe, ich habe zwei Töchter, die haben noch keinen Mann erkannt, die will ich herausgeben unter euch, und tut mit ihnen, was euch gefällt.‹« (1. Buch Mose 19: 6 f)

Die »Engel« und ihre Blendwaffen

Die Himmelswesen griffen gegen den Mob zur Selbstverteidigung, »blendeten« die aufdringlichen Männer. »Was waren das für Waffen, mit denen die ›Engel‹ operiert haben?« fragt der Fachautor Peter Krassa.

»Betrachtet man jedoch die Parallelwirkung von Waffen, die heute zur Verfügung stehen, so denkt man unwillkürlich an Tränengasbomben. Wer sich nach ihrer Detonation in ihrer Einflußsphäre befindet, ist nicht zu beneiden. Tränende Augen, Übelkeit, Kopfschmerzen sind unweigerliche Folgen. Aber auch ein plötzlich aufflammendes Blitzlicht ungeheuerer Helligkeit kann einen derartigen minutenlangen Erblindungseffekt erzielen. Daß es aber natürlich auch eine Waffe gewesen sein mag, deren Konstruktion völlig fremdartig war, ist nicht von der Hand zu weisen.«

Hinweise auf die Beschaffenheit der »Blendwaffen« finden sich im Alten Testament nicht – wohl aber auf die Zerstörung von Sodom und Gomorrha.

Lot flieht aus Sodom.

Die Vernichtungsaktion war beschlossen und konnte nicht mehr abgewendet werden. »Da nun die Morgenröte aufging, hießen die Engel den Lot eilen und sprachen: ›Mache dich auf, nimm dein Weib und deine zwei Töchter, daß du nicht umkommst.‹« (1. Buch Mose 19: 16) Lot war begriffsstutzig. »Da er aber noch zögerte, griffen ihn die Engel, ihn und sein

Weib und seine zwei Töchter, und führten ihn hinaus und ließen ihn vor der Stadt.« (1. Buch Mose 19: 16)

Lot mußte sich genau an die Anweisungen halten. Der Fluchtweg war für ihn und seine Familie vorgeschrieben. Auch wo er am besten Schutz finden würde, war ihm mitgeteilt worden: im Gebirge in der Region von Zoar. Kaum hatten Lot und seine Angehörigen diese Zufluchtsstätte erreicht, brach auch schon das höllische Inferno aus: »Er aber ließ auf Sodom und Gomorrha Schwefel und Feuer regnen, von Jahwe her, vom Himmel her, und er stürzte diese Städte und all den Gau, alle Insassen der Städte und das Gewächs des Ackers.« (1. Buch Mose 19: 24–25)

Abraham wollte es sich nicht entgehen lassen, zu erkunden, was von den einst so stolzen Städten übriggeblieben war.

»Abraham aber machte sich des Morgens früh auf an den Ort, da er gestanden hatte mit Jahwe. Und wandte sein Angesicht gegen Sodom und Gomorrha. Und siehe da, da ging ein Rauch auf von dem Lande wie Rauch von einem Ofen.«

Was die Wissenschaftler sagen

Bereits 1959 publizierte der russische Gelehrte Modest M. Agrest eine kühn anmutende These: Danach wurden die Städte Sodom und Gomorrha von Außerirdischen mit Atombomben zerstört:

»Die biblische Beschreibung legt diesen Schluß mehr als nahe. Die Außerirdischen beorderten Lot und Anhang ins Gebirge, wo sich die Menschen in einer Höhle verkrochen. Dort waren sie bestmöglich vor den radioaktiven Strahlen geschützt – wie in einem natürlichen Atombunker.«

1966 äußerte sich auch der US-Astronom Carl Sagan, der der Theorie von vorgeschichtlichen Astronautenbesuchen mehr als kritisch gegenübersteht, positiv über diesen Gedanken. Er sei »völlig vernünftig und der sorgfältigen Analyse wert«. Und auch Gunnar von Schlippe, der ebenfalls die Astronautengötter-Theorie ablehnte, mußte zugeben: »Für den Untergang von Sodom und Gomorrha liegt ein Vergleich mit den uns bekannten Auswirkungen einer Atombombenexplosion zunächst tatsächlich nahe.«

Raumschiffe auf christlichen Gemälden

Auf den ersten Blick ist nichts Ungewöhnliches auf dem Gemälde zu sehen. Im Vordergrund steht das Holzkreuz mit dem gemarterten Jesus. Zu seinen Füßen haben sich mehrere Menschen eingefunden. Es handelt sich dabei offenbar um Jünger mit Heiligenscheinen, die um ihren Rabbi weinen. Da sind aber auch einzelne Soldaten mit Helmen auszumachen, die sich um das Kreuz versammelt haben. Im Hintergrund schließlich erkennen wir eine mittelalterlich wirkende wehrhafte Mauer mit Zinnen.

UFOs über Golgatha

Betrachtet man das Bild freilich näher, so erkennt man über der Mauer links und rechts vom Kreuz am Himmel zwei Objekte, die in verblüffender Weise UFOs ähneln. Aus jedem der beiden Flugobjekte starrt ein Wesen – außerirdische Zeugen der Kreuzigung Christi?

Bei dem geheimnisvollen Gemälde handelt es sich keineswegs um eine moderne Fotocollage, sondern um eine Ikonenmalerei aus dem 17. Jahrhundert. Sie ist in der Svetitskhoveli-Kirche von Mtskheta in Ostgeorgien, 20 Kilometer nördlich von Tbilissi, zu bewundern. Ein unbekannter Künstler fertigte das Kunstwerk in der einstigen Hauptstadt Georgiens um 1650 an. Hatte er ältere Vorlagen? Standen ihm apokryphe Überlieferungen zur Verfügung, die im Lauf der Jahrhunderte verlorengegangen sind?

Die geheimnisvolle Darstellung, die schon vor Jahrhunderten UFOs mit Jesus in Verbindung brachte, ist keineswegs einzigartig. Es gibt Vergleichbares, nicht minder Phantastisches.

Die Raumschiff-Darstellung aus der Kirche Svetitskhoveli

1964 wurden im Kloster von Desani, Kosovo-Metohija, Jugoslawien, Restaurierungsarbeiten vorgenommen. Ausgesuchte Spezialisten arbeiteten mit äußerster Sorgfalt. Ihnen war klar, daß sie es mit wertvollen Kunstobjekten zu tun hatten. Das kirchliche Gebäude entstand in der ersten Hälfte des 14. Jahrhunderts. Jahrzehnte später, um 1350, hatten fromme Künstler die Innenräume der Klosterkirche mit zahlreichen Gemälden versehen. Irgendwann im Verlauf der folgenden Jahrhunderte gefielen verschiedene Freskenmalereien den örtlichen Geistlichen nicht mehr so recht. Sie ließen einige Kunstwerke, etwa unter der Altarkuppel, mit einer Schicht Putz überziehen.

Bei den Renovierungsarbeiten wurden nun diese verhüllenden Putzschichten abgeklopft, die jahrhundertealten Fresken kamen wieder zum Vorschein. So mancher Theologe mag sich inzwischen gewünscht haben, daß eines der Gemälde nicht wieder freigelegt worden wäre. Denn da sind ganz eindeutig in einer Darstellung aus dem Leben Jesu Raumschiffe am Himmel zu sehen. Das Bildnis zeigt Jesu Todesstunde. Jesus hängt am Kreuz. Zu seinen Füßen formieren sich zwei Men-

Umzeichnung der UFO-Fresken im Kloster Desani

schengruppen. Es sind offensichtlich erschrockene, entsetzte Jünger Jesu. Am Himmel rasen UFOs in stromlinienförmiger »Tropfenform« über das Szenario dahin. In beiden sitzt je ein Pilot, der sein Flugvehikel steuert.

Man möchte meinen, daß UFO Nr. 1 von UFO Nr. 2 verfolgt wird. Der erste Pilot blickt sich nach dem zweiten um. Und der macht seltsame Bewegungen mit beiden Händen, so als ob er technische Apparaturen, vielleicht einen Steuerknüppel, bedient.

Sehr zum Verdruß der örtlichen Geistlichkeit machte die Entdeckung in ihrer Kirche Schlagzeilen. Die Zeitschrift Sviet druckte Fotos von dem Gemälde. Zahlreiche Artikel erschienen mit Schlagzeilen wie »Raumschiffe an der Passion von Desani?«, »Sputniks auf unseren Fresken« und »Stellten die Ikonenmaler in Desani Raumfahrzeuge dar?« Wenig überzeugende »Erklärungen« wurden formuliert: Nicht UFOs seien damals im 14. Jahrhundert gemalt worden, sondern »Versinnbildlichungen von Sonne und Mond«. Ein Blick auf das Gemälde im Desani-Kloster beweist, daß die Flugobjekte eben wie UFOs oder Raumschiffe aussehen, aber nicht die geringste Ähnlichkeit mit »Sonne« oder »Mond« haben.

Ein Raumschiff bei Jesu Taufe

Auf ein weiteres, nicht weniger phantastisches Gemälde macht mein Schriftstellerkollege Peter Krassa *(Gott kam von den Sternen)* aufmerksam. Es stammt von dem holländischen Maler und Rembrandt-Schüler Aert de Gelder (1645–1727). Das Meisterwerk, entstanden etwa um das Jahr 1710, zeigt eine der bekanntesten Szenen aus dem Neuen Testament: Jesu Taufe durch Johannes im Jordan. Beide Männer stehen im Wasser, auf beiden Ufern beobachten Jünger das Geschehen. Am Himmel aber schwebt eine diskusförmige Scheibe, ein UFO, von dem Strahlen ausgehen. Chris Castle beschreibt in der Zeitschrift Fortean Times klipp und klar das Szenario:

»Es hat in der Tat den Anschein, als würde das Wasser, in dem die beiden Gestalten stehen, durch die Berührung der vier Strahlen aus der fliegenden Scheibe mit irgendwelcher geistiger Energie aufgeladen werden.«

Raumschiffe in jahrhundertealten Gemälden mit christlichen Darstellungen – es gibt sie. Schade nur, daß die Künstler keinerlei Nachrichten darüber hinterlassen haben, wie sie zu ihren Motiven kamen. Dieses Rätsel wird wohl nie gelöst werden.

Außerirdische im alten Indien

1968 erschien Erich von Dänikens erster Weltbestseller *Erinnerungen an die Zukunft* und löste weltweit eine regelrechte »Dänikenitis« aus. Der Zeitpunkt war günstig – stand doch die bemannte Raumfahrt vor einem Höhepunkt. Erstmals würden Menschen auf einem fremden Himmelskörper, auf dem Mond, landen. Und als die Mondlandefähre sanft auf unserem Erdtrabanten aufsetzte, hieß es: »Der Adler ist gelandet!« Millionen von Menschen fragten sich: Wenn wir Menschen, die wir erst am Anfang der Weltraumfahrt stehen, ins All aufbrechen können, wieso sollen dann außerirdische Zivilisationen, die womöglich viel älter als die irdische sind, nicht schon in grauer Vorzeit Raumfahrt betrieben haben? Warum sollen die Außerirdischen nicht bereits in grauer Vorzeit zur Erde gekommen sein?

Erich von Dänikens Botschaft fiel auf fruchtbaren Boden. Und der sympathische Schweizer begnügte sich nicht mit theoretischen Spekulationen. Er machte deutlich, daß es weltweit Fakten gibt, die anscheinend die Präsenz außerirdischer Besucher in grauer Vorzeit bestätigten. Erich von Däniken bereiste die Welt, von Ägypten bis Simbabwe. Und fand die Spuren der Außerirdischen überall. Mit geduldiger Penetranz legte er dar, wie viele Rätsel es weltweit gibt, die von der herkömmlichen Wissenschaft schlichtweg ignoriert werden. Weil sie in althergebrachte Denkschemata nicht so recht passen wollten.

Einer der rätselhaftesten Flecken unseres Planeten Erde ist Indien. Noch heute streitet man sich in wissenschaftlichen Kreisen, wie alt denn die geheimnisvolle Zivilisation Indiens ist. Und Indien ist für die Erforscher der phantastischen Vergangenheit nach wie vor ein lohnendes Ziel.

Zum einen wegen der jahrtausendealten Überlieferungen, in denen von gigantischen Weltraumschiffen die Rede ist, die in grauer Vorzeit zur Erde kamen, die sich regelrechte Luftschlachten mit an Science-fiction erinnernder Technologie lieferten. Zum anderen wegen der zahllosen, oftmals gigantischen Tempel, die in Verbindung mit den Besuchern aus dem Kosmos stehen sollen.

Nach Indien, der Tempel wegen

Indien ist allemal eine Reise wert. Der Tempel wegen. Die heute erhaltenen Tempel sind freilich Kopien von Kopien von Kopien, manche mögen in ihrer Bausubstanz auf die Zeit von 200 vor Christus bis 500 nach Christus zurückgehen, viele wurden erst im 17. Jahrhundert errichtet, nicht wenige entstanden gar im 18. und 19. Jahrhundert.

Freilich gilt selbst für neuzeitliche indische Tempel: Sie wurden nach jahrtausendealten Gesetzen konstruiert. Für den indischen Sthapati, gleichzeitig Priester und Architekt, ging es nicht allein darum, ein »Haus« zu errichten, in welchem Gottesdienste abgehalten werden können. Tempel waren und sind, so Andreas Volwahsen im wichtigen Werk *Indien,* »eine plastische materielle Dimension des Gottes«.

Was müssen wir uns unter »einer plastischen materiellen Dimension des Gottes« vorstellen?

Der Sonnentempel von Konarak

Am 5. November 1995 besuchte ich zusammen mit anderen Forschern den imposanten Tempel von Konarak. Der Übelieferung zufolge soll einst in grauer Vorzeit der Sonnengott in einem fliegenden Wagen herabgestiegen sein. Diese »mythische Begebenheit« wurde in Konarak in Stein verewigt. Im Marco Polo-Reiseführer *Indien* heißt es dazu kurz und bündig: »Mitten im Nichts steht er, ein mystischer Wagen des Sonnengotts Surya, von sieben Pferden gezogen, auf zwölf Paar Rädern rollend.« Jedes der steinernen Räder mißt stolze drei Meter.

Im Jahre 1250 soll der Tempel entstanden sein. Doch wohl nicht aus dem Nichts. Den sakralen Gesetzen der Baukunst folgend, ist er vermutlich die Kopie eines älteren Tempels, der wiederum Kopie eines noch älteren Bauwerks war.

Erotische Darstellungen mit den unterschiedlichsten Sexvariationen sind in zahllosen Steinreliefs höchst plastisch dargestellt. Dargestellt sind aber auch seltsame Mischwesen, Kreaturen, wie sie die Evolution nicht hat hervorbringen können.

Der Tempel von Konarak ist ein gigantisches Raumschiff aus Stein.

Paßt da nicht ein Stein zum anderen? Da ist eine heilige Überlieferung, wonach ein Gott vom Himmel herabstieg. In einem Himmelswagen. Das himmlische Gefährt wird in Stein verewigt, wird zum Tempel, zu einem Ort, an welchem man sich versammelt, um der himmlischen Götter zu gedenken. Und in Reliefdarstellungen an diesem Tempel werden Mischwesen dargestellt, Kreaturen, wie sie auch im alten Ägypten existiert haben sollen. Als Produkte der »Götter«, wie etwa der Historiker Eusebius festhält.

Die Wunder von Mahabalipuram

Mahabalipuram, direkt am Meer gelegen, ist ein verträumtes Fischerdorf. Es birgt Rätsel, Tempel, die Jahrhunderte vollkommen vergessen waren, Meisterleistungen der Baukunst, manche aus dem gewachsenen Stein herausgehauen.

Zu bestaunen ist hier das größte Flachrelief der Welt, gemeißelt in eine Felsklippe. Was ist dargestellt? Darüber streiten sich die Gelehrten. »Die Herabkunft des Ganges vom

107

Riesenrelief und Tempel von Mahabalipuram

Himmel« sagen die einen. Arjuna sei dargestellt. Und zwar bei selbstauferlegter Buße, die die Götter dazu veranlassen sollte, ihm himmlische Waffen zur Verfügung zu stellen. Die Wirkungsweise jener göttlichen Waffen ist uns hinlänglich aus dem Urepos der Inder, dem *Mahabharata* bekannt. Ihre Beschreibung erinnert überdeutlich an hypermoderne, hochtechnologische SF-Waffen, von denen unsere Militärs nur träumen können.

Dargestellt sind auf dem Riesenrelief auch Fabelwesen, also jene mysteriösen Wesen, die Erich von Däniken weltweit, auch in Ägypten, auf zahllosen Darstellungen gefunden hat. Ist das mangelhafte Können der Steinmetze für diese Mischwesen verantwortlich? Ausgeschlossen! Denn es wurden neben diesen Darstellungen im selben Stein zum Beispiel Elefanten so realistisch verewigt, daß man meinen möchte, die gutmütigen Großohren mit den dicken Füßen würden jeden Augenblick losmarschieren.

Gentechnologie im alten Indien?

Ein Fluß, der vom Himmel zur Erde kommt, schwebende Himmelswesen Arjuna, der die Götter um fürchterliche Waffen bittet, Mischwesen, wie sie nur aus den Genlabors vorgeschichtlicher Besucher aus dem All entsprungen sein können. Und immer wieder Tempel, Tempel, Tempel: auf die Erde geholte Flugvehikel der Götter, die in zahllosen uralten heiligen Büchern der Inder so präzise und exakt beschrieben werden, daß es sich dabei nur um Raumschiffe handeln kann, mit denen vor Jahrtausenden die Besucher aus dem All zur Erde kamen!

Und ihre Flugvehikel finden wir in Hunderten von Tempeln, in Stein verewigt und in Epen als Raumschiffe beschrieben, in Epen, die in ihrer Urform vor Jahrtausenden, viele tausend Jahre vor dem Beginn unserer christlichen Zeitrechnung, entstanden sein sollen.

»Vimanas« heißen diese prähistorischen Flugvehikel der Götter aus dem All in der altindischen Überlieferung. »Vimana« heißt der so viele Tempel dominierende Turm.

»Der Turm selbst heißt im Süden Vimana, sein an der Spitze gerundeter Abschlußstein aber Sikhara oder Stupika, was der Bezeichnung für den gesamten Nagara-Turm entspricht«, steht in Heinrich Gerhard Franzens Klassiker *Das Alte Indien.*

Solche Tempeltürme sah ich zu Hunderten auf meiner faszinierenden Indienreise. Etwa in Bhubaneswar. Dort wird der um 750 errichtete »kleine« Parasuramesvara-Tempel von so einem Turm dominiert. Ebenso wie der Rajarani-Tempel, 250 Jahre jünger, aus derselben Stadt. Wie steht doch geschrieben im altehrwürdigen, heiligen indischen Text *Natyasastra* von Bharata? »Die Tempel sind nach den Vorbildern der himmlischen Flugzeuge entworfen.«

Dem Gott Schiwa geweiht, der vor vielen Jahrtausenden Indiens Himmel mit seinem Flugapparat unsicher machte, ist eines der imposantesten Bauwerke, das ich in Indien gesehen habe. Ich beschrieb das Bauwerk in meinem Buch *Das Sphinx-Syndrom* wie folgt:

»Ein besonders schönes Beispiel für ein in heiligem Stein verewigtes Raumschiff ist der Brhadisvara-Tempel im

110

Westen der Stadt Tanjore. Das mächtige Bauwerk ist von Südosten nach Nordosten ausgerichtet. Betritt man den Tempel von Südosten, so folgen auf eine Säulenhalle der große Versammlungssaal, dann ein Vorraum und schließlich das Heiligtum selbst. Über diesem Sanktuarium erhebt sich in einer Gesamthöhe von 74 Metern der Tempelturm, auch Turmpyramide genannt. An der Spitze steht das Götterfahrzeug.«

1003 soll das Heiligtum nach nur siebenjähriger Bauzeit vollendet worden sein – eine imposante Leistung. Ans Wundersame grenzt, daß in 70 Metern Höhe die Nachbildung des Götterfahrzeugs thront, die aus einem einzigen Granitbrocken gefertigt ist. Der wiegt immerhin stolze 80 Tonnen! Niemand vermag schlüssig darzulegen, wie denn damals der Steinkoloß in die luftige Höhe gewuchtet wurde! Ob da nicht doch außerirdische Technologie mit im Spiel war?

Von Benben, dem heiligen Stein

Die Parallelen zwischen Ägypten und Indien sind nicht zu übersehen: Pyramiden in Ägypten, pyramidenförmige Tempeltürme in Indien. Einst thronte im Land am Nil auf der Spitze von Pyramiden und (raketenähnlichen) Obelisken ein heiliger Stein, genannt Benben.

Der Obelisk symbolisiert eine Rakete, mit der einst in grauer Vorzeit Atum-Ré von seiner himmlischen Heimat zur Erde herabstieg. War dann der Benben-Stein so etwas wie eine Landekapsel?

»Das wahrscheinlich metallene Raumschiff wurde wegen der Härte und Festigkeit des Materials als ›Art harter Stein‹ bezeichnet, der ›glänzt‹ und ›in den Himmel aufschießt‹,« schreibt Peter Fiebag in seinem hochinteressanten Aufsatz *Der Obelisk: Symbol für ein Raumfahrzeug?*

Wie auf der Spitze der Pyramiden und der Obelisken thront auch heute noch ganz oben auf vielen Tempeltürmen Indiens etwas Ähnliches, nämlich eine Art heiliger Stein, etwas wie ein Flugvehikel der Götter. Und sowohl in Ägypten als auch in Indien gibt es die mysteriösen Mischwesen. Man begegnet ihnen fast überall, entwickelt schon nach kurzer Zeit so etwas wie Routine, macht diese Kreaturen der Götter aus – als Plastiken, Halbplastiken oder Reliefs. So wurde in der geheimnisvollen Stadt von Vijayanagara folgende Szene in den Stein geritzt. Da ist eine Karawane unterwegs, Pferde mit Reitern, Kamele, teils mit, teils ohne Reiter, und mittendrin trabt ein Mischwesen. Auch hier ist die Kreatur kein Ergebnis mangelhafter künstlerischer Fähigkeiten. Das Mischwesen ist mit gleicher Sorgfalt ausgestaltet wie die bis ins letzte Detail naturgetreu abgebildeten übrigen Wesen. Es hatte demnach die Größe eines kleinen Elefanten, auch einen Rüssel, aber eine Art Löwenmähne, Ohren eines Esels oder Pferdes, einen raubtierähnlichen Leib, einen schlangenähnlichen Schwanz, dazu die kräftigen Beine eines Rindes.

Das Geheimnis des nie rostenden Eisens

In Indiens grauer Vergangenheit wimmelt es nur so von prähistorischen Besuchern aus dem All. Mit Zitaten aus heiligen indischen Büchern, die prähistorische Raumschiffe betreffen, ließen sich ganze Bibliotheken füllen. Gibt es aber handfeste, physisch greifbare Hinweise auf außerirdische Präsenz vor Jahrtausenden? Tatsächlich gibt es Beweise für technisches Know-how im alten Indien, das eigentlich unerklärlich ist, es sei denn, es gab Kontakte mit außerirdischer Technologie.

Chandras Säule ist so ein Beweis. Es ist so gut wie unmöglich, an das archäologische Kuriosum heranzukommen. So reihe ich mich geduldig in das Meer der Wartenden. Es ist brütend heiß in Delhi. Wieder einmal drängen sich Hunderte auf dem ehrwürdigen Hof der alten Moschee Quwwat-al-Islam. Eine lange Menschenschlange bewegt sich kaum merklich vorwärts. Freundliche Inderinnen lächeln mir huldvoll zu. Es dauert Stunden, bis endlich die eiserne Säule, Loha Kahmba genannt, in greifbare Nähe gerückt ist.

Schließlich bin ich an der Reihe. Mit einem größeren Schritt ersteige ich den kleinen steinernen Sockel, auf dem die Säule steht. Ich stehe mit dem Rücken zur Säule, greife mit

Die Eisensäule von Delhi ist ein Rätsel für die Wissenschaft.

beiden Armen nach hinten. Ich umfasse sie für eine Weile. Wünsche, an die man jetzt denkt, gehen angeblich in Erfüllung.

Man mag zu dem alten »Aberglauben« stehen wie man will, ein Geheimnis stellt die mysteriöse Säule doch dar. Sie trotzt nämlich seit mindestens 1700 Jahren den Witterungseinflüssen – ohne auch nur eine Spur von Rost zu zeigen. Irgend etwas verhindert, daß die schätzungsweise sieben Tonnen der 6,60 Meter hohen Säule auch nur Ansätze von Korrosion zeigen. Unten, an der Basis, hat sie einen Durchmesser von 40, oben von 30 Zentimetern. In der Spitze befindet sich eine geheimnisvolle Vertiefung. Hier sammelt sich Regenwasser. Hier müßte am ehesten Rost anzutreffen sein, doch man sucht vergeblich.

Eine Inschrift auf dem Schaft besagt, daß die Säule zur Erinnerung des Sieges von König Chandra über seine Feinde errichtet wurde. Das war etwa 300 n. Chr.

Wie wurde die Säule hergestellt? Wurde sie in einem Stück gegossen? Oder hat man zunächst kleinere Eisenklumpen hergestellt und dann zusammengeschweißt? Es ist keine Technik bekannt, die einen solchen Vorgang vor rund 1700 Jahren hätte bewerkstelligen können: gleichgültig, ob das Artefakt im ganzen oder stückweise produziert wurde. Noch faszinierender aber ist die Frage, warum das Eisen der Säule nicht rostet.

Vordergründige »Erklärungen« wurden gesucht und gefunden, die die Säule ihres Geheimnisses berauben sollten. Das ist bislang nicht gelungen. Völlig falsch ist zum Beispiel die Behauptung, daß die unzähligen Inder, die Tag für Tag die Säule »umarmen«, auch noch so kleine Rostspuren abreiben. Beim Berühren der Säule mit Armen und Händen wird sie mit Schweiß benetzt. Dabei werden, was chemische Analysen ergeben haben, Harnsäure, Ammoniak, Fett- und Milchsäuren übertragen. Das sind Substanzen, die nicht konservieren, sondern den Vorgang des Rostens in starkem Maße fördern. Warum ist das Gegenteil der Fall?

Beweis für Weltraumtechnologie

Dr. Rostislaw S. Furduj meint, daß die Säule Beweis für fortschrittlichste Wissenschaft im alten Indien ist. Er verweist darauf, daß 1979 eine Gruppe sowjetischer Gelehrter (Barssukov, Nemoshkalenko und andere) ein besonderes Verfahren zum Patent anmeldeten. Proben von Mondgestein enthielten, wie sich bei Analysen im Labor ergab, winzige Eisenpartikelchen. Sie stammen von Meteoriten. Dieses Mondeisen rostet nicht – auch wenn es Feuchtigkeit ausgesetzt ist.

Irgendwie muß das Mondeisen gegen Rost resistent geworden sein – aber wie? Die sowjetischen Gelehrten Barssukov und Nemoshkalenko sind der Ansicht, daß das Mondmetall dadurch extrem widerstandsfähig wurde, daß es über Millionen und Abermillionen von Jahren schutzlos der kosmischen Strahlung ausgesetzt war. Dr. Rostislaw S. Furduj: »Durch diese energetische Strahlung wurden jene Zentren im Metall, welche die Korrosion hervorrufen, zerstört. Das Mondeisen enthält gewisse Eigenschaften von Edelmetall.«

Die Wissenschaftler überprüften ihre Vermutung im Labor. Sie legten ein poliertes Eisenplättchen in eine Hochvakuumkammer und gravierten mit gebündelten Elektronenstrahlen geometrische Figuren hinein. Anschließend wurde das Plättchen wieder in normaler Atmosphäre dem Einfluß einer Säure ausgesetzt. Das Eisen wurde nun teils von der Säure beschädigt, zum Teil nicht. Eine genaue Untersuchung ergab, daß dort, wo Elektronenstrahlen auf das Metall eingewirkt hatten, keinerlei Säureschäden gefunden wurden.

Dr. Rostislaw S. Furduj fragte nun, inwieweit diese Erkenntnis auf die berühmte Eisensäule von Delhi übertragen werden könnte. Sie besteht nämlich keineswegs aus reinem Eisen, wie oft behauptet wird. Das geheimnisvolle Objekt enthält schwefel- und phosphorartige Beimengungen. Es wurde also aus Eisen von eher minderer Qualität gefertigt. Deshalb müßte es rosten. Sollten also den alten Indern vor mindestens 1700 Jahren Verfahren zur Verfügung gestanden haben, die das Artefakt gegen Rost resistent machte? Örtlichen Überlieferungen zufolge ist dieses Wissen noch weitaus älter.

Furduj und seinen Kollegen war es gelungen, im Vakuum Eisen mit Elektronenstrahlen zu beschießen und so rostwiderstandsfähig zu machen. Dazu waren das Wissen und die modernsten Geräte des 20. Jahrhunderts erforderlich. Es kann ausgeschlossen werden, daß Wissenschaftler und Techniker des alten Indien mit den ihnen zur Verfügung stehenden Mitteln eine Vakuumkammer herstellen konnten. Sie waren nicht dazu in der Lage, ein kleines Modell, geschweige denn ein Exemplar anzufertigen, das groß genug war, um die ganze Säule aufzunehmen.

Selbst wenn wir das Unmögliche unterstellen, ist keine Methode denkbar, nach der die irdischen Inder das Wunderwerk herstellen konnten. Selbst wenn sie dazu in der Lage gewesen sein sollten, kleinere Eisenteile in Apparaten bescheidener Größe einem Vakuum auszusetzen, dann war das nicht genug! Elektronenkanonen besaßen sie nämlich ganz sicher nicht. Aber selbst wenn sie, auf welche Art auch immer, einen Elektronenstrahl erzeugen und kleinere Mengen Eisens im Vakuum beschießen konnten: Wie wurden dann die kleineren Elemente zur Gesamtsäule zusammengefügt? Heute könnte man sie verschweißen, würde dazu aber äußerst starke Fallhämmer benötigen, die den Indern vor 1700 nicht zur Verfügung gestanden haben dürften.

Gelang es ihnen vielleicht, kleinere Mengen Eisens durch Bestrahlung – wie auch immer – resistent gegen Rost zu machen, um dann das Metall durch Hitze zum Schmelzen zu bringen und in eine Form zu gießen? Das ist theoretisch denkbar. Praktisch wären aber die Inder vollkommen überfordert gewesen. Sie verfügten nur über kleine, höchst bescheidene Schmelzöfen. Sie konnten nur jeweils geringe Mengen flüssigen Eisens herstellen.

Wie hielten sie dann das flüssige Eisen flüssig? Wie verhinderten sie, daß es erstarrte? Wie soll die Gußform ausgesehen haben? Zudem weist die Eisensäule keinerlei Spuren auf, die auf eine Gußform schließen lassen könnten.

Die berühmte Säule von Delhi trotzt nach wie vor jedem Versuch einer Erklärung. Auch Dr. Furduj sieht sich genötigt, zur Hypothese zu greifen: »Offensichtlich muß die Metallurgie damals ein Niveau erreicht haben, das unserem heutigen Wissen überlegen war.« Wenn es ein solches Wissen gab, dann müßte es eine allmähliche Entwicklung gegeben haben: von primitivsten Anfängen bis zur Perfektion. Bis heute wurden keinerlei schriftliche Aufzeichnungen gefunden, die das stete Anwachsen eines entsprechenden Wissens nachweisen könnten. Ein unbekanntes Verfahren tauchte aus dem Nichts in absolut perfekter Form auf. Hatten die kosmischen Besucher ihre Hände im Spiel? Ein uns nach wie vor unbekanntes Verfahren wurde nicht nur bei der Wundersäule von Delhi eingesetzt, sondern beispielsweise auch beim Bau des indischen Tempels von Konarak. Da wurden – der sowjetische Historiker I. Mozhejko weist es nach – verschiedene »Eisenbalken« in die Gesamtkonstruktion integriert, die wie die Säule von Delhi aus nicht rostendem Eisen gefertigt wurden.

Wie alt diese Eisenteile sind, ist nicht bekannt. Mehrere Balken größeren Ausmaßes kamen zum Vorschein, als die »schwarze Pagode von Konarak« einstürzte. Mindestens 29 »Eisenbalken« wurden registriert. Die beiden längsten waren über zehn Meter lang. Errichtet wurde der Tempel vermutlich 1240. Das heißt aber nicht, daß die Eisenbalken damals entstanden sind. Sie können genausogut aus einem älteren, zu dieser Zeit bereits baufälligen Tempelbau übernommen worden sein.

Fazit der angesehenen Fachzeitschrift *Nature:* »Es erscheint wahrscheinlich, daß viele eiserne Objekte in Indien existieren, deren Herstellungsdatum nicht festgestellt werden kann. Sie können sehr wohl uralt sein.«

Mein persönliches Fazit: Im alten Indien wurde eine geheimnisvolle Wissenschaft praktiziert, die vollkommen in Vergessenheit geraten ist.

Hesekiel – in Indien?

Die Stadt Vijayanagara war eines der Hauptziele unserer Indienreise. Touristen verschlägt es selten dorthin, der Weg über schlechte Straßen ist mehr als beschwerlich. Die Stadt liegt am Tungabhadra nordöstlich von Hospet auf halbem Weg zwischen Penukonda und Bijapur.

Im Jahre 1443 notierte der berühmte persische Reisende Abdul Razzaq in seinem Tagebuch:

>Ich sah, daß es eine Stadt von enormer Größe mit riesiger Bevölkerung war, mit einem König von perfekter Herrschaft. Er besaß tausend Elefanten. Die Stadt von Vijayanagara findet nicht ihresgleichen in der Welt.«

Über ihre Geschichte ist wenig bekannt. Wir wissen, daß sie Mitte des vierzehnten Jahrhunderts eine Zeit der Blüte erlebte, die 1565 endete, als marodierende muslimische Armeen einfielen, mordeten und verwüsteten. Sie muß von enormer Bedeutung gewesen sein, lockt aber nur wenige Archäologen oder Historiker an. Der Ursprung der geheimnisvollen Stadt verliert sich im Dunkel der Geschichte. Einst war sie von einer gigantischen Stadtmauer umgeben, deren Ausmaße auch heute noch staunen lassen. Zum Teil gigantische Steinquader wurden millimeterexakt aufeinandergefügt, präzise wie dies auch bei vorgeschichtlichen Städten Südamerikas in Peru und Bolivien, aber auch in der Türkei, der Fall war. Sollten die gleichen Baumeister am Werk gewesen sein? Oder wirkten in Indien, in der Türkei, in Bolivien und Peru die gleichen himmlischen Lehrmeister?

Hier, in dieser mysteriösen Stadt, trafen sich einst Könige und Götter. Sie war, wie ein archäologisches Werk feststellt, »eine Stadt sowohl von Königen als auch von Göttern«. So gab es keine Trennung zwischen weltlichen und sakralen Bauten, »da der König und der königliche Haushalt im täglichen Kontakt mit Göttern standen«, schreiben John M. Fritz und George Michell in dem Standardwerk *City of Victory.*

Die Überlieferungen über den Ursprung der Stadt sind eher spärlich. Eine wichtige Rolle spielte einer der bedeutendsten Götter Indiens überhaupt, Schiwa. Eine junge, sehr attraktive Frau namens Pampa, sie gab einem Fluß den Namen, Tochter des weisen Mantanga, soll ihm regelmäßig geopfert haben. Die Schönheit heiratete schließlich Schiwa, der in der örtlichen Tradition Virupaksha heißt. Der Zeremonie sollen Weise und Götter beigewohnt haben, was nicht verwundern

darf angesichts der hohen Stellung des Bräutigams im Götter-
himmel des alten Indien.

Noch heute erinnert man an diese Hochzeit: in der Stadt
Hampi, im Virupaksha-Tempel. Anläßlich der alljährlich im
Frühjahr abgehaltenen Zeremonien zur ehrenvollen Erinnerung an die Hochzeit strömen noch heute Tausende von Pilgern herbei. Wann diese Feierlichkeiten erstmals abgehalten
wurden, vermag niemand zu sagen. Sie gehörten ohne Zweifel
schon zum festen Ritus, zum religiösen Leben, als Vijayanagara noch eine blühende Metropole war.

Die ersten Herrscher von Vijayanagara jedenfalls verehrten
Virupaksha alias Schiwa als die große Schutzgottheit ihrer
Stadt, der göttliche Name wird in den ältesten Inschriften
erwähnt.

Um die Jahrhundertwende erlebte Vijayanagara kurzfristig
Aufmerksamkeit, zog nicht nur das Interesse von Archäologen
auf sich. Schuld daran war das Buch von Robert Sewell,
A forgotten Empire, das 1900 erschien. Erst 1917 führte A. L.
Longhurst archäologische Untersuchungen durch, versuchte
den historischen Hintergrund der geheimnisvollen Stadt zu
erläutern. In den zwanziger Jahren unseres Jahrhunderts
beschäftigten sich Experten für Städteplanung mit der
ursprünglichen antiken Stadt, doch das Interesse ließ rasch
nach. So kam es dazu, daß zahlreiche Monumente, da nichts
zu ihrem Erhalt unternommen wurde, zusehends verfielen und
einstürzten. Erst in den siebziger Jahren wandte sich die Wissenschaft wieder der Stadt zu, 1980 begann man mit der
archäologischen Arbeit. Wissenschaftler aus Indien, Australien, England, Deutschland und den USA versuchten nun, das
Rätsel der Stadt zu ergründen, in der sich einst Götter und
Könige getroffen haben sollen.

Wie bei fast allen vorgeschichtlichen Ausgrabungsorten,
etwa in Peru, Bolivien, aber auch in der Türkei, ist auch hier
in Indien das fehlende Geld der Grund für die schleppenden
Fortschritte in der Erforschung einer mysteriösen, hochinteressanten Stätte. Der Verfall megalithischer Monumente
unvorstellbaren Ausmaßes ist zu beklagen. Es muß aber auch
die unbequeme Frage gestellt werden, ob von seiten der Wis-

senschaft hinreichendes Interesse daran besteht, die vorzeitlichen Rätsel wirklich zu ergründen. Besteht doch unbestreitbar die Gefahr, daß man zu Erkenntnissen kommen könnte, die mit dem herkömmlichen Bild, das man von der Vergangenheit entworfen hat, nicht in Einklang gebracht werden können.

Aus den spärlichen Quellen alter Überlieferungen weiß man ja, daß sich einst in der Stadt Götter und Könige trafen, so wie im südamerikanischen Tiahuanaco einst die Götter, die von den Sternen kamen, zur Erde herabgefahren sein sollen, lange bevor es überhaupt Menschen gab. Sollten auch hier in Indien einst Götter gelandet sein? Sollte Vijayanagara ursprünglich ein Landeplatz der Außerirdischen gewesen sein? Und sollte man auf seiten der Archäologie auch deshalb so zögerlich ausgraben, weil man befürchtet, tatsächlich Spuren für solche kosmischen Besuche zu finden?

Hesekiel in Vijayanagara?

Im Februar 1995 erfuhr ich, daß auf dem südlichen Hochland, dem Dekkan, in Indien ein Tempel restauriert wird, der in verblüffender Weise dem von Hesekiel beschriebenen Tempel gleicht. Es handelt sich um ein archäologisches Kuriosum, das erst kürzlich von Wissenschaftlern freigelegt worden ist und als »rituelles Bad« bezeichnet wird. Die Anlage, nicht zu verwechseln mit dem »Bad der Königin«, das sich gleichfalls im Gesamtkomplex von Vijayanagara befindet, ist einzigartig in Indien.

Das »rituelle Bad« sieht aus wie ein steinernes »Sportstadion«. Es ist vollständig im Erdreich versenkt und quadratisch angelegt, hat an der Oberkante die Ausmaße 22,50 mal 22,00 Meter. Vier Stufen, jeweils 0,90 Meter tief, führen nach unten zu einem »Quadrat« von 6,13 Metern Seitenlänge. Wie tief die letzte, fünfte Stufe ist, konnte nicht eruiert werden. Im untersten Bereich steht Wasser, am Boden befindet sich fester Schlamm. Sollte auch die letzte, fünfte Stufe die gleiche Höhe haben wie die vier oberen, dann wäre die mysteriöse »Anlage« (um ein wertneutrales Wort zu verwenden) 4,50 Meter

Der Tempel von Vijayanagara

tief. Auf allen vier Seiten sind zahlreiche, sehr schmale »Treppchen« angebracht, auf denen man nach unten steigen kann. Die kuriose Anlage aus hartem Granitstein (?) scheint als »Bad« denkbar ungeeignet. Wenn sie aber kein »Bad« war – welchem Zweck diente sie dann? Handelt es sich um ein ursprünglich technisches Bauwerk? Oder um die Kopie einer technischen Anlage, wobei die Erbauer den ursprünglichen Zweck des Baus schon gar nicht mehr verstanden?

Schließlich stellt sich die Frage, ob das »unterirdische, quadratische Stadion« nur Teil eines Gesamtkomplexes war, wobei der überirdische Teil im Lauf der Zeit verfiel, abgetragen wurde? In der gesamten Stadtanlage wurde über längere Zeiträume hinweg gebaut, dabei wurden ältere Gebäude abgetragen, um Material für neue zu gewinnen. So könnte der zum »Stadion« gehörende Komplex irgendwann einmal abgerissen worden sein.

Größere Übereinstimmungen mit dem von Hesekiel so präzise und detailfreudig beschriebenen Tempelkomplex, bei dem es sich nach Ingenieur Beier um eine Wartungsanlage für Hesekiel-Raumschiffe gehandelt hat, vermag ich nicht zu erkennen. Trotzdem könnte aber ein Flugvehikel das Stadion

Das Hesekiel-Raumschiff in der Wartungsanlage

angeflogen haben. Ob in Vijayanagara also »Hesekiel-Raumschiffe« starteten und landeten, kann im Augenblick noch nicht gesagt werden. Ein technisch versierter Experte à la Beier müßte sich d e Maßangaben von dem »Stadion« vornehmen, die wir vor Crt ermittelt haben. Das »rituelle Bad«, oder was auch immer es einst gewesen sein mag, verdient jedenfalls mehr Aufmerksamkeit, als ihm bislang zuteil wurde und wird.

Flugvehikel gestern und heute

Die heiligen altindischen Überlieferungen, vor vielen Jahrtausenden, lange vor dem Beginn unserer Zeitrechnung entstanden, berichten präzise und detailfreudig über die Flugvehikel der Besucher aus dem All.

Doch nicht nur in umfangreichen Texten sind jene Raumschiffe dargestellt, sondern auch als Tempel in Stein verewigt. Einst führten gepflasterte »heilige Straßen« zum Komplex von Vijayanagara. Zu wichtigen Feiern zog man auf diesen Straßen Nachbildungen der Götterfahrzeuge, in denen Götterfiguren saßen: Erinnerungen an die Besuche von Außerirdischen in Flugmaschinen?

122

In zahlreichen Regionen unserer Erde entstanden im 20. Jahrhundert sogenannte Cargo-Kulte. Wenn abgelegene Südseeinseln von Forschern oder Militärs angeflogen wurden, dann erstarrten die Einheimischen in scheuer Ehrfurcht. Wer da vom Himmel flog und reichlich Geschenke mitbrachte, der mußte allmächtig sein, der konnte nur ein »Gott« sein.

Waren die neuzeitlichen »Götter« erst einmal wieder verschwunden, sehnte man ihre Rückkehr herbei. Man fertigte in Holz und Stroh Nachbildungen der Flugapparate an, brachte ihnen Opfer. Man hatte die Besucher beobachtet und ahmte sie nach. So wurden primitive Kopien aus Holz und Stroh von ganz offensichtlich technischem Gerät angefertigt. Man versuchte, die Besucher dazu zu veranlassen, doch wiederzukommen.

So werden in zahlreichen Tempelstädten Indiens seit Menschengedenken aus Holz und Palmblättern – neuerdings werden auch moderne Materialien wie Wellblech eingesetzt – plumpe Nachbildungen der einstigen Götterwagen hergestellt, die dann im Zentrum von großen Feierlichkeiten und Umzügen stehen. Soll doch einst der Sonnengott, aber nicht nur er, in solch einem Wagen aus den Lüften zur Erde gekommen sein. So gibt es also nicht nur auf den abgelegenen Inseln der Südsee Cargo-Kulte, sondern auch in Indien, wo auf diese Weise Erinnerungen an kosmische Besucher am Leben erhalten werden. Erinnerungen an die legendären Astronautengötter.

Atomwaffen im alten Indien

Der Begriff »Gott« ist im christlichen Abendland positiv besetzt. In Indien ist das anders. Seit Jahrtausenden weiß man dort, daß die himmlischen Wesen auch durchaus negative Eigenschaften hatten. Sie kamen selten miteinander aus, bekämpften sich heftig. In der Wahl ihrer Mittel waren sie nie zimperlich. Zahllose Berichte von Götterkämpfen und Kriegen sind in heiligen Büchern überliefert. Sie erinnern uns an heutige Science-fiction-Filme à la Steven Spielberg.

Da zogen riesige Weltraumstädte ihre Bahn um die Erde. Arjuna griff vehement das riesengroße Raumschiff Hiranyapurna an. Die angegriffenen Götter wehrten sich energisch und starteten ein fliegendes Kampfgeschwader, ausgestattet mit furchteinflößenden Waffen. Arjuna freilich ließ sich nicht beirren. Er feuerte ein »Raketengeschoß« ab, das exakt ins Ziel traf. Die Weltraumstadt explodierte und wurde in Stücke gerissen. Brennend und qualmend stürzten die Trümmer auf die Erde. Einige mögen auf dem Land eingeschlagen sein, die meisten versanken im Meer.

Derlei kriegerische Auseinandersetzungen wurden in enormer Höhe im erdnahen Weltraum ausgefochten, aber auch in geringeren Höhen. So meldet das heilige Epos *Bhagavata*, daß Salva einst die Stadt Dvaraka mit seinem Flugzeug angriff und mit Geschossen überschüttete. Krishna versuchte, rettend einzugreifen. Er lockte den Angreifer von der Stadt weg und verwickelte ihn in eine Luftschlacht.

Salva fühlte sich eindeutig unterlegen und suchte sein Heil in der Flucht. Womöglich wurde er getroffen. Seine Flugmaschine mag beschädigt worden sein. Kurzzeitig landete er im Meer, stieg aber kurz darauf bereits wieder mit enormer Geschwindigkeit empor – bis in eine Höhe von 1300 Metern. Krishna zeigte kein Mitleid. Er feuerte ein Raketengeschoß ab. Salvas Los war entschieden. Er konnte der Gefahr nicht entrinnen. Die Rakete folgte ihm, wurde vom Geräusch von Salvas Flugzeug gelenkt. Salva starb in einem glühenden Feuerball.

Im 7. Buch des wohl ältesten Epos der Menschheitsgeschichte, des *Mahabharata,* werden Götterwaffen beschrieben, deren Wirkungsweise mit der von Atombomben gleichgesetzt werden muß. Über eine dieser Waffen heißt es:

»Sie schoß hoch in die Lüfte, und Flammen brachen aus ihr hervor, die dem Feuer glichen, das die Erde am Ende des Erdzeitalters verschlingt. Tausende von Sternschnuppen fielen vom Himmel. Die Tiere in den Gewässern und auf dem Land erzitterten vor Angst. Die Erde bebte.«

Die fürchterlichen Geschosse waren »mit der Kraft des Universums« ausgestattet. Sie explodierten mit vernichtender

Gewalt, wobei »eine weißglühende Säule von Rauch und Flammen, so hell wie zehntausend Sonnen,« entstand.

»Die unbekannte Waffe ist ein strahlender Blitz, ein verheerender Todesbote, der alle Angehörigen der Vrischni und der Andhala zu Asche zerfallen ließ. Die verglühten Körper waren unkenntlich. Denjenigen, die davonkamen, fielen die Haare aus. Töpfereien zerbrachen, Vögel wurden weiß. In kurzer Zeit war die Nahrung vergiftet. Der Blitz senkte sich und wurde feiner Staub. Um diesem Feuer zu entkommen, stürzten sich die Soldaten in die Flüsse, um sich und ihre Ausrüstung zu waschen. Es war, als seien die Elemente losgelassen, die Sonne drehte sich im Kreise. Von der Glut der Waffen versengt, taumelte die Welt in Hitze. Tausende von Wagen wurden vernichtet. Dann senkte sich tiefe Stille. Es bot sich ein schauerlicher Anblick. Die Leichen der Gefallenen waren von der fürchterlichen Hitze verstümmelt, so daß sie nicht mehr wie Menschen aussahen.«

Derlei Texte beschäftigten Dr. Robert Oppenheimer, der in den Jahren 1943-1945 Leiter der Atombombenentwicklung in Los Alamos war. Als die erste Test-Atombombe gezündet worden war, zitierte der Physiker und Sanskritkenner Oppenheimer einen altindischen Vers aus dem *Mahabharata:* »Ich habe die Gewalt des Universums entfesselt. Nun bin ich zum Zerstörer des Universums geworden.«

Sieben Jahre später hielt Dr. Oppenheimer einen Vortrag an der Universität von Rochester. Als es im Anschluß daran zu einer Diskussion kam, fragte ein Student, ob denn die Atombombe von Alamogordo die erste gewesen sei, die man gezündet habe, oder ob es nicht vielleicht schon früher bereits ähnlich erfolgreiche Tests gegeben habe, die bislang der Öffentlichkeit verheimlicht worden seien. Kaum jemand verstand die Aussage Oppenheimers: »Well, es war die erste, ja. Jedenfalls in moderner Zeit!« Oppenheimer ging also davon aus, daß es bereits in vorgeschichtlichen Zeiten atomare Explosionen gegeben hat – im alten Indien.

Mythische Beschreibungen in altindischen Texten genügen aber nicht als Beweis. Wenn es tatsächlich vor Jahrtausenden in Indien Atombombenexplosionen gegeben hat, dann müssen sie sich auch heute noch nachweisen lassen. Dann muß es auch heute noch eindeutige Spuren geben. Um sie finden zu können, muß man sich zunächst einmal vor Augen führen, wie sie denn aussehen sollten. Als Dr. Oppenheimers Atombomben in der Wüste von New Mexico detonierten, wurde der Sand durch die dabei auftretenden enormen Temperaturen verflüssigt und zu glasartigen Klumpen verbacken.

Tatsächlich stießen Archäologen auch in Indien auf solche Glasklumpen. Sie konnten freilich keine Erklärung dafür anbieten, wer denn wohl und wie vor Jahrtausenden die dafür erforderlichen Temperaturen erzeugte. Die atomaren Explosionen fanden in jenen Gefilden Indiens statt, wo einst die ersten Menschen siedelten, zum Beispiel im Gebiet zwischen dem Ganges und dem Raijmahal-Gebirge. Bei wissenschaftlichen Ausgrabungen stellte der Forscher de Camp fest, daß die Häuser enormen Temperaturen ausgesetzt gewesen sein müssen. Dabei schmolzen Steine und verformten sich zu seltsamen Klumpen, die mit Blasen überzogen waren.

Auch David W. Davenport, ein in Indien gebürtiger Forscher und Reisender in Sachen Geheimnisse der Vorzeit, fand in Indien klare Beweise dafür, daß es vor Jahrtausenden Einsätze von Atomwaffen gab: »Mohenjo-Daro, eine der ältesten Städte der Welt, wurde durch Atombomben vernichtet!«

Mohenjo-Daro gilt mit Recht als uralt. Es liegt 350 Kilometer nordöstlich von Karatschi in einer Region, die heute zu Pakistan gehört. Archäologen stießen auf Tausende von »schwarzen Steinen«. Diese Bezeichnung ist freilich mehr als irreführend. Denn unter einem »Stein« stellt man sich ein Stück natürlichen Felsens vor, nichts Künstliches. Es handelte sich dabei aber um die traurigen Reste von uralten Töpferwaren, die vor Jahrtausenden unglaublichen Temperaturen ausgesetzt gewesen sein müssen. Sie schmolzen wie Butter an der Sonne, erkalteten und erstarrten wieder.

David W. Davenport hat keinen Zweifel: Die dazu erforderlichen Temperaturen wurden bei atomaren Explosionen von Bomben freigesetzt, als die uralte Stadt bei einem nuklearen Angriff vernichtet wurde. Über dem Zentrum muß, so Davenport, eine Atombombe explodiert sein. Mindestens 30 000 Menschen kamen dabei ums Leben. Sie wurden völlig unvorbereitet überrascht. Ihre Skelette sprechen eine eindeutige Sprache. Sie sind hochgradig radioaktiv verseucht. Messungen ergaben Werte, die man bei Toten von Hiroshima und Nagasaki festgestellt hat.

Sodom und Gomorrha, aber auch Mohenjo-Daro wurden vor Jahrtausenden mit atomaren Waffen zerstört. Warum? Wir wissen es nicht. Experimentierten Außerirdische in grauer Vorzeit? Benutzten sie Menschen gefühlskalt als »Versuchskaninchen«, so wie heutige Wissenschaftler Tiere einsetzen, wenn sie die Wirkungsweise moderner Waffen erproben wollen?

Mohenjo-Daro hat noch unzählige Rätsel zu bieten. Die 30 000 Menschen, die in der Metropole umkamen, stellten nur einen kleinen Teil der Gesamtbevölkerung dar. Die Stadt wurde von den meisten Bewohnern verlassen. Wurden sie vor der nahenden Zerstörung gewarnt – wie Lot und seine Familie in Sodom und Gomorrha? Wie auch immer: Sie verließen die Stadt noch gerade rechtzeitig – und verschwanden spurlos.

Mohenjo-Daro war Luxus pur. Die Wissenschaften hatten einen unglaublich hohen Stand erreicht. So gab es ein öffentliches Bad mit Wasserleitung, Heißluft und kalten Brunnen. Getreidevorräte speicherte man in gewaltigen Silos. Ein kompliziertes, sorgsam ausgetüfteltes Leitungssystem sorgte dafür, daß die kostbaren Nahrungsmittelvorräte stets mit frischer Luft gekühlt wurden.

Toilette und Bad gehörten zur selbstverständlichen Ausstattung jedes Hauses in der Mega-Hauptstadt. Perfekt geplant war auch die Kanalisation. An strategisch wichtigen Punkten gab es Frischwassertanks, die die zahlreiche Bevölkerung stets, auch zu Trockenzeiten, mit frischem, sauberem Trinkwasser versorgten.

Das Leben in Mohenjo-Daro war paradiesisch. Und doch endete es in einer atomaren Katastrophe von unvorstellbarem

Ausmaß. Warum? Und was wurde aus den Zigtausenden, die rechtzeitig fliehen konnten? Herbert Gottschalk, Psychologe und fachkundiger Buchautor über die Kulturgeschichte der Menschheit, meint: »Es muß wohl etwas Lebensbedrohliches gewesen sein, das sie dazu bewogen hat, ihre technisch hervorragend ausgestattete, komfortable und luxuriöse Umgebung aufzugeben.«

Indien birgt noch viele Rätsel

In Indien gibt es eine schier unbeschreibliche Armut. Hunderttausende, ja Millionen fristen ein kärglichstes Dasein, leben und sterben auf der Straße. Diese Ärmsten der Armen sind die Erben der indischen Kultur, deren Urbeginn irgendwo in der grauen Vergangenheit liegt, als einstens Besucher aus dem All zur Erde kamen.

Oft wird uns Erforschern der phantastischen Vergangenheit der Erde vorgeworfen, man setze die Leistungen der großen Kulturvölker herab. Dem ist nicht so, genau das Gegenteil ist der Fall. Staunend stehen wir vor den gewaltigen Denkmälern längst vergangener Epochen. Sie wurden von Menschen errichtet. Doch es waren Menschen, die das Privileg hatten, in grauer Vorzeit von Außerirdischen besucht zu werden. Jene kosmischen Besucher zu verschweigen, das hieße, den Völkern einen Teil ihrer phantastischen Geschichte zu stehlen.

Ich bin schon, das kann ich ohne Übertreibung sagen, viel in der Welt gereist. Auf der Osterinsel vermaß ich riesige Steinkolosse. Auf der Hochebene von Nazca suchte und fand ich Eingänge in riesige unterirdische Anlagen. Oberhalb von Cuzco kroch ich auf der Suche nach unterirdischen Gängen in enge Höhlen. In Ica, Peru, bestaunte ich die geheime archäologische Sammlung von Professor Cabrera. Da sind, in Ton dargestellt, fremdartige Wesen zu sehen, auf verblüffende Weise jenen Wesen ähnlich, die nach Zeugenaussagen in unseren Tagen Menschen entführen und mit ihnen experimentieren.

Ich habe schon viel gesehen von den archäologischen Rätseln unserer Erde. Mit meiner Reise nach Indien verwirklichte ich mir einen Traum, den ich schon hegte, als ich als 14jähriger Schulknabe Dänikens *Erinnerungen an die Zukunft* verschlang. Die Indienreise war, und das ist keine Übertreibung, sensationell. Die gewonnenen Eindrücke sind überwältigend, das gewonnene Material schier unüberschaubar. Noch ist bei weitem nicht alles ausgewertet. Und: Ich bin fest entschlossen, wieder nach Indien zurückzukehren. Wichtige Kontakte mit Wissenschaftlern wurden geknüpft. Phantastische Funde harren der Entdeckung. So soll es zahlreiche Tempel- und Kultbauten geben, die vor vielen Jahrtausenden errichtet wurden, die sich aber heute auf dem Grund des Meeres befinden. Es muß eine gigantische Flutkatastrophe gegeben haben, die die rätselhaften Baudenkmäler verschlang. Für mich gibt es keinen Zweifel: In Indien harren noch viele Spuren der Entdeckung, die von kosmischen Besuchern in grauer Vorzeit hinterlassen wurden. Noch so manche Sensation steht ins Haus.

Indien birgt ohne Zweifel noch so manches Rätsel. So mancher Hinweis auf prähistorische Astronautenbesuche harrt gewiß noch der Entdeckung. Phantastische Spuren kann man aber nur dann auch wirklich finden, wenn man die Möglichkeit, daß unsere Erde vor vielen Jahrtausenden besucht wurde, zumindest in Betracht zieht!

Astronautengötter bei den Mayas

Die Geschichte Mexikos begann, wenn man altehrwürdigen Überlieferungen Glauben schenken kann, mit Außerirdischen. So heißt es bei den Huichol im Norden Mexikos, einst sei ein »freundlicher Stamm« von den Sternen gekommen. Die Flugvehikel der Fremden, in denen sie vom Himmel herabstiegen, sahen wie »flache, polierte Edelsteine« aus. Jene Außerirdischen berichteten den Menschen viel über ihre Heimat, die irgendwo in den Weiten des Alls lag. Die Menschen aber verstanden vieles davon nicht.

Die Kulturen Indiens und die der Mayas haben eine geheimnisvolle Gemeinsamkeit: Glaubt man den alten Überlieferungen der Völker, dann begann ihre Geschichte, Tausende Kilometer voneinander entfernt, fast gleichzeitig. Nach Professor Dr. Kumar Kanjilal fand die Schlacht bei Kiruksetra in Indien 3102 v. Chr. in Indien statt. Nach John Erich Sidney Thompson, der zu den führenden Maya-Experten zählt, gaben die Mayas den 11. August 3114 v. Chr. als »Nullpunkt« ihrer Geschichte an.

In grauer Vorzeit kamen einst »Himmelswesen« zur Erde, lehrten die Mayas, und schufen die ersten Menschen.

»Sie haben keine Mutter, keinen Vater. Keine Weiber haben sie geboren, und sie wurden auch nicht als Söhne gezeugt. Ein Wunder war es, daß sie erschaffen wurden, ein Zauber, gewirkt von der Erbauerin und dem Schöpfer, von der Gebärerin und dem Söhne-Erzeuger, von dem mächtigen Kukumaz.«

So schreibt das *Popol Vuh,* das heilige Buch der Mayas.

Die ersten von den Göttern geschaffenen Menschen waren keineswegs perfekt: »Ihre Sprache war sinnlos!« Die mißlungenen Exemplare wurden von der Erde getilgt – in einer Flut. Vergeblich versuchten sie, ihrem Los zu entkommen. Sie erklommen »die Dächer ihrer Häuser, aber die Häuser brachen zusammen. Auch Höhlen und

Bäume gewährten keine Zuflucht. So wurden sie zerstört, und die wenigen, die überlebten, wurden die heutigen Affen.«

Als mißlungene Kreaturen der Götter galten auch die gefürchteten Riesen. Sie wüteten unter den Menschen, töteten viele von ihnen. Der Gott Ah Mucenab entfachte ein gewaltiges Feuer, um sie auszurotten. Trotzdem überlebten einige der gefürchteten Giganten. »Im trüben Dämmerlicht irrten hungernde Riesen umher. Sobald die Menschen mit ihnen zusammentrafen, kam es zu verzweifelten Kämpfen.« Die Götter starteten einen letzten Angriff. Sie ließen fliegende »Himmelsjaguare« Attacken auf die Giganten fliegen.

Vom Himmel hoch...

Ähnliches weiß auch *Chilama Balam,* eine Sammlung von Mythen aus dem alten Mexiko, zu melden. Da heißt es unzweideutig und klar, »Wesen, die auf fliegenden Schiffen vom Himmel herabgekommen sind, weiße Götter, die auf Kreisen fliegen, die bis an die Sterne reichen«, hätten den Vorfahren der Mayas die Kultur gebracht.

Studiert man uralte Kunstwerke und mythische Überlieferungen der Mayas, so begegnet man diesen Wesen, die einst aus dem All zur Erde kamen, immer wieder. In Izapa beispielsweise sind geheimnisvolle Apparate zu sehen, die am Himmel schweben. Menschenähnliche Wesen sitzen darin. In Tulum, Mexiko, wurden »herabstürzende Götter« verewigt. Es handelt sich um menschenähnliche Wesen, deren Gesichter hinter seltsamen Masken verborgen sind. Der Altamerikanist Nicholas Hellmuth gibt zu, daß seine Zunft angesichts dieser schwebenden Gestalten mit den Masken vor einem Rätsel steht. Er konstatiert, daß »nicht bekannt (sei), was diese Masken repräsentieren, da sie noch nie eingehend studiert worden sind«. Der Wissenschaftler weiter: »Ihre Bedeutung sollte nicht aufgrund eines Modells von vornherein festgelegt sein, sondern sorgfältig erarbeitet werden.«

Eine Erklärung bietet sich förmlich an: Bei den Göttern handelt es sich um Außerirdische in Schutzanzügen. Deutlich sind »lange Luftschläuche« zu erkennen.

Götter, Helme, Kosmos

Interessant ist eine Frage von wirklich zentraler Bedeutung: Wann tauchen »Götter« in »Raumanzügen« mit »Luftschläuchen« erstmals auf? Die Antwort ist eindeutig: Wir begegnen ihnen bereits bei den Olmeken, den Vorläufern der Mayas. Peter Fiebag, der die außerirdischen Einflüsse auf die Maya-Kultur untersucht hat, weist in seinem Standardwerk *Der Götterplan* darauf hin:

>»Dort tritt in Oxtotitlan eine der frühesten dieser Gestalten, quasi ein Prototyp, hervor. Monumental blickt eine polychrome Malerei an einem Felsen über einem Höhleneingang dem Betrachter entgegen. Die Zeichnung entstand zwischen 800 und 700 vor Christus. Auf einem Jaguarthron sitzt eine Person in ungewöhnlich dynamischer Pose. Ein Anzug umschließt hermetisch den Körper. Das Gesicht wird auch hier von einem Helm geschützt. Federn an den Armen scheinen eine enge Beziehung zum Fliegen anzudeuten. Die linke Hand weist nach oben, hinauf zum Kosmos.«

Die Maya-Kultur basiert also auf älteren Vorläufern. Sie übernahmen Gottheiten aus früheren Glaubenswelten, die wir heute unschwer als Außerirdische identifizieren können. Sie wurden von den ersten Mayas verehrt und immer noch angebetet, als sich die Mayakultur der Epoche zuneigte, die in der wissenschaftlichen Literatur als »Endklassikum« (etwa 900 nach Christus) bezeichnet wird. Sie wurden von kundigen Künstlern in Form von Figürchen aus Ton oder Stein verewigt. Sie wurden von kundiger Hand in Tempelfresken als Reliefs abgebildet. Sie fanden Eingang in verschiedene heilige Hieroglyphentexte, deren Gesamtbedeutung bis heute nicht geklärt werden konnte.

Besonders ergiebig sind die Aufzeichnungen, die uns unbekannte Künstler in der Kulturmetropole Chichén Itzá, Yukatan, hinterlassen haben. Bei der Fülle von bis heute ungeklärten Darstellungen ist Vorsicht geboten. Gewiß, man darf nicht in jedem seltsamen Bildnis einen Außerirdischen sehen. Oft muß man sich aber förmlich Gewalt antun, wollte man Hinweise auf kosmische Besucher im Maya-Reich übersehen. Das vielleicht schönste Beispiel ist der im »Tempel der vier Linteln« dargestellte »Messerflügel-Gott«. Das Gesicht der himmlischen Gestalt ist hinter einem Helm verborgen. Blickt uns da ein Außerirdischer durch das Sichtfenster seines Raumfahrer- oder Schutzanzugs entgegen?

UFOs kann man im sogenannten »oberen Jaguartempel« finden. Da sitzt »Hauptmann Sonnenscheibe« in einem kugelförmigen Objekt. Technische Gerätschaften umgeben ihn. Die eifrigen Künstler, die das phantastische Szenario darstellten, kannten ihren Zweck nicht, versuchten aber, sie so detailgetreu wie möglich abzubilden.

Vom Himmel kamen die Götter immer wieder herabgestiegen, zum Himmel fuhren sie immer wieder empor. Daran wollten sich die Mayas stets erinnern. Niemals sollte vergessen werden, daß die Besucher kamen, gingen und sicher einmal – wie versprochen – zur Erde zurückkehren würden.

Eine der schönsten Pyramiden der Welt, die von Chichén Itzá auf der Halbinsel Yukatan, erinnert noch heute an die kosmischen Besucher. Die Pyramide des Kukulkan, dreißig Meter hoch, erinnert an einen Gott, der einst »an die Ufer des Himmelswassers« gereist sein soll. Nach einer anderen Version der Überlieferung wurde er zum Himmel entrückt. Als »Herr des Himmels und der Sterne lebte er von da an in der Milchstraße, die als Weg durch die himmlischen Gefilde fungiert. In jenen Sphären lebte er von da an.« Irgendwann würde er wieder zur Erde kommen: Kukulkan, der bei den Mayas auch »gefiederte Wolkenschlange« hieß.

Ein Zentrum der fliegenden Götter war ganz ohne Zweifel die einst heilige Stadt Chichén Itzá. Hier wurden sie verehrt.

Hier wartete man auf ihre Wiederkehr, nachdem sie irgendwann wieder in den Weiten des Universums verschwunden waren. Hier legte man folgerichtig ein imposantes dreistufiges Observatorium an. Luken in den Wänden sind nach bestimmten Sternkonstellationen ausgerichtet. Einst waren die Wände dieses Observatoriums, das in seiner äußeren Form sehr modern und zweckdienlich anmutet, mit Abbildungen von Göttern verziert. Leider sind nur noch Bruchstücke davon erhalten.

Wie mögen diese Darstellungen ausgesehen haben? Vermutlich ähnelten sie jenen, die auch heute noch in den Reliefs eines weiteren Gebäudekomplexes erhalten sind, im »Tempel der Jungfrauen«. Wie das imposante Bauwerk zu Maya-Zeiten hieß, wissen wir nicht. Die heute benutzte Bezeichnung stammt von den spanischen Eroberern, ist aber rein willkürlich gewählt. Willkürlich mutet auch die Bezeichnung für die Götterdarstellungen in jenem Bauwerk an: Bienengötter sollen es sein. Deutlich sind plumpe Helme auszumachen. Die Leiber der geheimnisvollen Wesen stecken in Anzügen, vergleichbar jenen, die auch unsere Astronauten tragen. Und diese Gestalten fahren zur Erde nieder. Ist der Vergleich zu gewagt? Er drängt sich jedem Betrachter auf.

Das wohl beeindruckendste Gebäude von Chichén Itzá ist die Pyramide des »Kukulkan«. Sie steht im Zentrum der heiligen Anlage. 55,50 Meter messen die Seiten an der Basis. Auf jeder Seite des quadratischen Baus führt eine Treppe mit jeweils 91 Stufen empor. Auf der obersten Plattform steht ein Tempel. Er ist Kukulkan geweiht, der auch unter dem Namen Quetzalcoatl bekannt ist.

Der Gott Kukulkan soll, das sagen Inschriften, in Chichén Itzá regiert haben. Man kann darüber streiten, was das zu bedeuten hat. Sollte tatsächlich ein Außerirdischer vorübergehend in Chichén Itzá residiert haben? Oder hat ein weltlich-irdischer Herrscher diesen Namen angenommen, um so seine besondere Machtstellung zu unterstreichen?

Wie dem auch sei: Die Pyramide von Chichén Itzá stellt eine geniale Konstruktion dar. Sie bietet zweimal im Jahr, am 21. März und am 21. September, so etwas wie eine »Licht-

Chichén Itzá: das Observatorium und die Pyramide des Kukulkan

show«. Durch das Zusammenspiel von Steinstufen, Sonnenlicht und Schatten wird seit Jahrhunderten ein grandioses Schauspiel geboten. Es lockt auch heute noch Tausende von Maya-Nachkommen, aber auch Touristen, an. Eine »Schlange«, geformt aus Licht und Schatten, kriecht von der obersten Tempelplattform nach unten. Sie ringelt sich die steilen Pyramidenstufen hinab und kehrt auch wieder nach oben zurück.

Im *Buch der Jaguar-Priester* heißt es:

»Sie (die Götter) stiegen von der Straße der Sterne hernieder. Sie sprachen die magische Sprache der Sterne des Himmels. Ihr Zeichen ist unsere Gewißheit, daß sie vom Himmel kamen. Und wenn sie wieder herniedersteigen, dann werden sie neu ordnen, was sie einst schufen.«

Das Licht-und-Schatten-Spiel soll auch heute noch an jene Götter erinnern, die einst von den Sternen zur Erde herab- und die irgendwann einmal wieder gen Himmel emporstiegen. Ganz ähnliche Bedeutung hat auch ein akrobatischer Tanz, den ich 1964 und 1992 vor Ort bewundern durfte. Sein Ursprung reicht viele Jahrhunderte, ja vielleicht sogar Jahrtausende in die Vergangenheit. Christlichen Missionaren war er ein Stein des Anstoßes, erinnerte er doch deutlich an die ältesten Glaubensüberlieferungen der Völker Zentralamerikas. Die »frommen Europäer« kapitulierten bald, weil sie einsehen mußten, daß der Tanz der fliegenden Menschen nicht zu verbieten war. Zu sehr war er in ursprünglichsten Glaubensüberlieferungen verankert. Er wurde in die christliche Tradition eingebunden und wird heute besonders im Rahmen von Fronleichnamsprozessionen aufgeführt.

Der einst heilige Tanz wird auch häufig als Touristenattraktion aufgeführt. Man mag das kritisch beurteilen. Schließlich wird hier religiöses Brauchtum – zumindest in den Augen der meisten Touristen – zum Jahrmarktsspektakel degradiert. Auf diese Weise aber werden so viele Menschen wie nur möglich mit einem Brauch vertraut gemacht, der an die Besuche von Außerirdischen im Maya-Reich erinnert.

Erstmals beobachtete ich den Tanz der »fliegenden Menschen« 1964. 1992 erlebte ich ihn ein zweites Mal – und verstand seine kosmische Bedeutung.

Der Flug der »Voladores«

Im Zentrum des Tanzes der fliegenden Menschen steht ein gewaltiger, etwa fünfzig Meter hoher Mast. An seiner Spitze ist ein hölzernes quadratisches Viereck angebracht. Es ruht auf einem Lager und kann sich wie ein Rad auf der Spitze des Mastes drehen.

Vier Indios, die es als große Ehre erachten, an dem Ritual teilnehmen zu dürfen, führen den mystischen Tanz auf. Sie beginnen am Erdboden. Sie umkreisen den Mast. Dabei vollführen sie stets einen Bewegungsablauf, der sich endlose Male zu wiederholen scheint. Sie gehen tänzelnd, verbeugen sich dabei tief, als wollten sie Mutter Erde ihre Reverenz erweisen. Dann werfen sie den Kopf wieder weit zurück in den Nacken und blicken zum Himmel empor, starren in jene Gefilde, aus denen nach ihrer Überzeugung zu Zeiten ihrer Vorvorväter die himmlischen Lehrmeister kamen.

Der Flug der »Voladores«

Vier Indios umtanzen den Mast, begleitet von geheimnisvollen Flötenklängen und dem Rhythmus einer schweren Trommel. Schließlich verstummt die Musik. Die Indios erklimmen in rascher Reihenfolge nacheinander den Mast. Einer von ihnen postiert sich auf der Spitze und beginnt zu tanzen. Um ihn herum dreht sich das hölzerne Viereck. Sein Zentrum stellt die Erde dar. Die vier Ecken symbolisieren die vier »Ecken« des Universums.

Das magische Quadrat wird in kreisende Bewegung versetzt. Während einer der Indios auf der Spitze des Pfahls tanzt, beginnt die eigentliche Zeremonie. Seine vier Kollegen schlingen Seile um den rechten Fußknöchel. Dann lassen sie sich kopfüber in die Tiefe fallen. Sie stürzen zu Boden, so wie einst die Götter der Urzeit aus dem All zur Erde niederfielen. Die Männer fallen aber nicht, sie fliegen. Sie umkreisen in immer schnelleren Bahnen den Mast. Die Seile laufen dabei so ab, daß die »Voladores« sich rasch der Erde nähern. Dabei haben sie die Arme weit ausgestreckt. Der Maya-Experte Peter Fiebag schreibt: »Sie symbolisieren das Herabkommen, den Flug menschenähnlicher Wesen aus dem Himmel – und ihre Landung auf der Erde.«

Der Gott Itzamna war womöglich der Auslöser dieses heute zirkusreif anmutenden Rituals. Er gilt als ein Vertreter der ältesten Göttergeneration und soll, so verkünden es verschiedene Inschriften, in grauer Vorzeit aus dem All, vom Himmel hoch, zur Erde gekommen sein. Das konnten doch nur Götter gewesen sein, himmlische Wesen, die ihre Gesichter hinter Masken verbargen. Die kosmischen Besucher wurden in alte Religionen integriert. Neue Glaubensvorstellungen und Heilige Mythen entstanden. Und immer geht es um Wesen aus dem All. Um Außerirdische, die einst auch nach Zentralamerika kamen, schon bevor es ein Maya-Reich gab.

Der Astronaut in der Gruft

Viele Jahrhunderte schlummerte eine der geheimnisvollsten Städte Zentralamerikas unter dem alles verschlingenden und überwuchernden Dickicht des gefräßigen Urwalds: Palenque.

Der üppigen Mutter Natur haben wir es zu verdanken, daß nicht alle Stätten, die zentral- und südamerikanische Kulturen hervorgebracht haben, von den barbarischen Europäern zerstört wurden. Angesichts der geradezu planmäßigen Verwüstung hochstehender Kulturen ist es längst keine Frage mehr: Nicht die Mayas, nicht die Inkas, nicht die Azteken waren die wahren Wilden, sondern die christlichen Europäer, die mit unerträglicher Verachtung auf die Vertreter rätselhafter Kultur herabblickten.

Rätsel einer Ruinenstadt

Palenque als Name ist jung, nur wenige Jahrhunderte alt. Gewählt wurde die Bezeichnung von den Spaniern. Sie heißt verdeutscht so viel wie »befestigte Häuser«. Wie die Stadt im tiefsten Urwald einst hieß, das ist ebenso unbekannt wie ihr Alter. Nach dem studierten Religionswissenschaftler White Bear Fredericks, er wurde in der Hopi-Reservation Old Oraibi in Arizona geboren, geht sie auf Besucher aus dem All zurück. Hier sollen einst die »Katchinas« gewirkt haben, himmlische Lehrmeister, die Menschen in einer Art Universität in die Geheimnisse des Universums eingeführt haben.

1773 wurden Antonio de Solis, dem Kurator von Tumbala, im heutigen Chiapas gelegen, Gerüchte zugetragen. Angeblich hatte man mitten im Urwald die Reste steinerner Bauten entdeckt. Auch der Priester Romand Ordonez erfuhr in Ciudad Real von den geheimnisvollen Ruinen. Der Gottesmann befahl sofort, den Dingen auf den Grund zu gehen, und ließ einen Erkundungstrupp zusammenstellen. Die Männer stießen tatsächlich keine sechs Kilometer von Santo Domingo entfernt auf die gut erhaltenen Ruinen einer mysteriösen Stadt. Sie waren freilich vom üppigen Pflanzenwuchs des Urwalds überwuchert.

Der Offizier Antonio del Rio war der erste Europäer, der in Palenque graben ließ. Er kam am 3. Mai 1787 in der Stadt an. Alles andere als ein Wissenschaftler, suchte er freilich mehr nach Gold als nach wissenschaftlich verwertbaren Hinweisen und wurde bitter enttäuscht. Er ließ schlechtbezahlte Indios mit brachialer Gewalt sporadisch graben. Kostbarkeiten aus Edelmetall wollten sich keine finden lassen. Archäologische Kostbarkeiten wurden mit Sicherheit zerstört. So ganz mit leeren Händen wollte del Rio freilich auch nicht die Moskitohölle im Urwald verlassen. Also ließ er willkürlich archäologische Artefakte einsammeln, 25 Zeichnungen anfertigen und trat dann erleichtert den Rückweg an. Seine indianischen Arbeiter waren froh über jede Minute, die sie nicht länger in den Gemäuern der Ruinen verbringen mußten. Sie waren davon überzeugt, daß es dort spukte. Steinerne Skulpturen, die zwischen grünem Gestrüpp hervorragten, versetzten sie in Angst und Schrecken. Der karge Lohn, der ihnen gezahlt wurde, war mehr als bescheiden.

Bei den Geistlichen in Zentralamerika stieß del Rio mit seinem Bericht über die Expedition in den Urwald auf vollkommenes Desinteresse. Seine Aufzeichnungen aber gelangten auf Umwegen nach Europa. 1822 wurden sie in London als schmales Bändchen in Druck gegeben. So erfuhr Jean-Frederic Graf von Waldeck von der geheimnisvollen Ruinenstadt. Er mußte vor Ort ergründen, was es da im Urwald wirklich zu sehen gab.

Die Maya-Stadt Palenque

141

Leider war der Graf von Waldeck so gut wie mittellos. Vergeblich suchte er nach wohlhabenden Sponsoren für eine Forschungsreise. Schließlich rief er die Bevölkerung zu einer Spendenaktion auf. Da nur umgerechnet 3 000 Dollar zusammengekommen waren, hätte das eigentlich das Ende der Aktion bedeutet, noch bevor sie richtig begonnen hatte. Graf von Waldeck aber war ein hoffnungsloser Optimist und brach 1822 nach Mexiko auf. Wenn er auch kaum Geld hatte, so bekam er doch ein beeindruckendes amtliches Dokument. Die Regierung erteilte ihm die Genehmigung dazu, Palenque dem Urwald zu entreißen, die einzelnen Bauten zu erkunden und zu erforschen. Finanzielle Mittel wurden ihm keine zur Verfügung gestellt.

Wenig beeindruckt zeigten sich die Indios vor Ort von des Grafen amtlichen Schriftstücken. Ihnen war es herzlich gleichgültig, ob der verrückte Europäer im Urwald buddeln durfte oder nicht. Sie wollten Bares sehen. Schließlich waren sie bettelarm und mußten ihre Familien ernähren. Wenn man nicht weiß, wovon man am nächsten Tag leben soll, ist das Interesse an wissenschaftlicher Erforschung der Vergangenheit meist eher bescheiden.

Der Graf von Waldeck machte gleich zu Beginn seines Urwaldaufenthalts eine sensationelle Entdeckung. Legten doch seine indianischen Helfer eindeutig steinerne Skulpturen von Elefanten frei. Nach dem bis heute gültigen Geschichtsbild können die Steinmetzen von Palenque aber niemals jene rüsselbewehrten großohrigen Tiere zu Gesicht bekommen haben. Woher sollten aber die Bewohner der Stadt Palenque zu ihren Informationen gekommen sein?

Je länger der von der Erforschung der Frühgeschichte förmlich besessene Graf von Waldeck arbeitete, desto verdächtiger wurde er einigen lokalen Beamten. Schließlich wurde gar das böse Gerücht in Umlauf gesetzt, er habe die Ruinenstätte geplündert und wertvollste Schätze außer Landes gebracht. Der Adelige bekam es mit der Angst zu tun, fürchtete um sein Leben und verließ überstürzt das Land. 1838 erschien sein Buch *Romantische Reise in Yukatan*. Dieses Werk wiederum begeisterte den Amerikaner John Lloyd Stevens. Zusammen mit dem genialen Maler Frederick Catherwood bereiste er Südamerika. Unter anderem besuchte er auch Palenque.

Heutige Reisende in Sachen Prä-Astronautik haben es bequem. Sie können in durchaus akzeptablen Hotels direkt vor Ort logieren. John Lloyd Stevens und Frederick Catherwood hatten es da schon schwerer. Sie mußten ihr bescheidenes Lager direkt in den Ruinen aufschlagen. Stechmücken, Zecken, Schlangen und anderes Getier machten den Aufenthalt zur Qual.

Diese mehr als widrigen Umstände taten der Begeisterung der Amerikaner keinen Abbruch. John Lloyd Stevens notierte in seinem Tagebuch: »Nichts hat mich im Roman der Weltgeschichte mehr beeindruckt als diese spektakuläre und liebliche Stadt.«

Geradezu ehrfürchtig erkannten die begeisterten Forscher, daß die Erbauer von Palenque über einen technischen Standard verfügt haben müssen, der dem europäischen ihrer »modernen Zeiten« haushoch überlegen war. Ein komplexes Röhrensystem war nur noch in Teilbereichen erhalten. Das Wasser, das in der Regenzeit in Massen auf Tempeldächer herabprasselte, wurde in ein präzise angelegtes Röhrensystem gelenkt und in unterirdischen Zisternen gespeichert.

Entdeckt wurden auch zahlreiche unterirdische Tunnels, deren Sinn bis heute nicht geklärt werden konnte. Allem Anschein nach gab es einst eine weitläufige, komplex angelegte Unterwelt. Wozu? Wurden in den Hallen und Gängen tief unter der Erde mysteriöse Riten abgehalten, die im Zusammenhang mit der Welt der Verstorbenen standen?

Seit Jahrzehnten versuchen Wissenschaftler aus aller Welt, ganz fundamentale Fragen zu beantworten. Wann wurde Palenque gegründet? Wann endete seine Geschichte? Nach dem Hopi-Häuptling White Bear beginnt die Geschichte Palenques mit der Gründung einer Universität durch die himmlischen Lehrmeister. Geht man nach verschiedenen Jahresangaben, die an verschiedenen Gebäuden der Urwaldstadt angebracht sind, dann ist sie in der Tat uralt. Professor Herbert J. Spinden hat eine Vielzahl von verblüffenden Jahreszahlen in Inschriften gefunden, die in weit zurückliegende Zeiten zurückreichen. Im »Tempel des Kreuzes« sind notiert (auf unser auf Christus hin ausgerichtetes System umgerechnet): der 7. Februar 3379 v. Chr., der 8. April 3371 v. Chr. und der 21. Dezember 2619 v. Chr. Ähnlich frühe Daten wurden in Inschriften im »Tempel der Sonne« und im »Tempel des Blattkreuzes« verewigt: der 8. Januar 2618 v. Chr. und der 20. April 2584 v. Chr. Derlei Daten kann die Archäologie freilich nicht erklären.

Nicht minder mysteriös ist auch das Ende von Palenque. Im siebten nachchristlichen Jahrhundert soll es eine wahre Urwaldmetropole gewesen sein. Die zahlreichen prunkvollen Gebäude erstreckten sich über ein Areal von immerhin etwa acht Quadratkilometern.

Was aber wurde aus der Stadt? Sie wuchs über einen längeren Zeitraum heran, gedieh prächtig und erreichte einen Höhepunkt. Dann aber wurde sie urplötzlich, von einem Moment zum anderen, aufgegeben und verlassen. Niemand weiß, warum die Menschen ihre mit so viel Mühe erkämpfte Heimat so plötzlich gegen eine völlig unklare Zukunft im Nirgendwo eintauschten. Niemand vermag zu sagen, was aus ihnen wurde.

Das Geheimnis der Gruft

Das imposanteste Gebäude von Palenque ist zweifelsohne der »Tempel der Inschriften«. Er thront in einundzwanzig Metern Höhe auf einer Stufenpyramide, die aus acht aufeinandergesetzten Plattformen besteht. Zunächst war man davon überzeugt, daß das Bauwerk ganz typisch für die mittelamerikanische Architektur sei. Im Gegensatz etwa zu Ägypten galten Pyramiden als Unterbauten von Tempeln, nicht als Grabstätten.

Doch 1949 machte der mexikanische Archäologe Dr. Alberto Ruiz Lhullier eine bedeutsame Entdeckung. Zahllose Archäologen hatten die wuchtige Bodenplatte übersehen. Dr. Alberto Ruiz Lhullier ließ sie entfernen. Vor ihm öffnete sich ein Treppenschacht. Der war freilich bis zur Oberkante mit Steinbrocken aufgefüllt.

Der Tempel der Inschriften

Die erhoffte Sensation ließ auf sich warten. Tonnen von
Schutt mußten abgetragen werden, bis Lhullier endlich drei
Jahre später, am 15. Juni 1952, vor einer dreieckigen, massiven Steintür stand. Sie wurde geöffnet. Lampen wurden herbeigeschafft und erleuchteten ein märchenhaft-mystisches
Szenario. Dr. Alberto Ruiz Lhullier notierte in seinem Tagebuch, was er sah:

> »Ich betrat einen großen, leeren Raum, eine Art Eisgrotte,
> deren Wände und Decke mir vorkamen wie perfekte
> Flächen, wie eine aufgegebene Kapelle, von deren Decke
> ganze Vorhänge von Stalaktiten hingen, als ob es tropfende
> Kerzen wären.«

Dr. Lhullier wollte sofort erkunden, was sich in der geheimnisvollen unterirdischen Gruft (neun Meter lang, vier Meter
breit und sieben Meter hoch) befand. Er ließ das Meer von
Stalaktiten abschlagen und aus der Krypta entfernen. In ver-
ständlichem Übereifer wurde so eine Chance der Datierung
verschenkt. Man hätte nämlich anhand der Tropfsteine genau
feststellen können, wie lange es gedauert haben muß, bis sie

145

ihre beeindruckende Größe erreicht hatten. Vielleicht wüßten wir dann heute mehr über das Geheimnis der Gruft.

Am Boden des Raums tief unter der Pyramide, zu dem ein beschwerlicher, verwinkelter Gang führt, entdeckte Dr. Lhullier einen beeindruckenden steinernen Sarkophag. Es kostete enorme Anstrengungen, den gewaltigen Sargdeckel zu entfernen. Der hat beachtliche Ausmaße: Er ist 3,80 Meter lang, 2,20 Meter breit und 25 Zentimeter dick. Er ruht, zehn Tonnen schwer, auf einem zwanzig Tonnen schweren Sarg. Darin wurde ein Skelett gefunden. Der reiche Jadeschmuck, die kostbare Gesichtsmaske ließen darauf schließen, daß hier ein wichtiger Würdenträger bestattet worden war. In Kreisen der Archäologie ist man sich heute weitestgehend darüber einig, daß hier der Fürst Pacal seine letzte Ruhe fand.

Pacal wurde anno 603 n. Chr. geboren. Dieses Datum ist in mindestens fünf verschiedenen Inschriften in Palenque verzeichnet, kann also als gesichert angesehen werden. Bereits 615, also im dreizehnten Lebensjahr, wurde Pacal zum höchsten Würdenträger Palenques ernannt. Dieses wichtige Datum taucht an sechs verschiedenen Stellen in Palenque in Inschriften auf. Es wird mit einem kosmischen Ereignis in Verbindung gebracht. Genau 455 393 761 Tage vor dieser Inthronisation soll eine Sternengottheit zum Herrscher von Palenque ernannt worden sein, das sind rund 1 250 000 Jahre. Der Name dieses mythischen Wesens ist unbekannt. Die verwendete Glyphe läßt aber darauf schließen, daß sie mit dem Planeten Mars in Verbindung gebracht wurde.

Rudolf Eckhardt, ein profunder Kenner der Geheimnisse der Mayas, führt dazu aus: »Doch wie ist die Verbindung Pacals über eine Sternengottheit zum Mars konkret erklärbar? Natürlich wollte Pacal seinen Legitimitätsanspruch aus direkter Abfolge von den uranfänglichen Göttern herleiten. Doch was geschah vor mehr als 1 250 000 Jahren in unserem Planetensystem?« Sollte damals nach Überzeugung der Mayas ein Besuch außerirdischer Intelligenzen auf der Erde stattgefunden haben?

Zurück zur Biographie Pacals. Mit 23 heiratete er eine vornehme Frau, der ebenfalls eine mythologisch-göttliche Herkunft nachgesagt wurde. Sie starb im Alter von 46 Jahren und 240 Tagen. Pacal war damals 69 Jahre alt. Wann aber endete Pacals Leben? Unmittelbar nach der Öffnung von Pacals Sarkophag wurde erstmals eine Untersuchung des Skeletts vorgenommen. 1974 wurde ein zweites Gutachten erstellt, das das erste voll und ganz bestätigte. Demnach starb Pacal im Alter von 40 Jahren. Nach Maya-Inschriften aber erreichte der Fürst ein fast schon biblisches Alter von 80 Jahren und 158 Tagen.

Wie ist diese Diskrepanz zu erklären? Stimmen die so präzise angegebenen Daten gar nicht? Das ist wenig wahrscheinlich. Rudolf Eckhardt:

> »Es existiert kein Hinweis, der zwingend vermuten läßt, daß Geburts- oder Todesdaten jemals ›zurechtgebastelt‹ oder gefälscht wurden. Astrologische Korrelationen oder Zahlenspielereien lassen sich in diesem Zusammenhang nicht nachweisen.«

Vor Jahrzehnten staunte die Fachwelt ob der Tatsache, daß unter der Pyramide von Palenque ein Fürst bestattet worden war. Man sprach von einer einzigartigen Ausnahme, was sich als Irrtum herausstellte. Denn inzwischen ist bekannt, daß auch Pyramiden in anderen Maya-Städten, etwa in Mamialiyuyu und Tikal, Gräber enthielten. Es wurde aber kein einziger Fall bekannt, wonach eine Gruft einen anderen Leichnam beherbergte, als in den entsprechenden Inschriften angegeben.

Wie ist der »unmögliche« Sachverhalt zu erklären, daß Pacal zwar nach allen Inschriften über 80 Jahre alt wurde, sein imposanter Sarkophag aber die Gebeine eines Mannes enthält, der mit etwa 40 Jahren starb?

Gibt es eine einleuchtende Erklärung dafür, daß Pacal im Alter von über 80 Jahren das Zeitliche segnete, biologisch aber nur 40 Jahre alt wurde? Eine zweifelsohne kühne Spekulation ist möglich. Um sie verständlich zu machen, muß ein phantastisches Szenario durchgespielt werden.

Nehmen wir an, Pacal stand in Verbindung mit vorgeschichtlichen Außerirdischen. Nehmen wir weiter an, daß der Fürst eine Zeitlang – ähnlich wie Hesekiel – an Bord eines

Raumschiffes genommen wurde. Seit Einstein wissen wir, daß Zeit nicht gleich Zeit ist. An Bord eines beschleunigten Raumschiffs vergeht die Zeit langsamer als auf dem Heimatplaneten. Ist das die Erklärung? War Pacal also an Bord eines Raumschiffs? Wurde sein Körper eine gewisse Zeitlang – an Bord, mit dem Raumschiff – beschleunigt? Dann wäre es möglich, daß der Fürst nach irdischer Zeitrechnung über 80 Jahre alt wurde. Da während des Raumflugs die Zeit für ihn – je nach Beschleunigung – langsamer ablief, wäre er entsprechend weniger gealtert. Ist dies die Antwort? Vergingen nach irdischer Zeitrechnung zwischen Pacals Geburt und Pacals Tod mehr als 80 Jahre, und wurde Pacal doch – wegen eines Aufenthalts im All – biologisch nur etwa 40 Jahre alt?

Das von mir entworfene Szenario wirft eine grundlegende Frage auf: Gibt es einen Zusammenhang zwischen Pacal und Raumfahrt?

Pacal und das Raumschiff

Die Grabplatte von Palenque wurde 1968 durch Erich von Däniken weltberühmt. Zierte doch eine zeichnerische Darstellung des Reliefs Dänikens Erstling *Erinnerungen an die Zukunft.*

Erich von Däniken trug eine raumfahrttechnische Interpretation der Steingravur vor:

»Da sitzt ein menschliches Wesen mit dem Oberkörper vorgeneigt, in Rennfahrerpose vor uns; sein Fahrzeug wird heute jedes Kind als Rakete identifizieren. Das Vehikel ist vorne spitz, geht über in merkwürdig gerillte Ausbuchtungen, die Ansauglöchern gleichen, wird dann breiter und endet im Rumpf in eine züngelnde Feuerflamme. Das Wesen selbst, vornübergeneigt, bedient mit den Händen eine Reihe unidentifizierter Kontrollgeräte und setzt die Ferse des linken Fußes auf eine Art Pedal. Seine Kleidung ist zweckentsprechend: eine kurze, karierte Hose mit einem breiten Gurt, eine Jacke mit modernem japanischem Halsausschnitt und dicht abschließende Arm- und Beinbänder.

Es würde, in Kenntnis korrespondierender Darstellungen, verwundern, wenn der komplizierte Hut fehlen würde. Er ist da, mit Ausbuchtungen und Röhren. Unser so deutlich dargestellter Raumfahrer ist nicht nur durch seine Pose in Aktion – dicht vor seinem Gesicht hängt ein Gerät, das er starrend und aufmerksam beobachtet. Der Vordersitz des Astronauten ist vom hinteren Raum des Fahrzeugs, in dem man gleichmäßig angeordnete Kästen, Kreise und Spiralen sieht, durch Verstrebungen abgetrennt.«

War das des Rätsels Lösung? Däniken fand Unterstützung im Lager der Raumfahrttechniker. So schrieben Dr. Wolfgang Briegleb und Professor Dr. Siegfried Ruff, beide damals tätig bei der »Deutschen Versuchsanstalt für Luft- und Raumfahrt«, Bonn:

»Einer der beeindruckendsten optischen Belege für Dänikens Thesen scheint uns die Grabplatte von Palenque zu sein. Man muß sich hier wirklich Gewalt antun, um nicht mit den Augen unserer Tage eine stilisierte Gemini- oder Wostok-Kapsel zu erkennen. Die Körperhaltung der dargestellten menschlichen Gestalt ist eigentlich nur sinnvoll, wenn sie eine Beschleunigung in Richtung Brust-Rücken erhält. Daß der hypothetische Raketenpilot zudem anscheinend hemdsärmelig fliegt, ist uns eine inzwischen vertraute Vorstellung.«

Eine wichtige Frage muß in diesem Zusammenhang beantwortet werden. Reicht es aus, wenn zwei Raumfahrtwissenschaftler im Palenque-Relief etwas Raumfahrttechnisches zu erkennen meinen? Oder muß man den Herren Betriebsblindheit unterstellen? Denken sie voreingenommen in Raumfahrt-Kategorien? Neigen sie deshalb voreilig dazu, Raumfahrttechnisches zu erkennen, wo vielleicht etwas ganz anderes dargestellt wurde?

1985 wirkte ich an einem interessanten Projekt mit, das die Autoren Dr. Johannes Fiebag und Peter Fiebag initiiert hatten. Ziel des Projekts war es, Fachwissenschaftler und Experten nach Indizien dafür suchen zu lassen, daß es denn tatsächlich in der Vergangenheit Besucher aus dem All auf der Erde gegeben hat. Und ob sie Spuren hinterlassen haben, die eindeutig als solche zu erkennen sind.

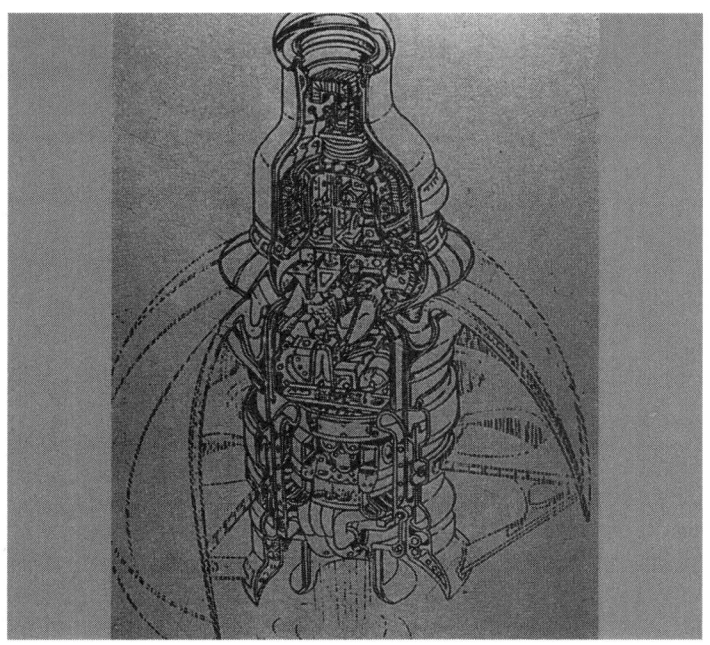

Làszlo Tóths technische Interpretation der Grabplatte von Palenque

Der ungarische Diplom-Ingenieur Làszlo Tóth nahm sich der Palenque-Grabplatte an und verfaßte die umfangreiche Abhandlung *Die technische Interpretation des Palenque-Reliefs*. Briegleb und Ruff hatten augenscheinliche Ähnlichkeiten zwischen der Reliefdarstellung aus der Gruft von Palenque und einer Kapsel à la Gemini- oder Wostok-Kapsel erkannt. Làszlo Tóth beließ es nicht bei oberflächlichen Spekulationen. Er studierte vielmehr die detailreiche Grabplatten-Darstellung und legte die technische Rekonstruktion eines Raumschiffes vor. Jede noch so unscheinbare Einzelheit hatte eine ganz konkrete technische Funktion. Staunend erkennt selbst der Laie, daß der unbekannte Steinmetz eine nur als grandios zu bezeichnende Leistung vollbracht hat. Der Maya-Künstler, der keine Ahnung von moderner Raumfahrttechnik gehabt haben kann, lieferte einen Beweis, der von seiner Qualität her mit den so überaus präzisen Texten des biblischen Hesekiel verglichen werden muß.

Der Ingenieur Làszlo Tóth erklärt:

»In Gedanken entfernen wir die reinen Symbole, zeichnen nach den Gesetzen der technischen Zeichnung die sichtbaren Kanten und Konturen nach, ziehen wir die Mittellinie (da das Raumschiff ein Drehkörper ist) und setzen den Piloten in den Sitz. Das Bild ändert sich sofort: eine technische Zeichnung, auf der wir den Querschnitt des ganzen Raumschiffes in den richtigen Maßverhältnissen sehen. Auf einen 1,80 Meter großen Durchschnittsmenschen bezogen ist der Durchmesser des Raumschiffes ungefähr vier Meter und die Höhe ungefähr neun Meter. Das Raumschiff ist einstufig und hat keinen Wärmeschutzschild. Aus beiden Erkenntnissen können wir weitgehende Schlußfolgerungen ziehen.«

Der Ingenieur Làszlo Tóth ist sogar dazu in der Lage, sich wissenschaftlich präzise zum Antrieb des Palenque-Raumschiffes zu äußern:

»Zwischen die doppelten Wände der Düse wird flüssiger Wasserstoff geführt, der sich dort erwärmt und verdampft. Das Wasserstoffgas wird sodann in den Plasma-Umformer und dann in den Kernfusionsreaktor geleitet, in dem durch Felder einer Magnetspule das Wasserstoffplasma auf 100 000 000 Grad erhitzt wird und Helium entsteht. Das glühende Heliumplasma wird schließlich von den magnetischen Feldern der Antriebsaggregate ausgestoßen, und zwar mit sehr hoher Geschwindigkeit. Am mittleren Teil des Torus (Ringfläche) befindet sich der mit einem Supraleiter umwickelte Generator, der die elektrische Energie für die ›Zündung‹ des Kernreaktors liefert.«

Das Palenque-Relief aus der geheimnisvollen Gruft enthüllt dem Ingenieur letztlich jedes wichtige Detail. So wird auch die Frage beantwortet, was denn die Energie für den Generator liefert:

»Vermutlich ein kinetischer Energiespeicher, der sich hinter dem Astronauten befindet. Jener ist eigentlich eine große, mit 15 000 bis 20 000 Umdrehungen je Minute rotierende Metallscheibe, die sich in den Feldern supraleitender Magnete und im Vakuum dreht. Sie hat also keine Berührung mit anderen Maschinenteilen, und es gibt nichts, das die Bewegung hemmt. So kann sie über lange Zeit rotieren und behält 98 Prozent ihrer kinetischen Energie bei. Die Energie wird von einer magnetischen Kupplung entnommen und dem Generator übergeben.«

Astronaut – oder was?

Obwohl ich ein überzeugter Anhänger der Prä-Astronautik bin, will ich den Advocatus Diaboli spielen: Raumfahrt-Techniker mögen das Palenque-Relief in ihrem Sinne, also raumfahrttechnisch, interpretieren. Sind aber nicht Maya-Experten gefragt, wenn es um Maya-Kunst geht? Ich gebe zu Protokoll: Wenn die Maya-Experten zumindest in zentralen Punkten die Darstellung auf der Steinplatte übereinstimmend deuten könnten, würde ich die »Astronautentheorie« als erledigt ansehen. Ich würde Palenque von der Hitliste der Indizien streichen. Der Versuch einer Einigung im Kreise der Archäologen wurde tatsächlich unternommen.

1973 veranstaltete man in Palenque einen Fachkongreß mit dem Ziel, sich auf die allgemeingültige Interpretation zu einigen. Dazu kam es nicht. Statt dessen wurde deutlich, daß in der Welt der archäologischen Experten eine geradezu babylonische Sprachverwirrung besteht. So meint Paul Rivet: »Dargestellt wird ein Indianer, auf dem Opferaltar sitzend. Hinter seinem Sitz sind stilisierte Barthaare des Wettergottes eingraviert.« Miloslav Stingl indes meint, »die Menschengattung schlechthin« sei dargestellt, keine konkrete Person. »Das

Kreuz, das aus seinem Körper wächst, symbolisiert den lebensspendenden Mais.« Marcel Brion hätte es lieber konkreter: »In der Mitte der Grabplatte ist die Gestalt eines Menschen ausgehauen, vielleicht das Porträt des Toten, mit Schmuck bedeckt, den Rumpf stark nach rückwärts gebogen, ruht er auf einer großen Maske, die den Gott der Erde, den Tod, darstellt.« Robert J. Sharer behauptet: »Die Szene zeigt den Herrscher Pacal, der in den geöffneten Rachen des Unterweltmonsters stürzt.« Von einem stürzenden Menschen, von Tod und Unterwelt will Pierre Ivanoff wiederum gar nichts wissen. Da stürze auch kein Wesen hinab, vielmehr gleiche der Mann in seiner »aufschnellenden Haltung dem entstehenden Lebens«. Ivanoff: »Sein Gesicht erinnert an das des Maisgottes, er könnte deshalb die Inkarnation der keimenden Natur sein.« Dem kann Linda Schele gar nicht zustimmen: »Das Bildnis zeigt den Augenblick von Pacals Tod und seinen Sturz in die Unterwelt.« Am unteren Ende sei das »Sonnenmonster« zu sehen.

Studiert man sorgsam die unterschiedlichen Aussagen der Archäologen, so stellt man aber auch Übereinstimmungen fest – und die können ganz im Sinne der raumfahrttechnischen Interpretation gesehen werden. So lesen wir bei Schele, Freidel und Miller, die dargestellte Person liege »im kreuzförmigen Weltenbaum«.

»Entlang dieser Achse steigen die Seelen der Toten und die Götter aus dem Jenseits auf, wenn sie im Visionsritus herbeibeschworen wurden, und auf demselben Weg kehrten sie auch wieder dorthin zurück.«

Der Maya-Experte Peter Fiebag kommentiert sachkundig:

»Wie und auf welche Weise Götter in einem Visionsritus imaginiert wurden, ist derzeit umstritten. Wieso Götter auf der Zentralachse des Kosmos aus dem Jenseits kommen sollen, ist ebenfalls erklärungsbedürftig. Mir scheint die Annahme, hier solle ausgesagt werden, die ›Götter‹ kämen unmittelbar aus dem Kosmos, seien von dort zur Erde herabgestiegen und anschließend wieder dorthin zurückgekehrt, das naheliegendste.«

Dr. Hermann Burghardt verdeutlicht, daß der »Weltenbaum« kein spezifisches Maya-Symbol ist. Nach Ansicht des Wissenschaftlers ist er identisch mit dem sumerischen »Lebensstrahl«. Die Glyphe für den »Maya-Lebensbaum« alias »Lebensstrahl« lautet »Wacah Chan« oder »sechs Himmel«. Der »Wacah Chan« findet im sumerischen »USHUM GAL.AN.NA«, im »großen Drachen am Himmel« seine Entsprechung.

Die Übereinstimmungen zwischen Mayas und Sumerern sind verblüffend. Nach der Maya-Literatur befindet sich Pacal auf der Grabplatte »auf dem Weg nach Xibalba«. Dieses Ziel, auch Zibalba oder Tibalba geschrieben, gibt es auch im Sumerischen. Dr. Burghardt:

»Die beiden sumerischen Wörter sind dabei gleichwertig, da zi oder ti im Deutschen sowohl ›Leben‹ als auch ›Pfeil‹ heißen können. Das Zeitwort ›bal‹ bedeutet ›hinübergehen, herübergehen‹. Man darf auch ›herüberkommen‹ verstehen. Das sumerische ›ba‹ hat seinerseits den Wert ›zuteilen, zugeteilt‹. Xibalba, wo Pacal hinfliegt, ist demnach im Sumerischen der Ort, von dem der Pfeil herkam. Dazu darf angemerkt werden, daß der Pfeil auch als Symbol für Rakete benutzt wird. Welche Bedeutung man auch annimmt: Dem Maya-Xibalba entspricht auf sumerisch der Ort der Lebensherkunft. Pacal befände sich nach Maya-Aussage also auf dem Weg zum ›Ort der Lebensherkunft‹.«

Wo aber ist dieser Ort zu suchen?
Der Entdecker von Kammer und Grabplatte Lhullier jedenfalls sieht durchaus Kosmisches dargestellt:

»Wir erblicken auf dem fraglichen Stein einen Mann, umgeben von astronomischen Zeichen, die den Himmel bedeuten, die räumliche Begrenzung der Menschenerde und die Götterheimat, in welcher die unwandelbare Bahn der

Gestirne den unerbittlichen Rhythmus der Zeit kennzeich-
net.«

Sehen wir auf der heiß diskutierten Steinplatte von Palenque also ein menschliches Wesen, das dorthin zurückkehrt,
von wo die Rakete der Götter kam? Begibt sich Pacal – oder
wer auch immer – auf die Reise in die Götterheimat? Am oberen Ende des »Weltenbaums« jedenfalls ist das »Himmels-
monster« dargestellt. »Mit seiner Existenz an den äußersten
Grenzen des Alls«, schreiben Schele und Freidel, »verkörpert
das kosmische Monster den Verbindungsweg zwischen natür-
licher und übernatürlicher Welt.«
Wir sehen also ein menschliches Wesen, das in einer Rakete
sitzt und das sich auf dem Weg zu den äußersten Grenzen des
Alls befindet.

Monstergräber, Pyramiden und Astronautengötter

Die Geheimnisse der Unterwelt von Sakkara

Im Jahre 1850 reiste der französische Forscher Auguste Mariette auf der Suche nach altägyptischen Papyrus-Texten nach Kairo. Er hoffte, das koptische Patriarchat werde ihm helfen, denn der Wissenschaftler war sich seiner Sache ganz sicher. Ganz gewiß würden in so manchem Kloster wertvollste Texte aus frühen ägyptischen Zeiten verwahrt. Doch das koptische Patriarchat beantwortete seine Anfrage überhaupt nicht. Man vertröstete ihn. Ihm wurde erklärt, man müsse seinen Antrag erst ausführlich besprechen.

Enttäuscht schlenderte Auguste Mariette gedankenverloren über den Basar von Kairo. Er ging schlechtgelaunt von einem Antiquitätengeschäft zum anderen. Dabei stieß er immer wieder auf Kostbarkeiten: auf echte, wirklich antike Sphingen. Sie stammten aus Sakkara.

Als der Gelehrte am 20. Oktober immer noch keine Antwort auf seine Anfrage wegen der altägyptischen Papyri erhalten hatte, wandte er sich neuen Zielen zu. Er hatte einen neuen Traum. Er würde auch weiterhin versuchen, die Geheimnisse der fernen Vergangenheit zu entschlüsseln. Aber er wollte einen direkteren Weg einschlagen, als alte Texte zu studieren. Er würde Ausgrabungen vornehmen. Er würde die Spuren der Vergangenheit selbst ausfindig machen und studieren.

Auguste Mariette stellte spontan eine kleine Karawane zusammen. Er kaufte ein Zelt, verstaute, was er zum Leben unbedingt benötigte, in ein paar Kisten und lud alles auf ein paar Esel. Dann zog er los. Seine Reise in die Vergangenheit hatte begonnen.

Zunächst zog es ihn mit schier magischer Anziehungskraft zur großen, nach Cheops benannten Pyramide. Dort wollte er mit seinen Forschungen beginnen. Bald mußte Auguste Mariette aber einsehen, daß der störende Touristentrubel ein wissenschaftliches Vorgehen unmöglich machte. Also packte der energische Franzose seine Utensilien wieder auf seine Esel und wandte sich einem neuen Ziel zu: den damals noch unerforschten Gefilden von Sakkara.

Die gigantische Stufenpyramide von Sakkara

Suche in Sakkara

Die berühmte Stufenpyramide von Sakkara war damals freilich noch nicht zu sehen. Das Monument des Pharao Djoser (2630–2611 v. Chr.) lag noch unter Sand- und Gesteinsmassen verborgen.

Auguste Mariette bewies einen ausgezeichneten »Riecher«. Er spürte da und dort um Geröll herum, grub da und dort etwas im Sand und machte eine erste Entdeckung. Er legte das

Haupt einer Sphinx frei. Sollte er an den geheimen Ort gekommen sein, der nur wenigen Grabräubern bekannt war und die die Antiquitätenläden von Kairo mit echten Sphinx-Statuetten belieferten?

Auguste Mariette sah auch nicht mehr als zahlreiche Archäologen vor ihm, die ebenfalls Sakkara und Umgebung besucht hatten. Der französische Forscher aber hatte Phantasie und kombinierte besser. Unweit der ersten von ihm entdeckten Sphinx lag unbeachtet im Staub eine steinerne Tafel mit Hieroglyphen. Auguste Mariette konnte nur ein einziges Wort lesen: »Apis« – »Stier«. Und schon kombinierte er: War er auf die Spur des antiken ägyptischen Kults vom »Heiligen Stier« gestoßen? Hatte er die Stätte gefunden, die bereits der Historiker Strabon (63 vor Christus bis 26 nach Christus) im ersten Kapitel seiner »Erdbeschreibung« schildert?

»Nahe ist auch Memphis selbst, der Königssitz der Ägypter; denn vom Delta bis zu ihr sind drei Schoien (16,65 Kilometer). Sie enthält an Tempeln zuerst den des Apis, welcher derselbe ist mit Osiris. Hier wird der für einen Gott gehaltene Stier Apis in einer Tempelhalle unterhalten. Auch ein Serapis-Tempel ist daselbst an einem sehr sandigen Orte, so daß vom Winde Sandhügel aufgeworfen werden, von welchen wir die Sphingen teils bis zum Kopfe verschüttet, teils halb bedeckt sahen.«

Auguste Mariette wurde von Entdeckerleidenschaft gepackt. Am liebsten hätte er sofort losgegraben. Aber wo anfangen? Er heuerte dreißig Einheimische an, stattete sie mit Schaufeln und Pickeln aus – und ließ sie Berge von Erdreich und Sand abtragen. Hauptsächlich mußten sie erkunden, was sich denn unter jenen seltsamen Hügeln verbarg, die sich in sehr großer Zahl knapp über den ausgedörrten Wüstenboden erhoben.

Es waren Sphingen. Eine Sphinx nach der anderen wurde freigelegt – insgesamt 134 Stück. Jetzt war Mariette felsenfest davon überzeugt, den Jahrtausenden ein Mysterium entreißen zu können. Er würde die nach den Schriften des Historikers

Diodor von Sizilien prunkvoll bestatteten heiligen Stiere finden! Auch seine Arbeiter wurden von Entdeckerfieber erfaßt. Sie buddelten, gruben sich durch Berge von Sand und Dreck. Sie machten sensationelle Entdeckungen. Kostbare Schätze traten zutage: unzählige Statuen von Falken, Panthern und Göttern. Ein Stierbildnis war auch dabei. In einem Tempelchen, von der Architektur am ehesten mit einer Kapelle zu vergleichen, ruhte stoisch gelassen die kunstvoll aus Kalkstein gearbeitete Skulptur eines Apis-Stieres.

Wo aber war der Eingang zu der Gruft mit den Stieren? Auguste Mariette fühlte sich ganz nah am Ziel. Da tauchten Soldaten im Auftrag der ägyptischen Regierung auf, und ein gewichtiger Beamter untersagte jede weitere Ausgrabung. Man unterstellte dem Archäologen, kostbare Schätze außer Landes zu schaffen.

Archäologie mit Dynamit

Tage der auferlegten, erzwungenen Tatenlosigkeit folgten. Derweil wurde auf diplomatischer Ebene verhandelt. Mariettes Auftraggeber hatten längst vergessen, daß sie den jungen Mann mit einem ganz anderen Auftrag ins Land der Pharaonen gesandt hatten. Sie waren von seinen unerwarteten Funden begeistert und schickten dreißigtausend französische Francs, damals ein beachtliches Vermögen. Und sie erreichten, daß Mariette wieder graben durfte.

Die Warterei hatte ihn noch ungeduldiger gemacht. Er hatte das Gefühl, daß ihm die Zeit davonlief. Also griff er zu drastischen Methoden, die aus der Sicht wissenschaftlicher Archäologen von heute barbarisch anmuten. Er ließ Unmengen von Dynamit zünden und hoffte, so größere Hohlräume im Boden ausfindig machen zu können.

Immer wieder kamen kleine Figürchen und unterschiedlichste Amulette ans Tageslicht. Wo aber war der gesuchte Eingang zu der Gruft mit den Apis-Stieren? Am 30. Juni 1851 konnte Mariette wieder mit den Grabungsarbeiten beginnen. Erst am 12. November 1851 war er seinem Wunschtraum so nah wie nie zuvor. Dabei wäre er fast verunglückt. Der Franzose hatte wirklich Glück. Wie leicht hätte er sich den Hals brechen können.

Am 12. November 1851 tat sich unter Auguste Mariette im wahrsten Sinne des Wortes der Boden auf. Ein wuchtiger Stein löste sich aus seinem jahrtausendealten Gefüge und sauste mit seinem »Passagier« in die Tiefe. Als sich der Staub gelegt und Mariette eine Fackel genommen hatte, erkannte er, wo er sich befand: in einer gewaltigen unterirdischen Gruft. Auguste Mariette war überglücklich – und sollte doch so herb enttäuscht werden.

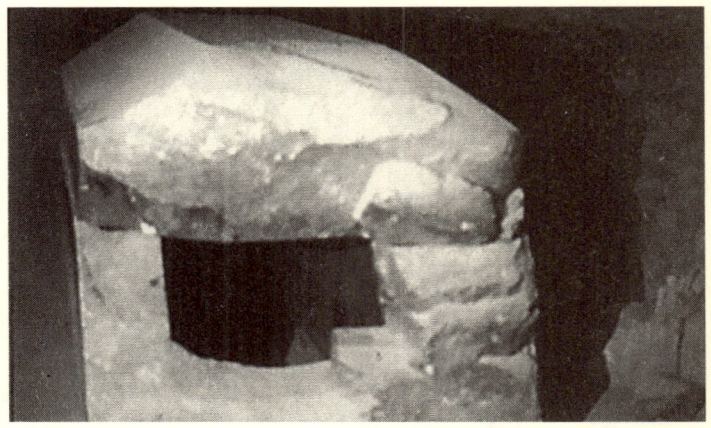

Einer der leeren Riesensärge

Nur wenige Meter entfernt war eine majestätische Nische auszumachen. In ihrem Zentrum stand ein wahrhaft gigantischer steinerner Sarg. Der Atem stockte Mariette, als er mit seiner Fackel näher trat. Kein Deckel lag auf dem steinernen Monstrum. Jemand hatte ihn, das mochte Jahrhunderte oder Jahrtausende her sein, auf die Seite gewuchtet. Der Sarkophag war leer.

In den folgenden Wochen und Monaten erkannte der Wissenschaftler aus Frankreich erst, daß er eine Weltsensation entdeckt hatte: ein dreihundert Meter langes, acht Meter hohes

161

und drei Meter breites Zentralgewölbe, auf dessen beiden Seiten in mächtigen Nischen wuchtige Riesensärge aus Granit standen. Zweifelsohne waren das die Sarkophage der Apis-Stiere. Sie waren aber alle leer. Leer waren auch die monströsen Sarkophage, die in einem weiteren Gewölbe unter dem Wüstensand von Sakkara entdeckt wurden.

Immer wieder wähnte sich Mariette am Ziel. Immer wieder wurde er enttäuscht. Etwa als er im Sommer 1852 die wuchtigen Sargdeckel von weiteren Sarkophagen in einer weiteren Gruft hochhebeln ließ. Die Särge waren leer. Am 5. September 1852 befand sich Mariette in einer unterirdischen Gruft. Er wagte kaum zu atmen. Majestätisch stand da eine vergoldete Statue des Gottes Osiris. Sie bewachte seit Jahrtausenden den Eingang einer Nische. Das war ein mehr als nur gutes Zeichen. Ganz offensichtlich hatten keine Grabräuber hierhergefunden. Ganz offensichtlich waren die beiden Riesensarkophage, vom kostbaren Götterbildnis seit etwa 3 500 Jahren stilvoll bewacht, unberührt von frevlerischer Hand.

Mariette war überglücklich. Er vertraute seinem Tagebuch an:

»Auf diese Weise hatte ich Gewißheit, daß vor mir eine Apis-Mumie liegen müsse, und konsequenterweise verdoppelte ich meine Vorsicht. Meine erste Sorgfalt galt dem Kopf des Stieres. Aber ich fand keinen. Im Sarkophag lag eine bitume, sehr stinkende Masse, die beim kleinsten Druck zerbröselte. In der stinkenden Masse lag eine Anzahl sehr kleiner Knöchelchen, offenbar schon zersplittert in der Epoche des Begräbnisses. Inmitten des Durcheinanders von Knöchelchen ohne Ordnung und eher zufällig fand ich fünfzehn Figürchen.«

Auch der zweite, ganz offensichtlich nicht von Plündererhand geöffnete Sarkophag enthielt die gleiche stinkende Füllung wie der erste. Auguste Mariette hatte eine Weltsensation entdeckt: unterirdische Riesenhallen mit Nischen, darin befanden sich monströse Särge aus Granit.

Ich selbst habe vor Ort solch ein Meisterwerk der Steinmetzkunst vermessen. Der Sarg war 3,85 Meter lang, 2,25

Meter breit, 2,50 Meter hoch. Der »Deckel« hatte eine Dicke von immerhin 43 Zentimetern. Geschätztes Gewicht von Sarkophag nebst Abdeckplatte: 100 Tonnen.

Jeder Sarkophag wurde in einem Steinbruch bei Assuan aus einem einzigen Granitblock gefertigt. 100-Tonnen-Steinsärge mußten also rund 1000 Kilometer weit befördert werden. Wie? Und zu welchem Zweck?

Die Lüge von den toten Apis-Stieren

Die Tourist-Guides haben keine Zweifel. Sie beziehen ihr Wissen aus der archäologischen Fachliteratur. »In diesen riesenhaften Särgen ruhten die heiligen Apis-Stiere.« Diese Erklärung ist freilich falsch. Denn in keinem einzigen der Sarkophage wurde je auch nur eine einzige Stierleiche gefunden. Dabei hat Auguste Mariette auch unberührte, auf gar keinen Fall geplünderte Särge öffnen lassen. Warum enthielten sie, so sie nicht leer waren, eine ekelerregend stinkende Masse, ein Gemisch aus einer Art Teer und mit peinlicher Akribie zerstückelten Tierkadavern? Warum hat man sich so große Mühe gemacht, was da auch immer gestorben war, winzig klein zu hacken, mit einer Art Teer zu vermischen, dann in gewaltige Sarkophage zu füllen und mit tonnenschweren Deckeln abzuschließen?

Ägypten ist als das Land der Pharaonen bekannt. Vor Jahrtausenden wurde die Kunst des Einbalsamierens geradezu perfektioniert. Warum? Man glaubte an ein Leben nach dem Tode. Damit aber der Pharao auch in der anderen Welt, im Jenseits, wieder weiterleben können würde, benötigte er seinen Leib. Und der mußte so gut wie möglich erhalten, also einbalsamiert werden!

In den unterirdischen Riesengrüften von Sakkara war genau das Gegenteil geschehen. Was man auch beerdigt hatte – es war so zerstört worden, daß es auf keinen Fall wieder weiterleben konnte. Und um garantiert sicherzugehen hatte man die steinernen Sarkophage auch noch mit wuchtigen Steinplatten verschlossen. So war gewährleistet, daß, sollte das Was-auch-immer doch zu neuem Leben erwachen, dieses Etwas nie und nimmer sein Gefängnis verlassen konnte.

Was aber hat man vor Jahrtausenden bestattet? Was es auch war: Es stand mit den Göttern in Verbindung. Warum sonst hätte man dem übel stinkenden Gemisch goldene, also wertvolle Götterfiguren mitgegeben? Die Antwort liegt auf der Hand: Nach den Historikern schufen die Götter furchteinflößende Monster, Mischwesen aus allerlei Getier zusammengesetzt, so wie sie in der Natur nicht vorkommen konnten. Was geschah mit diesen Kreaturen, wenn sie starben? Was wurde aus ihnen, nachdem die Götter wieder in ihre himmlische Heimat zurückgekehrt waren? Wurden sie von den entsetzten Menschen getötet?

Die alten Ägypter glaubten an ein Leben nach dem Tode. Sie mumifizierten ihre Herrscher, um ihnen ein angemessenes Dasein im Jenseits zu ermöglichen. Sie zerstückelten die monströsen Mischwesen, gentechnische Produkte der Götter aus dem All, vermischten alles mit einer Teermasse, damit diese Wesen bis ans Ende der Zeiten tot blieben. Sie wollten den Kreaturen der Götter nie mehr begegnen.

Wie auch immer: Es ist endlich an der Zeit, daß mit Hilfe der heute zur Verfügung stehenden Gentechnik wissenschaftlich nachgewiesen wird, was da vor Jahrtausenden wirklich bestattet wurde. Das hätte schon längst festgestellt werden können. Oder sind längst entsprechende Tests durchgeführt worden? Werden uns die Resultate verschwiegen, weil sie nicht in das allgemein propagierte Bild von der Vergangenheit passen, wie es in Geschichtswerken nach wie vor gezeichnet wird?

Das Flugzeug von Sakkara

Mit unserer Vergangenheit stimmt so manches nicht. Das beweist ein weiterer Fund, der unweit der gewaltigen unterirdischen Hallen mit den monströsen Steinsärgen gemacht wurde: ein Flugzeugmodell. Es hat eine Spannweite von 18 Zentimetern und wurde mit heutiger Technik im Windkanal getestet. Das Ergebnis: Das Ding ist »aerodynamisch wohldurchdacht«, wie Dr. Arthur Poyslee vom »Aeronautical Institute« von New York feststellte. Vehement wehrte er sich gegen »natürliche Erklärungen«, wonach das Objekt kein Flugzeug darstelle, sondern ein Tier.

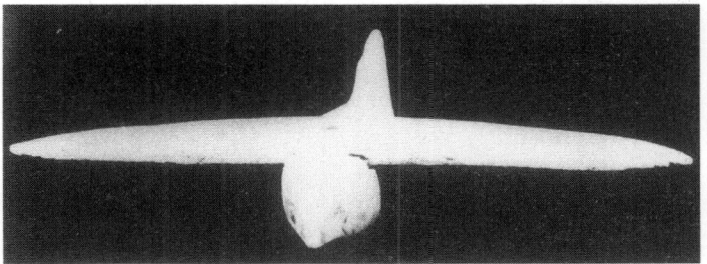

Das Flugzeugmodell von Sakkara

»Die Annahme«, schreibt Dr. Arthur Poyslee,

»daß es sich dabei um Fisch- oder Vogeldarstellungen handele, ist bei näherer Betrachtung sehr unwahrscheinlich; schon deshalb, weil man sich Vögel mit derart präzisen Tragflächen und senkrecht hochgestellten Heckflossen nicht recht vorstellen kann.«

Das Flugzeugmodell von Sakkara ist so etwas wie ein kleines Mosaiksteinchen, das perfekt in das phantastische Bild der Vergangenheit unseres Planeten Erde paßt.

Wie mir ein Archäologe vor Ort glaubhaft versicherte, ist mit weiteren Entdeckungen zu rechnen. Niemand vermag zu sagen, wo es – allein bei Sakkara – noch weitere unterirdische Hallen gibt, ganz zu schweigen davon, was sie noch alles bergen mögen.

Und wundern darf es uns nicht, wenn auch andernorts ganz ähnliche prähistorische Flugzeugmodelle gefunden wurden. In der State Bank von Bogota, Kolumbien, werden Miniaturmodelle von Flugzeugen in Gold gezeigt. Auch wenn man es denken möchte: Sie stammen nicht aus unseren Tagen. Sie wurden nicht von Bastlern angefertigt, die ein Faible für heutige Flugzeugtechnik haben. Es handelt sich vielmehr um viele Jahrhunderte alte Grabbeigaben oder sogenannten »religösen Zierat«. Mini-Flugzeuge aus Kolumbien gehören auch zur neuen Dauerausstellung *Die Wiederentdeckung des Goldes* im »Übersee-Museum« in Bremen.

Wie das vorgeschichtliche Flugzeugmodell aus der Gruft von Sakkara in Ägypten wurden auch die kolumbianischen Artefakte im Windkanal untersucht. Zum Ergebnis äußerte sich wiederum Dr. Arthur Poyslee vom »Aeronautical Institute«, New York:

»Die Möglichkeit, daß die Gegenstände Fische oder Vögel darstellen, ist höchst unwahrscheinlich. Nicht nur, daß die goldenen Modelle tief im Landesinneren gefunden wurden und die Künstler nie einen Meerfisch zu Gesicht bekommen haben, sondern auch, weil man sich Vögel mit derartig präzisen Tragflächen und senkrecht hochgestellten Spannflossen nicht vorstellen kann.«

Fest steht: Die Modelle wurden ohne Zweifel aus Gold gefertigt, weil sie von großer Bedeutung waren. Die Erinnerung an prähistorische Flugzeuge wurde so bis in unsere Tage erhalten.

Gott Chnum und der künstliche Stein

Vor rund 4500 Jahren verfügten die alten Ägypter über ein sensationelles Geheimnis. Sie wußten, wie man künstlichen Stein, eine Art Beton, herstellt. Davon will die heutige Archäologie nichts wissen. Dabei wurde doch das »himmlische Beton-Rezept« bereits vor rund einhundert Jahren, nämlich 1889, von dem Archäologen C. E. Wilbour enthüllt. Der Wissenschaftler stieß damals auf der kleinen Nilinsel Sehel, nördlich von Assuan, auf eine steinerne Stele. Sie war von geheimnisvollen Hieroglyphen bedeckt. Eine erste Übersetzung verdanken wir Zeitgenossen Wilbours, den Archäologen Brugsh, Pleyte und Morgan. Ihre Übersetzung klang phantastisch, wurde aber 1953 bestätigt, als der Archäologe Barquet den Text nochmals übersetzte. Etwa ein Viertel der 2 500

Schriftzeichen geben ein Rezept für die Erschaffung von künstlichem Stein, von Beton, wieder.

Die geniale Erfindung wurde, so verrät es der Text, dem Pharao Djoser (etwa 2609–2590 v. Chr.) von dem Gott Chnum übermittelt. Konkret werden neunundzwanzig Substanzen aufgezählt, die, miteinander vermischt, künstlichen Stein ergeben. Wichtig war die genaue Einhaltung des Rezepts. Es wurde präzise angegeben, wo die erforderlichen Stoffe in der Natur vorkommen. Damit nicht genug. Der Gott Chnum gab auch an, mit welchem Mörtel die künstlichen Steine am besten miteinander verbunden werden sollten.

Die Ägypter konnten also bereits vor Jahrtausenden künstlichen Stein herstellen. Haben sie es aber auch wirklich getan? Und wo wandten sie ihr »unmögliches Wissen« an? Eine Spur führt zum letzten der sieben Weltwunder, das die Jahrtausende überdauert hat, zur sogenannten Cheops-Pyramide. Cheops ist die ins Griechische übertragene Version des ägyptischen Chufuichnum. Dieser komplizierte Zungenbrecher läßt sich wie folgt übersetzen: »Er, der Gott Chnum, beschützt mich!« Gott Chnum war es aber, der den Menschen das Wissen über die Herstellung von künstlichem Stein übermittelte. Heißt das, daß der Name »Cheops-Pyramide« ursprünglich gar nichts mit dem historischen Pharao Cheops (Regentschaft etwa 2545–2520 v. Chr.) zu tun hatte? Sollte vielmehr »nur« ausgesagt werden, daß das Bauwerk von Gott Chnum beschützt wurde, weil es aus besonders gut haltbarem Kunststein gefertigt worden ist? Hatten also prähistorische Astronauten, die vor Jahrtausenden zur Erde kamen, ihre Hände im Spiel?

Wie die »große Pyramide« dem Cheops zugeschrieben wurde

Wie Auguste Mariette setzte der englische Oberst Howard Vyse Dynamit ein, um ein ungelöstes Rätsel zu knacken. Er hatte sich in den Kopf gesetzt, weltberühmt zu werden. Er wollte einen bedeutsamen Fund vorweisen, der seinem Namen für alle Zeiten einen Platz in der Weltgeschichte der Entdeckungen sichern würde. Allem Anschein nach schreckte er nicht davor zurück, dem Schicksal etwas nachzuhelfen, sprich, eine Fälschung zu fabrizieren.

Auch heute noch gehen Archäologen davon aus, daß die Erbauer der nach Cheops benannten Pyramide über der »Königskammer« kleine Hohlräume einbauen ließen, um so zu erreichen, daß kein zu großes Gewicht direkt auf die Kammer drückte. Diese Erklärung klingt freilich wenig überzeugend. Denn die angeblichen »Entlastungskammern« dürften allenfalls eine insgesamt nur bescheidene Gewichtsreduktion ergeben haben.

Die vier »Entlastungsräume« sind jeweils mit neun gewaltigen Monolithen abgedeckt, von denen jeder vierzig Tonnen wiegt. Nach Adam Riese ergibt das ein enormes Gewicht! Neun mal vierzig, also 360 Tonnen wiegt die Decke einer Kammer. Bei vier solchen Räumlichkeiten über der Königskammer kommen dann 1440 Tonnen zusammen. Das ist aber noch nicht alles. Auf der obersten Entlastungskammer ruht zusätzlich eine Art steinernes Spitzdach im Leib der Pyramide. Bisher liegen nur Schätzungen vor, wie schwer diese Konstruktion ist: mindestens 1200 Tonnen. Summa summarum wird also die Königskammer mit zusätzlichen 2 640 Tonnen belastet.

Diese seltsamen Kammern waren das Ziel von Oberst Howard Vyse. Mit Hilfe von Dynamit sprengte er sich einen Zugang. Am 30. März, 27. April, 6. und 27. Mai 1837 untersuchte er die Räume und wurde fündig. Er will entdeckt haben, was Generationen von Wissenschaftlern jahrhunderte-, ja jahrtausendelang vergeblich irgendwo in oder an der Cheops-Pyramide gesucht hatten: den Namenszug »Cheops«.

168

Vyse hatte erreicht, was er wollte: Er wurde weltberühmt. Gewiß, einzelne Gelehrte bezweifelten die Echtheit der eher flüchtig hingeschmierten Namenszeichen. Ihre Einwände wurden aber so gut wie nicht zur Kenntnis genommen. Hatte Vyse doch endlich eine Bestätigung dafür gefunden, was in der wissenschaftlichen Literatur postuliert wurde, nämlich daß die geheimnisvolle Cheopspyramide auch tatsächlich von Cheops stammt.

Leider war man einem Betrug aufgesessen, wie der Altorientalist Zecharia Sitchin mit der peniblen Gründlichkeit eines Sherlock Holmes nachweisen konnte. Sitchin kurz und bündig: »Der Namenszug ist eine plumpe Fälschung!« Und alles deutet auf Vyse als den Urheber eben dieser Fälschung hin. Es gelang nämlich Zecharia Sitchin, die Vorlage ausfindig zu machen, die Howard Vyse, der ein blutiger Laie auf dem Gebiet der ägyptischen Hieroglyphen war, benutzt hatte. Es handelte sich dabei um das Werk *Materia hieroglyphica* von John Gardener Wilkinson aus dem Jahr 1828.

In diesem Nachschlagewerk von fundamentaler Bedeutung hatte sich ein grundlegender Fehler eingeschlichen. Das »Ch« im Pharaonennamen (in Wirklichkeit ein schraffierter Kreis, kein Kreis mit Punkt) war mit einem falschen Symbol wiedergegeben worden. Just dieser Fehler fand sich auch in der sogenannten »Entlastungskammer« auf Stein gepinselt – in einer Farbe, die verdächtig frisch erschien.

Ein solcher Fehler wäre, wenn Cheops tatsächlich der Erbauer der Pyramide gewesen wäre, den Künstlern mit Sicherheit nicht unterlaufen. Doch damit nicht genug. Der Namenszug war in einer Bilderschrift verfaßt worden, die es zu Zeiten des Cheops noch gar nicht gab. Sie wurde erst Jahrhunderte später entwickelt und benützt.

Fazit: Der einzige Schriftzug, der auf Cheops als den Erbauer der Pyramide hinweist, ist eine plumpe Fälschung. Heißt das aber zugleich, daß Cheops die nach ihm benannte Pyramide nicht errichten ließ? Dafür gibt es einen konkreten Hinweis, der schon als Beweis gewertet werden muß. In einer Inschrift am Isistempel wird Cheops gepriesen als »Erbauer des Hauses der Isis, der Herrin der Pyramide, neben dem Hause der Sphinx«.

Das »Haus der Sphinx« war die große Pyramide. Daneben mag sich einst ein Tempel der Isis befunden haben. Verantwortlicher Bauherr für dieses sakrale Gebäude war Cheops. Wieso wurde er ausdrücklich als »Erbauer des Hauses neben dem Hause der Sphinx« bezeichnet? Die Antwort liegt auf der Hand. Man schrieb ihm ein relativ unbedeutendes Bauwerk zu, erwähnte die große Pyramide als Ortsangabe, weil eben Cheops gar nicht die »Cheops-Pyramide« in Auftrag gegeben hat.

Wer die große Pyramide wirklich baute – und warum

Wenn heutige Historiker über das Weltwunder »Große Pyramide« sprechen, dann lassen sie keinen Zweifel aufkommen, daß es der Pharao Cheops war, der dafür verantwortlich zeichnete. Wenn es um eine Chronik der Geschichte Ägyptens geht, greifen diese Gelehrten gern auf die Aufzeichnungen früher Historiker zurück. Sie schenken ihnen gerne Glauben, solange ihre Überlieferungen dem Bild entsprechen, das sich Historiker unserer Tage von Ägyptens Vergangenheit machen. Aussagen, die nicht ins Konzept passen, werden schlichtweg »übersehen«.

Ein besonders eklatantes Beispiel sind die Ausführungen von Al-Makrizi, einem renommierten arabischen Geschichtsschreiber und Historiker. In seinem Werk *Hitat* läßt der nämlich vernehmen: »Die Leute sind sich über die Zeit ihrer Erbauung (der großen Pyramide), über den Namen des Erbauers und über die Ursache ihrer Erbauung nicht einig und haben die verschiedensten Meinungen geäußert, die verkehrt sind.« Dabei, so Al-Makrizi, gehe doch aus dem Werk *Nachrichten von Ägypten und seinen Wundern* eindeutig hervor, daß die Große Pyramide von einem gewissen Saurid in Auftrag gegeben worden sei – 300 Jahre vor der Sintflut! Doch lassen wir den Historiker selbst zu Wort kommen:

»Die Ursache der Erbauung der Pyramiden war, daß dreihundert Jahre vor der Sintflut Saurid folgenden Traum hatte: Die Erde kehrte sich mit ihren Bewohnern um, die Menschen flüchteten in blinder Hast, und die Sterne fielen herab.«

Saurid nahm diesen Traum ernst. Er ließ die Große Pyramide erbauen und eine Inschrift an der Spitze anbringen: »Ich, Saurid, der König, habe diese Pyramiden erbaut, und ich habe ihre Erbauung in sechs Jahren vollendet.« Und zwar als Tresore des Wissens. Die Inschrift enthüllte weiter:

»Diese Pyramiden haben unter der Erde Tore, an die sich ein gewölbter Gang anschließt. Jeder Gang ist hundertfünfzig Ellen lang. Das Tor der östlichen Pyramide liegt auf der Nordseite, das der westlichen auf der Westseite, und das Tor des gewölbten Gangs der mit der Mauerbekleidung versehenen Pyramide liegt auf der Südseite.«

Im 33. Kapitel von Al-Makrizis *Hitat* lesen wir:

»Da ließ er die Pyramiden bauen und in ihnen Schätze, gelehrte Schriften und alles, worum er sich sorgte, daß es verlorengehen und verschwinden könnte, bergen, um die Dinge zu schützen und wohl zu bewahren.«

Liest man, was da vor der Sintflut gerettet werden sollte, kommt man aus dem Staunen nicht mehr heraus. Nochmals sei das *Hitat* zitiert:

»Daraufhin ließ er (der Erbauer der Großen Pyramide) in der westlichen Pyramide dreißig Schatzkammern aus farbigem Granit anlegen: Die wurden angefüllt mit reichen Schätzen, mit Geräten und Bildsäulen aus kostbaren Edelsteinen, mit Geräten aus vortrefflichem Eisen, wie Waffen, die nicht rosten, mit Glas, das sich zusammenfalten läßt, ohne zu brechen, mit seltsamen Talismanen, mit den verschiedenen Arten der einfachen und der zusammengesetzten Heilmittel und mit tödlichen Giften. In der östlichen Pyramide ließ er die verschiedenen Himmelsgewölbe und die

171

Planeten darstellen sowie an Bildern anfertigen, was seine
Vorfahren hatten schaffen lassen. Dazu kamen Weihrauch,
den man den Sternen opferte, und Bücher über diese. Auch
findet man dort die Fixsterne und das, was sich in ihren
Perioden von Zeit zu Zeit begibt. In die farbige Pyramide
endlich ließ er die Leichname der Wahrsager in Särgen aus
schwarzem Granit bringen, neben jedem Wahrsager lag ein
Buch, in dem seine wunderbaren Künste, sein Lebenslauf
und seine Werke beschrieben waren.«

Vor der großen Flut: Beton von den Göttern

Die meisten Archäologen lächeln nur mitleidig, wenn sie
die Behauptung hören, die Cheops-Pyramide stamme gar nicht
von Cheops und sei älter als die Sintflut. Doch ist längst
bewiesen, daß Cheops mit dem Bau der Großen Pyramide
absolut nichts zu tun haben kann.

Dr. W. Wölfli von der Technischen Hochschule in Zürich
hat, zusammen mit mehreren Kollegen von anderen wissenschaftlichen Instituten, insgesamt sechzehn Materialproben
aus der sogenannten Cheops-Pyramide so präzise wie möglich
datiert. Die Daten hätten, als sie publiziert wurden, die Welt
der Wissenschaft zum Umdenken zwingen müssen. Denn alle
Proben erwiesen sich als rund 850 Jahre älter als Cheops. Die
geheimnisvolle Pyramide ist also mindestens fast eintausend
Jahre älter, als bisher angenommen. Ein Jahrtausend nur? Darüber können Geologen nur ironisch lächeln.

Sie wissen nämlich, daß es in der Zeit von etwa 15 000 bis
10 000 v. Chr. im Land am Nil gewaltige, ja sintflutartige
Überschwemmungen gab. Und Professor Dr. Robert Schoch
von der Universität Boston hat eindeutig nachgewiesen, daß
die »Wächterin« der Pyramide, die »Große Sphinx«, starke
Wasserschäden aufzuweisen hat. Stammen sie von der ominö-
sen »Sintflut«?

Der Gelehrte rückte der Sphinx mit sogenannten seismi-
schen Bojen zuleibe. Mit Hilfe von Schallwellen wurde der
steinerne Leib des Fabelwesens auch dort unter die Lupe
genommen, wo er sich unseren Blicken entzieht, nämlich

unter dem Sand. Dabei wurden deutliche, nicht zu übersehende Verwitterungen entdeckt, die eindeutig auf Wasserschäden zurückzuführen sind. Sie können nicht zu Zeiten Cheops, sie müssen mindestens 7000 vor Christus entstanden sein, wenn nicht noch früher.

Der Geologe und Ägyptenexperte Mark Lehner meint: »Die Große Pyramide – älter als die Sintflut? Das ist durchaus möglich!« Er verweist auf eine Aussage des großen amerikanischen Sehers Edgar Cayce: »Das Bauwerk entstand anno 10 500 v. Chr.«

Professor Dr. Joseph Davidovits, der in Frankreich am Geopolymer-Institut nördlich von Paris arbeitet, aber auch eine Professur der Universität von Toronto innehat, stimmt zu: »Die große Pyramide wurde aus künstlichem Stein erstellt.« Wurde also die »Cheops-Pyramide« mit Hilfe von Außerirdischen gebaut – vor der »Sintflut«, aus künstlichem Stein?

Die Behauptung von Professor Davidovits mutet reichlich spekulativ an. Der Mann hat aber stichhaltige Fakten anzubieten. So wurde die Große Pyramide 1974 mit hochfrequenten Wellen durchleuchtet. Man hoffte, auf diese Weise bislang noch unentdeckte Kammern ausfindig machen zu können. Zur großen Enttäuschung der wissenschaftlichen Experten des Stanford-Research-Institutes, Kalifornien, und von der Ainshams-Universität, Kairo, Ägypten, ergaben die Meßergebnisse, mehrfach von modernen Computern überprüft, keinen Sinn. Die Wellen wurden von den Steinen des Pyramidenbaus förmlich verschluckt.

Dafür gibt es nur eine Erklärung: »Die Pyramiden«, schreibt Professor Dr. Davidovits, »enthalten für natürlich gewachsenen Stein zuviel Wasser. Sie müssen aus künstlichem Stein bestehen!« War das möglich? Gab es dafür Beweise? Der Gelehrte untersuchte Gesteinsproben aus der »Großen Pyramide«. Eingebunden im Stein fanden sich mehrere menschliche Haare. Seine Schlußfolgerung:

»Nun gab es keinen Zweifel mehr für mich. Die nach Cheops benannte Pyramide besteht aus künstlichem, gegossenem Stein«.

Edward Zeller, immerhin Direktor eines wissenschaftlichen Instituts, das der Universität von Kansas beigegliedert ist, erhielt gleichfalls Gesteinsproben aus der Pyramide. Er untersuchte sie mikroskopisch. Seine wesentliche Erkenntnis: »Im Gestein sind zahllose Luftbläschen eingeschlossen, so wie man sie etwa bei Beton erwarten muß.«

Der »Kunststein« ist nach göttlicher Anweisung wie folgt anzurühren: Da muß erst einmal Natriumkarbonat mit Aluminiumsilikat vermengt und zu einem Brei verrührt werden. Weitere Ingredienzen kommen hinzu, so arsenhaltige Mineralien und Sand. Das Ergebnis ist ein erstaunlich schnell trocknender Zement, der, was seinen molekularen Aufbau angeht, von Naturstein nicht zu unterscheiden ist. Er ist nach aktuellem Kenntnisstand jedem modernen Zement oder Beton haushoch überlegen. Denn während heutige Materialien bereits nach wenigen Jahrzehnten zu zerfallen beginnen, überdauert der »göttliche Beton« Jahrtausende.

Professor Davidovits Erkenntnisse über den »Götter-Zement« der alten Ägypter blieben nicht ohne Folgen. Er wird in Frankreich von der Géopolymère France hergestellt. Dynamit Nobel will ihn in die Produktpalette aufnehmen. In den USA ließ sich der Konzern Lone Star überzeugen und bietet seinen Kunden Beton nach altägyptischem Rezept an.

Das Wissen über den »künstlichen Beton« stammte aus dem All. Wie mögen die Geheimnisse aussehen, die in noch unentdeckten, verborgenen Kammern der »Großen Pyramide« ihrer Entdeckung harren? Vielleicht sind es außerirdische Artefakte, die die kosmischen Besucher vor vielen Jahrtausenden den Ägyptern schenkten!

Bleibt »Sesam« geschlossen?

Ich darf in Erinnerung rufen, daß es nach Al-Makrizi in der Großen Pyramide Geheimkammern mit Schätzen von unvorstellbarem Wert gibt. Lange vor der Sintflut habe Saurid das mysteriöse Wissen seiner Zeit abspeichern und für die Ewigkeit erhalten wollen.

Man stelle sich vor, jemand würde in der »Cheops-Pyramide« eine Tür entdecken. Wie stellen wir uns die Reaktion der Archäologen vor? Ganz gewiß würde man alles daransetzen, um zu erfahren, was sich hinter dieser Tür verbirgt.

Die Erwartungen an die Herren Wissenschaftler sind offenbar zu hoch gesteckt. Denn man hat in der »Cheops-Pyramide« tatsächlich eine Tür gefunden. Nur: Kein Archäologe scheint daran interessiert zu sein, sie zu öffnen, obwohl das ganz einfach wäre.

Am 22. März 1993 machte der deutsche Ingenieur Rudolf Gantenbrink, 1950 in Menden geboren, eine sensationelle Entdeckung. Er hatte seinen 6 Kilogramm leichten Miniatur-Roboter »Upuaut« in das Innere des steinernen Monumentalwerks fahren lassen. Von der »Kammer der Königin« führen zwei Schächte (Querschnitt: 20 mal 20 cm) in den massiven steinernen Leib der Pyramide. Gantenbrink ließ seinen Miniroboter auf Raupen, die das kleine Vehikel einem Panzerfahrzeug ähnlich machen, in den südlichen Schacht wandern. Per Videokamera zeichnete »Upuaut« phantastische Bilder auf. Er übertrug sie gleichzeitig via Kabel auf TV-Bildschirme zu seinem »Herrchen«. Dann war plötzlich »Schluß«. Nach sechzig Metern beendete so etwas wie eine Schiebetür den Gang.

An der Tür sind zwei metallene »Griffe« angebracht. Nun wäre es ein leichtes, so Gantenbrink, diese Tür per Roboter zu öffnen. Doch das lassen die Behörden nicht zu. Soll die Tür nicht geöffnet werden, weil sich dahinter eine Kammer befinden könnte?

Im Märchen benötigte Ali Baba einen Zauberspruch, um die Tür zur Schatzhöhle der 40 Räuber zu öffnen. Rudolf Gantenbrink hat derlei magischen Schnickschnack nicht nötig. Er könnte moderne Technologie einsetzen, wenn man ihn nur ließe.

Im Sommer 1997 wurde ich von Starmoderator Rainer Holbe für einen Berliner Rundfunksender interviewt. Ich brachte zum Ausdruck: »In meinen Augen ist die Archäologie nicht wirklich wissenschaftlich. Sie sucht letztlich nicht nach echten Erkenntnissen, sie will nicht unbedingt neues Wissen schaffen, sie ist vielmehr bestrebt, alte Lehr- und Glaubenssätze zu bestätigen.«

Ein solcher Glaubensgrundsatz der Ägyptologie ist die Annahme, daß eine ordentliche ägyptische Pyramide nur drei Kammern zu haben hat. Im Falle der Cheopspyramide sind das die »unvollendete Grabkammer« unter dem Fundament des Weltwunders, die »Kammer der Königin« und die »Kammer des Königs«. Weitere Kammern darf und kann es daher nach Ansicht der Wissenschaftler nicht geben.

Ist man deshalb in der Archäologie so desinteressiert in Sachen »Eingang am Ende des unmöglichen Schachts«, weil man auf keinen Fall eine vierte Kammer entdecken möchte? Denn dann müßte man einen liebgewordenen Lehrsatz als widerlegt ansehen. Denn eine Aussage, die allgemeingültig sein soll, gilt schon dann als ungültig, sobald auch nur ein einziges Gegenbeispiel gefunden wird.

Bleibt also die von Gantenbrink entdeckte Tür geschlossen, obwohl das technische »Sesam öffne dich« zur Verfügung steht? Es ist zu befürchten.

Die Pyramidenstadt auf dem Grund eines Sees

Sie stellen eines der größten Rätsel der Archäologie dar – die Pyramiden auf dem Grund des Rock Lake. Obwohl sie seit rund einhundert Jahren bekannt sind, wurden sie bis heute nicht wirklich erforscht. Was bergen sie in ihrem Inneren? Etwa das Vermächtnis der Außerirdischen, die vor vielen Jahrtausenden zur Erde kamen – und nicht nur Ägypten, das klassische Land der Pyramiden, sondern auch Nordamerika besuchten?

Geschichte einer rätselhaften Entdeckung

»Rock Lake. Auf dem Grund des Sees befinden sich große Steinpyramiden, die vermutlich von prähistorischen Indianern errichtet wurden.« So stand es kurz und bündig 1862 in dem Nachschlagewerk *The Columbia Lippincot Gazetter of the World,* herausgegeben vom geographischen Forschungsstab der University of Columbia Press und Leon E. Seltzer.

In jenen Jahren war freilich das Interesse an indianischer Kultur und ihren Baudenkmälern sehr bescheiden. Man sah nach wie vor im Indianer den kulturlosen Wilden, der rechtschaffenen Weißen nach dem Leben trachtete. Mag auch sein, daß man damals schon so etwas wie ein schlechtes Gewissen hatte. Hatte man doch die Kultur des roten Mannes weitestgehend zerstört, die ersten Besitzer des weiten Landes mit brutaler Waffengewalt vertrieben.

Gegen Ende des 19. Jahrhunderts wurde das Gebiet um Rock Lake im Süden von Wisconsin von einer Trockenperiode heimgesucht. Das führte dazu, daß der Wasserstand des Rock Lake, knapp 30 Kilometer östlich des Städtchens Madison gelegen, drastisch absank. Lee Wilson, Bürgermeister des nahe gelegenen Örtchens Lake Mills, und sein Bruder Claude Wilson sichteten damals geheimnisvolle Strukturen auf dem Grund des Sees. »Man kann die Umrisse der Gebäude deutlich vom Boot aus sehen«, erzählten die beiden Männer.

In der weißen Bevölkerung löste die Entdeckung aufgeregte Hektik aus. Unzählige Menschen aus der näheren und weiteren Umgebung strömten herbei, um die »Häuser auf dem Seegrund« zu sehen. Die ortsansässigen Indianer indes sahen nur die Überlieferungen ihrer Vorväter bestätigt.

Die Weißen dachten freilich weniger an eine wissenschaftliche Untersuchung der Gebäude, sondern an Touristen, die hoffentlich bald viel Geld in ihre verträumte Region bringen würden. Man schmiedete Pläne, vergaß sie bald aber wieder. Tauchexpeditionen zum Grund des Sees waren im Gespräch. Die Indianer rieten davon ab. Sie sprachen von einem unheimlichen Monster, das angeblich seit Jahrhunderten die steinernen unterseeischen Häuser bewachte.

Sie prophezeiten Unglücke, die jeden heimsuchen würden, der es wagte, in die Tiefen des Rock Lake hinabzutauchen.

Es verstrichen Jahrzehnte, und keines der mehr oder minder ehrgeizigen Tauchprojekte wurde verwirklicht. 1936 meldete Victor S. Taylor in Lokalzeitungen: »Vier Pyramiden auf dem Grund des Rock Lake entdeckt! Womöglich indianischen Ursprungs! Vielleicht von den Azteken gebaut!«

177

Diese Spekulation basierte auf der Tatsache, daß 1836 Nathaniel Heyer am Ufer des Rock Lake eine Pyramide mit an Sicherheit grenzender Wahrscheinlichkeit aztekischen Ursprungs entdeckt hatte. Er nannte sie Atzalan – nach der legendären Urheimat der Azteken. Es gab freilich keinerlei Beweis dafür, daß jene Pyramide und die Denkmäler auf dem Grund des Sees von den gleichen Erbauern stammen.

Dr. B. W. Saunders, führender Mitautor eines Reiseführers zu den großen Sehenswürdigkeiten der USA, erfuhr im Frühjahr 1937 von dieser Zeitungsmeldung und war begeistert. Er verlangte, daß endlich Taucher herausfinden sollten, ob es an den Gebäuden auf dem Grund des Rock Lake irgendwelche Inschriften oder sonstige Hinweise gab, die eine zumindest ungefähre Datierung ermöglichten. Begeistert äußerten sich auch die Historiker Dr. Charles E. Brown und der Geologe Prof. Dr. Ernst F. Bean. »Alles, was Taucher vom Grund des Sees bergen, werden wir wissenschaftlich untersuchen und so das Geheimnis von Rock Lake erklären.« Doch dazu kam es nicht. Tauchgänge wurden wegen angeblich zu schlechter Wetterbedingungen immer wieder verschoben.

Erst 1937 wurden erste konkrete Schritte vor Ort unternommen. Max Gene Nohl, ein damals berühmter Rekordtaucher und Tieftauchspezialist, fuhr systematisch den ganzen See mit einem kleinen Boot ab. Am Heck hatte er eine Eisenkette befestigt, die er systematisch über den Grund des Sees schleifen ließ. Nach einiger Zeit wurde er fündig. Nachdem er nun wußte, wo genau sich etwas Bauwerkartiges auf dem Grund des Sees befand, tauchte er. Was er auf dem schlammigen Grund des Rock Lake fand, verschlug ihm fast den Atem: eine riesige Pyramide!

Max Gene Nohl hielt in seinen Aufzeichnungen fest:

»Die Pyramide hat die Gestalt eines gekippten Kegels. Oben befindet sich eine kleine, quadratische Plattform. Kantenlänge der Plattform: 1,40 Meter. Kantenlänge am Boden: 5,43 Meter. Höhe: 8,93 Meter. Offenbar besteht die Konstruktion aus glatten, in Mörtel gesetzten Steinen. Sie ist weitgehend von einem grünlichen Schaum überzogen, der sich aber leicht wegkratzen läßt. Zum Teil treten die Steine offen zutage und sind dem Wasser direkt ausgesetzt.«

Wie hoch die Unterwasserpyramide wirklich war, das konnte der Taucher nicht feststellen. Er konnte nur das Stück messen, das aus dem Bodenschlamm herausragte. Gewiß würden sich jetzt zahlreiche Archäologen bei ihm melden. Die Experten wußten sicher, wie man der Pyramide im wahrsten Sinne des Wortes auf den Grund gehen konnte.

Max Gene Nohl wurde bitter enttäuscht. Seine Entdeckung löste in der wissenschaftlichen Welt keinerlei Reaktion aus. Kein wissenschaftliches Institut, kein einzelner Gelehrter, niemand trat auf ihn zu, um weitere Details zu erfahren. Die Pyramide auf dem Grund des Sees interessierte in der Welt der Wissenschaft ganz offensichtlich niemanden.

Wiederum mußten Jahrzehnte vergehen, bis sich jemand des Mysteriums von Rock Lake annahm. Am 30. Juli 1967 tauchten sieben Forscher in den See.

Unter der Wasseroberfläche wurde es sehr schnell trübe und dann auch dunkel. In kaum zehn Meter Tiefe war es zudem auch empfindlich kalt. Die Männer ließen sich tiefer und tiefer sinken. Sie schwammen etwas auseinander. Jeder suchte individuell nach den geheimnisvollen Pyramiden. Keiner schien etwas zu finden. Ein Taucher nach dem anderen gab entnervt oder gelangweilt auf. Nur Jack Kennedy aus Lombard nicht. Er, der Tauchlehrer und Regierungsbeamte am O'Hare-Flugplatz von Chicago, war fest dazu entschlossen, auch noch das letzte Restchen Luft in seiner Taucherflasche auszunutzen. Er wollte erst an die Welt außerhalb des Sees zurückkehren, wenn sich sein Sauerstoffvorrat dem Ende zuneigte.

Kennedys Beweise

Seine Geduld sollte sich auszahlen. Denn plötzlich sah er unter sich eine eindeutig künstliche Struktur. Jack Kennedy tauchte tiefer. Richtig, er hatte sich nicht getäuscht. Da lag so etwas wie eine steinerne Plattform in dem schlickartigen

Morast. Jack Kennedy maß sie aus. Sie hatte eine Breite von sechs und eine Länge von zwölf Metern. Nur eineinhalb Meter ragte sie aus dem schlammigen Boden. Wie tief im morastigen Grund mochte ihr Fundament liegen? Kennedy scharrte den Schlamm weg, gab aber bald auf.

Jetzt galt es, keine Zeit mehr zu verlieren. Hastig löste er drei Steine aus der geheimnisvollen Plattform, jeder etwa pampelmusengroß. Glücklich, ja begeistert ob seiner Entdeckung, tauchte er auf. Er war davon überzeugt, daß innerhalb kürzester Zeit großangelegte Untersuchungen auf dem Grund des Sees durchgeführt würden. Da hatte er sich freilich grundlegend geirrt!

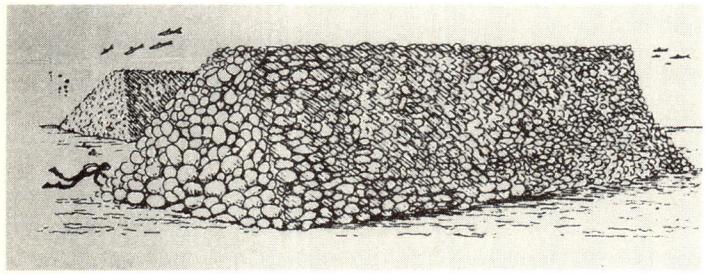

Diese Pyramiden sah Jack Kennedy 1967 auf dem Grunde des Rock Lake.

Statt allgemeiner Bewunderung erntete er nur Spott und Hohn. Die einen sprachen von Taucherkrankheit. Im Delirium habe er eine steinerne Plattform gesehen, wo gar nichts von Menschenhand Geschaffenes war. Weniger freundliche Zeitgenossen unterstellten ihm gar, er habe sich die ganze Sache nur ausgedacht, um ins Rampenlicht treten zu können.

Niemand machte sich die Mühe, die vom Grund des Sees mitgebrachten Steine auch nur einer flüchtigen Untersuchung zu unterziehen.

Vollkommen erledigt schien Jack Kennedy zu sein, als am 30. März 1968 in Chicago ein Tauchersymposium durchgeführt wurde. Leon Mericle hielt einen Vortrag. Er verkündete, daß er mit seinem Team vier Tage vor Ort gewesen sei und im See getaucht habe.

»Nach vier Tagen gründlichen Tauchens haben wir keine Spur von den Unterwasserpyramiden ausfindig machen können. Wir haben einige Zeit aufgewendet. Ich kann nur sagen, daß es keine Spur von Pyramiden gibt, wo wir gesucht haben.«

Der entscheidende Satz war gefallen: Leon Mericle hatte keine Pyramiden ausfindig machen können – wo er und sein Team gesucht hatten. Er hatte sich freilich nicht mit Jack Kennedy in Verbindung gesetzt und gefragt, wo genau denn sein Kollege seine Entdeckung gemacht hatte. Hatte man versehentlich oder gar absichtlich an der falschen Stelle gesucht? Fest steht jedenfalls: Auch der Taucher M. R. Kutska suchte mit seinem Team »Narcosis Knights« zunächst an der falschen Stelle im See. Belustigt beobachteten einige Einheimische die Fehlversuche, klärten die Taucher dann aber auf, wo sie auf dem Grund des Sees die Pyramiden finden konnten.

Dann wurden die Männer auch fündig. Sie entdeckten eine Pyramidenstadt auf dem Grund des Rock Lake! Eine der Pyramiden ragte fünf Meter aus dem Schlamm. Ein steinernes Bauwerk, das sie sorgsam vermaßen, war immerhin zwanzig Meter lang und zehn Meter breit. Es stand ohne jeglichen Zweifel fest: Auf dem Grund des Rock Lake lag eine archäologische Sensation! Warum aber kümmerte sich die Archäologie nicht darum?

Die Antwort kann einem Artikel entnommen werden, der im Januar 1970 in der Fachzeitschrift *Skin Diver* erschien. Da hieß es unter anderem:

»Die Pyramiden sind unglaublich. Es sollte sie nicht geben. Sie wären zu alt und an einer Stelle, wo niemand sie hätte bauen können. Logischerweise dürften sie gar nicht existieren. Die Geschichte ist freilich selten logisch. Und Logik hin, Logik her: Die Pyramiden von Rock Lake tauchen oft genug aus der Versenkung auf, um die noch so logisch denkenden Erforscher der amerikanischen Vergangenheit in Verlegenheit zu bringen.«

War das die Antwort? Interessierte sich die klassische Wissenschaft der Archäologie deshalb nicht für die Pyramiden auf dem Grund des Rock Lake, weil es da eigentlich keine steinernen Bauwerke geben durfte – also auch keine gab, zumindest offiziell?

Zwanzig Jahre später setzte Craig Scott, Präsident der Tauchergruppe Sea Search aus Muskegan, Michigan, auf modernste Elektronik-Suchgeräte. Er war davon überzeugt: Wenn Taucher da und dort Pyramiden auf dem Grund des Sees gefunden hatten, war damit keineswegs bewiesen, daß bereits alle unterseeischen Gebäude ausfindig gemacht worden waren. Also suchte er mit der modernen Sonarausrüstung an Bord seines Forschungsschiffs planmäßig den gesamten Boden des Sees ab.

Konkrete Erkenntnisse

Das war zunächst alles andere als interessant. Regelmäßig lösten sich die Männer vor dem Bildschirm ab, der in optische Bilder umsetzte, was die »Fühler« der Sonarabtastung auf dem Grund des Sees fanden. Meist waren das die regelmäßigen, leicht gewellten Bodenformationen. Ein verkrusteter Baumstamm war schon eine interessante Abwechslung. Doch plötzlich zeigte sich, daß sich der enorme Aufwand gelohnt hatte!

Es tauchten rechtwinkelige, scharfkantige Linien auf. Kein Zweifel: Da waren die gesuchten künstlichen Konstruktionen, von Menschenhand geschaffene Bauwerke auf dem Grund des Sees. Es war so etwas wie eine Stadt, bestehend aus Pyramiden und zahlreichen weiteren Steingebäuden. Zwei Strukturen liegen, wie der Sporttaucher Frank Joseph aus Olympia Fields, Illinois, USA, feststellte, in der Mitte des Sees in 17 Meter Tiefe. Sein Taucherkollege John Shulak erzählt:

»Sechs Jahre beschäftigte ich mich mit dem Rock Lake. Dann wurde endlich Sonarelektronik eingesetzt. Eine Pyramide nach der anderen wurde gefunden. Sie liegen in der Mitte des Sees. Eine ist fast vier Meter breit und dreißig

Meter lang. Sie ragt 2,43 Meter aus dem schlammigen Boden. Sie besteht aus Steinen unterschiedlicher Größe, wobei die größeren unten, die kleineren oben eingesetzt wurden. Weite Teile der Konstruktion sind zementiert, so als hätten die Erbauer die Steine sorgsam aneinandergefügt und dann mit einer Art Beton zusammengekleistert.«

Wenige Meter davon entfernt gibt es ein zweites steinernes Bauwerk. Sein Steigungswinkel ist steiler. Beide Gebäude sind exakt in Nord-Südrichtung angelegt. Der Forscher Craig Scott berichtet: »Es gibt noch mindestens eine größere Pyramide sowie neun weitere ähnliche Konstruktionen aus Stein.« Wie viele Gebäude einst insgesamt auf dem Grund des Sees errichtet worden sind? Niemand vermag das zu sagen. Denn gezählt und untersucht werden konnten bislang nur jene, die zumindest zu einem Teil aus dem schlammigen Boden ragen. Wie viele aber mögen es sein, die im Lauf der vergangenen Jahrtausende vollkommen unter Schlick, Sand und Schmutz verschwanden?

Aber schon die bislang bekannten Pyramiden stellen ungelöste Rätsel dar. »Wir haben keine Ahnung«, schreibt Craig Scott, »wie groß die Pyramiden sind, weil wir nicht wissen, wie tief sie im Schlamm stecken. Eine größere Pyramide ragt etwa vier Meter aus dem Boden. Sie ist dreiunddreißig Meter lang.«

»Es sieht gespenstisch aus«, stellt John Shulak, der wiederholt vor Ort tauchte, fest. »Du tauchst durch eine Schlammlandschaft. Auf einmal erscheinen Pyramiden. Die Seiten waren einst glatt, mit einer Art Zementschicht oder etwas Ähnlichem überzogen.«

Dr. James Scherz, Ingenieur an der Universität von Madison, Wisconsin, faßt zusammen: »Die Pyramiden stellen einen phantastischen Fund dar. Die große Unterwasserpyramide ist exakt nach Norden ausgerichtet. Von den Pyramiden aus wurden Sonne, Mond, Planeten und Sterne in ihrem Lauf beobachtet.«

Sag mir wann

Die Frage aller Fragen, die im Zusammenhang mit den Pyramiden auf dem Grund des Rock Lake gestellt werden muß, lautet: Wann wurden die Pyramiden gebaut? Theoretisch wäre es denkbar, daß sie unter dem Wasser von Tauchern auf eine uns unbekannte Art und Weise errichtet wurden. Diese mehr als unwahrscheinlich klingende These kann freilich ad acta gelegt werden. Wurden doch von den Pyramiden aus, so Ingenieur Dr. James Scherz, »Sonne, Mond, Planeten und Sterne in ihrem Lauf beobachtet«. Das war aber eindeutig nur zu Zeiten möglich, als die Pyramiden noch nicht viele Meter unter Wasser lagen.

Daraus kann nur eine Schlußfolgerung gezogen werden: Die Pyramiden müssen entstanden sein, als es den See noch gar nicht gab. Aus geologischer Sicht war das vor »kurzer Zeit« der Fall. Entstanden ist der See nämlich erst am Ende der letzten Kälteperiode. Damals schmolzen die Gletscher. Kleine, unscheinbare Rinnsale verwandelten sich in donnernde Ströme. Es entstanden Seen, wo einst Täler waren. So bildete sich auch der Rock Lake.

Die Pyramiden müssen im Grund eines Tals gestanden haben. Sie waren mit einer Art von künstlichem Beton überzogen. Diese Substanz sollte endlich einmal analysiert werden. Ist sie in ihrer Zusammensetzung mit dem Kunststein zu vergleichen, der nach den Anweisungen von Gott Chnum im alten Ägypten angerührt wurde?

Fragen über Fragen ergeben sich. Etwa diese: Warum kleidete man zumindest einige der Pyramiden mit einer Betonschicht ein? Sollte etwas im Inneren der Pyramiden besonders geschützt werden – etwa gar vor den Wassermassen, die bald auf den Bauwerken stehen würden? Hatten – wieder einmal – die Astronautengötter der Vorzeit ihre Hände im Spiel? Hinterließen sie sowohl in der »Großen Pyramide« Ägyptens wie in den Pyramiden vom Grund des Rock Lake Beweise ihrer Präsenz auf der Erde?

Legten sie die Pyramiden vom Rock Lake bewußt so an, daß sie bald auf dem Grund des erst entstehenden Sees verschwinden würden? Um ihren Inhalt so vor Plünderern zu schützen?

Fragen über Fragen stehen im Raum. Um sie beantworten zu können, muß endlich der Versuch unternommen werden, mit Hilfe modernster Unterwassertechnologie das Geheimnis der Pyramiden zu knacken. Vielleicht warten da Sensationen auf uns.

Außerirdische in Europa und in der Türkei

Im Tal der Astronautengötter

Seit rund 30 Jahren suchen Forscher weltweit nach Spuren, die außerirdische Besucher auf unserem Planeten hinterlassen haben mögen. Man könnte dabei manchmal den – falschen – Eindruck gewinnen, daß unsere Gefilde von den Besuchern aus dem All gemieden worden seien. Darauf wird gern von Gegnern der Prä-Astronautik hingewiesen, die ein Indiz gegen Besucher aus dem All darin sehen, daß es in Europa nur wenige oder keine Hinweise auf vorgeschichtliche Visitationen durch Außerirdische gäbe. Doch das ist nicht so. Auch in Europa gibt es »Götterspuren«, sozusagen »direkt vor unserer Haustür« – im »Tal der Götter«, im italienischen Val Camonica.

Im Val Camonica, etwa einhundert Kilometer nordöstlich von Mailand gelegen, beim kleinen, malerischen Städtchen Capo di Ponte, endete vor etwa zwölf Jahrtausenden die Eiszeit. Gewaltige Gletscher hatten unzählige Felsbrocken unterschiedlicher Größe, die aus dem Erdreich ragten, glatt wie Tafeln geschliffen. Die Eisberge zogen sich zurück und verwandelten des kleine Tal in eine Schlammlandschaft. Das Val Camonica war danach alles andere als ein einladender, gastlicher Ort. Und doch siedelten sich just hier Menschen an. Sie errichteten im Morast Pfahlbauten. Und sie begannen mit Eifer, Steingravuren in den Fels zu ritzen, die das Val Camonica zu einem Mekka der Vorgeschichtsforschung machen müßten. Und doch fristet das geheimnisvolle Tal ein Stiefmütterchendasein in der Vorgeschichtsforschung. Sollte das darauf zurückzuführen sein, daß Spuren zu finden sind, die auf eine phantastische Vergangenheit unseres Planeten schließen lassen, die nicht so recht in das herkömmliche Bild von der Vergangenheit passen, wie wir sie aus Schul- und Lehrbüchern kennen?

Seit Jahrzehnten untersuchen Wissenschaftler des Studienzentrums für prähistorische Forschung das Val Camonica. Sie waren zuerst davon ausgegangen, daß es etwa zehn-, vielleicht zwanzigtausend Gravuren gab. Bald ging man von mehreren 100 000 Steinritzungen aus. Es dürften aber wohl um eine Million sein! Sie wurden von etwa 10 000 v. Chr. bis in die Tage der Römer angefertigt. Nirgendwo sonst auf der Welt dürfte es eine solche Konzentration von Steinzeitkunst auf so engem Raum geben. Was aber veranlaßte die Menschen, trotz der ungünstigsten Verhältnisse so lange im Val Camonica zu siedeln? Waren es etwa gar die Besucher aus dem All, die hier – vorübergehend – Station machten?

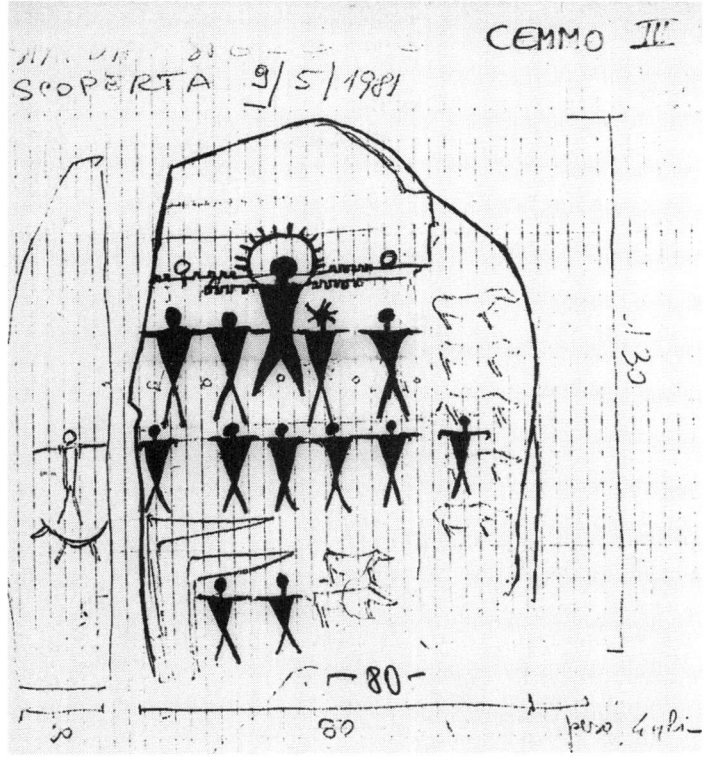

Das Felsbild von »Cemmo III«

188

Die prähistorischen Astronauten von »Cemmo III«

Auf einem Felsmonolithen, den Archäologen »Cemmo III« nennen, wurde vor Jahrtausenden eine seltsame Szene festgehalten. Auf der Vorderseite – 80 mal 130 Zentimeter groß – sehen wir eine Art Prozession. Ist da eine Begrüßungsszene abgebildet worden? Oder ein Abschied? Zwölf Menschen, die sich an den Händen fassen, stehen einem größeren, menschenähnlichen Wesen gegenüber. Es erinnert mit seinem Strahlenhelm an einen Astronauten. Und von »Astronautendarstellungen« wimmelt es nur so in der Kunstgalerie Val Camonicas. Unweit des Weilers Zurla etwa wurden zwei Gestalten in den Stein geritzt. Sie scheinen schwerelos im All zu driften, tragen so etwas wie Raumanzüge mit »Strahlenhelmen«. Und in der Tat: Sie sehen wirklich wie »Astronauten« aus.

Trügt der Eindruck? Wollten die steinzeitlichen Künstler vielleicht doch etwas ganz anderes, etwas weniger Phantastisches darstellen als wir, Zeitgenossen der bemannten Raumfahrt, zu sehen vermuten? Im prähistorischen Forschungsarchiv grub ich mich durch Berge von Aufzeichnungen, Notizen. Ich mußte feststellen, daß die Archäologie sich völlig unschlüssig darüber ist, was das für seltsame Wesen sind. Jeder Wissenschaftler vertritt eine Lieblingstheorie, auf eine Deutung kann man sich nicht einigen.

Tänzer, Jäger oder Astronauten?

Da wird von »Tänzern« gesprochen, von »Priestern« mit »rituellen Geräten«, von »Jägern mit Pfeil und Bogen«, von »Musikern mit Instrumenten«, von »Magiern bei rituellen Beschwörungen«. Ich meine: Bevor sich die Fachwelt nicht darüber einig ist, was denn Wesen wie die von Zurla waren, ist die »Astronautentheorie« eine gleichberechtigte Erklärung.

Die Verbindung »Menschen-Sterne-Weltall« wird immer wieder hergestellt. Wir sehen Menschen mit erhobenen Armen – und direkt daneben: Sterne. Was wollen uns diese Gravuren vermitteln? Erinnerungen an kosmische Besucher? Und wenn Wesen aus dem All im Val Camonica waren, was brachten sie

Was bedeuten die Sterne und Menschen auf den Felsbildern im Val Camonica?

Götter – oder Astronauten bei ihrer Ankuft auf der Erde?

den Menschen bei? Hinterließen sie Botschaften, in den Stein geritzt, die wir bis heute nicht zu entschlüsseln vermögen?

Beim Dörfchen Cran Falto wurde – auf einer Fläche von mehreren Quadratmetern – eine Karte in den harten Stein geritzt. Der italienische Architekt Cesare Borgna fand heraus, daß die komplizierte Gravur eine echte, korrekte Landkarte ist. Professor Stuart Pigott hat nachgewiesen, daß vor Jahrtausenden verschiedene prähistorische Karten im Val Camonica angefertigt wurden. Sie enthalten Hinweise auf unterirdische Metallvorkommen. Das aber ist paradox: Wird doch in der Wissenschaft einhellig den Steinzeitmenschen vom Val Camonica jedes Verwenden von Metall abgestritten!

Die prähistorische Landkarte ist eines der größten Rätsel von Val Camonica.

Es wird noch kurioser: Eine genaue Untersuchung der Karten ergab, daß die steinzeitlichen Künstler keinerlei Rücksicht auf die teilweise erheblichen Niveauunterschiede der »Unterlage« nahmen, sie sind verzerrungsfrei und korrekt gemeißelt. Sie setzen erhebliches Wissen voraus, das Steinzeitmenschen eigentlich gar nicht besessen haben können! Hatten sie also

191

Lehrmeister aus dem All? Ließen die kosmischen Besucher etwa Metallvorkommen in der Erde vor Jahrtausenden in Karten festhalten – für spätere Generationen?

Es gibt keinen Zweifel: Seit der Mensch Raumfahrt betreibt, kann er Hinweise auf prähistorische »Götterbesuche« mit ganz anderen Augen sehen. Und: Im italienischen Val Camonica gibt es zahlreiche Hinweise auf solche Besuche. Ist es nicht endlich an der Zeit, daß die Steinzeitkunst des Val Camonica gründlich untersucht wird? Vielleicht sind dazu nur Laien in der Lage, die keine wissenschaftlichen Scheuklappen tragen, die unvoreingenommen sehen, was da zu sehen ist. Laien haben einen Vorteil: Sie lehnen phantastische Interpretationen nicht ab, nur weil sie nicht in vorgefaßte Meinungsbilder passen.

Und wer weiß: Wie viele Steingravuren im Val Camonica mögen bis heute unbeachtet geblieben sein? Vor Ort stellte ich fest, daß fast täglich neue Zeichnungen auftauchen. Sie werden durch Regengüsse freigewaschen. Andere verschwinden wieder im Schlamm.

Rätselhafte Ritzzeichnungen tauchen auf, verschwinden wieder, um vielleicht irgendwann einmal in der Zukunft neu entdeckt zu werden. Manchmal hat es den Anschein, als ob die Archäologen gar nicht so unglücklich darüber sind, daß manche Darstellungen nicht für jedermann zu sehen sind. Das trifft in besonderem Maße auf eine Szene zu, die in zahllosen Variationen immer wieder auftaucht. Da steht eine »Scheibe« mit einem Punkt im Zentrum am Himmel. Darunter: menschliche Wesen, die ihre dürren Arme emporstrecken.

Über die Bedeutung von derlei Szenarien kann man endlos streiten. Handelt es sich um Menschen, die als Anhänger eines Sonnenkults unser Zentralgestirn anbeten? Oder aber handelt es sich um UFOs, um die Raumschiffe prähistorischer Besucher, die einst im Val Camonica landeten und deren Vehikel am Himmel als göttliche Erscheinungen mißverstanden wurden? Wie auch immer: Nach Professor Anati entstanden die beschriebenen »Anbetungs-Szenarien« in der ältesten Epoche der Val Camonica-Kultur.

Auf alle Fälle muß man die Steingravuren im Zusammenhang mit der uralten Mythologie aus dem Val Camonica und

Umgebung sehen. Völlig korrekt stellen Reinhard Habeck und Peter Krassa in ihrem Werk *Die Palmblattbibliothek* fest:

»Wer über solche Fragen ungläubig den Kopf schütteln sollte, dem sei vorerst einmal das Studium von Sagen aus den Dolomiten empfohlen. Darin wimmelt es nur so von fliegenden Wagen und deren ›göttlichen‹ Insassen, die offenbar aus dem Kosmos kamen. Diese Überlieferungen erzählen von einem ›fliegenden Himmelsvolk‹ und sind erstaunlicherweise im gesamten Alpenraum anzutreffen.«

Wer wie der Autor die Welt auf der Suche nach den Spuren prähistorischer Astronautenbesuche bereist, muß oft bedauern, daß die geheimnisvollsten Orte kaum oder gar nicht erforscht werden, weil es einfach an Geld fehlt. Es ist zu beklagen, daß dies nicht nur in fernen Ländern der dritten Welt, sondern auch bei uns so zu sein scheint. Eine planmäßige Erforschung des Val Camonica ist notwendig. Die Forscher müssen die Bereitschaft mitbringen, auch neue, »phantastische« Wege zu beschreiten. Die Suche lohnt sich gewiß!

Eine »unsterbliche Botschaft« und die Götter aus dem All

Im Osten der Türkei liegt einer der rätselhaftesten Berge der Welt: der Nemrud Dag. Auf seinem Gipfel soll in einer bis heute unerforschten Pyramide eine »unsterbliche Botschaft« hinterlassen worden sein.

Die Welt der Wissenschaft wurde erst im Winter des Jahres 1881/82 auf den mysteriösen Götterberg aufmerksam. Damals berichtete der deutsche Vizekonsul der Königlich-Preußischen Akademie der Wissenschaften, bei Smyrna seien hochinteressante Relikte aus ferner Vergangenheit entdeckt worden. Der deutsche Vermessungstechniker Karl Sester, so heißt es in diesem Schreiben des Vizekonsuls Müller-Raschdau, habe auf dem Nemrud im östlichen Antitauros Statuen riesenhaften Ausmaßes vorgefunden, die auf zwei einander gegenüberliegenden Terrassen stünden. Dazwischen befände sich so etwas wie eine Pyramide.

Der Brief stieß bei den Herren Gelehrten auf erhebliche Skepsis. Man zweifelte seinen Wahrheitsgehalt an. Hatte nicht der Forschungsreisende Helmuth von Moltke just jene Region sorgsamst kartographiert? Riesenhafte Statuen auf Plattformen und eine Pyramide wären ihm doch gewiß aufgefallen. In seinem ausführlichen Bericht ist aber von derlei Sensationen nichts zu lesen.

Es wurde intensives Quellenstudium betrieben. Die Asienreisende Mary Gewendoline Scott-Stevenson hatte aus der Nemrud-Region gemeldet, sie habe im Mauerwerk eines Wirtshauses im Dörfchen Sakcagözü Reliefs gesehen. Ganz offensichtlich, so schrieb sie, hatte man irgendwo assyrische Kunstwerke geplündert und als Verschönerung des modernen Gebäudes verwandt.

Der Hinweis auf assyrische Reliefs ließ die preußischen Wissenschaftler hellhörig werden. Hatte doch Karl Sester die Vermutung geäußert, die mysteriösen Riesenstatuen gingen wohl auf die Assyrer zurück. Es konnte also doch etwas dran sein an dem eigentlich unglaubwürdig klingenden Bericht. Auf alle Fälle mußte die Sache überprüft werden.

Der junge Forscher Otto Puchstein erhielt also einen Forschungsauftrag: Reise zum Nemrud-Berg. Nachforschungen anstellen, ob es dort Riesenstatuen gibt. 1882 wußte man: Es gab tatsächlich ein riesiges Heiligtum auf dem Nemrud. Carl Human machte sich sofort auf den Weg und kam am 7. Juni 1883 nach einer entsetzlich mühsamen, unglaublich strapaziösen Reise beim Nemrud-Berg an. So erschöpft er auch war, so fasziniert war er von dem Bild, das sich ihm bot. In seinen Tagebuchnotizen lesen wir:

»Der erste Eindruck war ein wahrhaft überwältigender. Wie ein Berg auf dem Berge erhob sich auf dem höchsten Felsgipfel der Grabhügel, noch vierzig Meter über die Terrasse, die wir erstiegen, emporragend.

Ihm den Rücken wendend, saßen da auf erhöhter Felsbank die Riesenfiguren von fünf Gottheiten, von denen nur

194

eine ganz unversehrt geblieben war. Vor uns lagen die herabgestürzten Köpfe der Statuen, jeder einzelne größer als eines Mannes Länge. Wir gingen um den Tumulus (Pyramidenhügel) herum. An der anderen Seite erreichten wir im Westen wieder eine Terrasse, die bedeutend tiefer lag als die erste. Hier sind die Statuen ganz zerstört, die einzelnen Blöcke, aus denen sie ausgeführt gewesen, zuhauf daliegend, die Köpfe weit über die Terrasse hingerollt.«

Exkursion auf den Götterberg

Man mag romantisierend das Reisen von anno Tobak verherrlichen und über den Lärm schimpfen, den heutige Verkehrsmittel erzeugen. Trotzdem kann es sich heute niemand mehr leisten, mehrere Monate für eine Reise per Pferd in die Türkei aufzuwenden. Per Düsenjet kommt man ins Landesinnere, per Bus geht es weiter, und schließlich erreicht man per Jeep das Ziel, den Nemrud-Berg – wenn es die politische Situation erlaubt!

Die Häupter der Riesenstatuen vor der Pyramide auf dem Nemrud Dag

195

Die letzten tausend Meter freilich muß man zu Fuß zurück-
legen. Und die sind beschwerlich. Steil, auf sehr engen
Pfaden, geht es bergauf. Jeder Meter, den man weiterkommt,
kann zur Tortur werden. Es geht über Geröll. Und dann steht
man vor einem phantastischen Szenario.

Die gigantischen Götterköpfe

Da bewachen gewaltige Statuen aus Stein eine Pyramide.
Sie besteht aus etwa faustgroßen Brocken, die herbeige-
schleppt und aufgetürmt wurden. Die majestätischen Figuren
sind alle enthauptet. Ihre Köpfe liegen zu ihren Füßen. Der
letzte Götterkopf fiel erst 1964, vermutlich als Folge eines
gewaltigen Gewitters, zu Boden. Einst waren sie mehr als
imposant, diese steinernen Gottheiten. Acht bis zehn Meter
waren sie ursprünglich hoch, vom Sockel bis zu den Haarspit-
zen.

Ein Einheimischer erklärt mir: »Von links nach rechts sind
da Apollo, Fortuna, Zeus, Herakles und Antiochos dargestellt.« Antiochos I., er regierte im ersten Jahrhundert vor

Christus und gilt als Erbauer des ehrwürdigen Heiligtums, hat sich unter die Himmlischen gereiht. Er wollte so, das verrät eine gut erhaltene Inschrift an den Rückenseiten der Statuen, unsterblich werden. Der Regent war überzeugt, daß er einst den wichtigsten Göttern im Jenseits begegnen würde. Da lohnte es sich bestimmt, sie sich gewogen zu machen – indem er Apollo, Fortuna, Zeus und Herakles als mächtige Statuen verewigte.

Im Reich der Hethiter, zu deren Welt der Nemrud-Berg einst gehörte, wurde Apollo als Apulanos verehrt. Nach der klassischen Mythologie galt er als Sohn des mächtigen Zeus. Der Götterchef hatte sich einst in die schöne Göttin der Nacht Leto verliebt. Als er die Frau seiner Träume schlafend erblickte, überwältigte ihn ihr Liebreiz so, daß ihm nur ein Gewand aus Sternen angemessen zu sein schien.

In der steinernen Runde ist Fortuna die einzige weibliche Gottheit. Sie wurde als Herrscherin über die Naturkräfte verehrt. Ihr war es zu verdanken, wenn die Ernte üppig ausfiel. Bis 1964 trug sie ihr Haupt noch stolz zwischen den Schultern, dann traf sie ein Blitz und warf es zu Boden. Obst und Gemüse zieren ihr Haupt. Die alten Hethiter hätten dafür gewiß Zeus verantwortlich gemacht. Schließlich galt er auch als »Wolkensammler« und »Blitzschleuderer«.

Auch bei der Geburt des Herakles hatte der Mythologie zufolge Zeus die Hände im Spiel. Einst verliebte er sich in Alkmene, die Frau des Amphitryon. Göttergattin Hera ärgerte das sehr. Sie ersann einen Racheplan. Als aus der intimen Verbindung die Zwillinge Herakles und Iphikles hervorgingen, sandte sie zwei monströse Schlangen. Die Reptilien sollten die Babys erwürgen.

Herakles war schon als Baby von gerade acht Monaten der Gefahr gewachsen. Er ergriff mit beiden Fäusten je eine Schlange und erwürgte sie.

Die Steinfiguren sind nicht etwa, wie es zunächst den Anschein hat, aus Monolithen gemeißelt. Sie wurden vielmehr einst aus exakt zugehauenen Blöcken zusammengesetzt. Mörtel wurde nicht verwendet. Im Inneren sind die Figuren hohl. Warum? Krochen einst Priester in die Statuen? Sprachen sie aus den Götterfiguren? Gaben sie den Menschen, die sich ehr-fürchtig den Denkmälern genähert hatten, Befehle? Für die Menschen müssen das dann Kommandos aus himmlischem Munde gewesen sein, die unbedingt zu befolgen waren.

Hubschrauber landen auf dem »Feueraltar«

Der einheimische Führer vertraute mir an, daß einst, in grauer Vorzeit, tatsächlich Götter vom Himmel auf die Spitze des Nemrud-Berges herabgestiegen seien. Er verweist lächelnd auf ein steinernes Podest unweit der Statuen, das 13,5 mal 13,5 Meter mißt. Es wird als Landeplatz für Helikopter benützt, wenn erlauchte Staatsgäste dem Götterberg einen Besuch abstatten. Die Mächtigen der Welt unserer Tage haben für einen Marsch bis zum Gipfel keine Zeit. Sie lassen sich einfliegen, ohne zu ahnen, worauf ihr Helikopter zu stehen kommt, wovon er wieder abhebt.

Was wie eine moderne Hubschrauberplattform aussieht und tatsächlich gelegentlich als solche benutzt wird, ist freilich ein »Feueraltar«. Vor etwa zwei Jahrtausenden wurde er errichtet. Zu welchem Zweck? »Hier kamen einst die Götter nieder und stiegen wieder in den Himmel empor!« erklärt mir der wissende Guide. Für diese phantastisch anmutende Interpretation gibt es in der wissenschaftlichen Literatur der Archäologie freilich keine Bestätigung. Da ist lediglich von einer Opfer-stätte die Rede. Opfertiere sollen hier geschlachtet und zum Wohle der Himmlischen verbrannt worden sein.

Ist damit die Erklärung des Guide widerlegt? Denken wir an die Feueraltäre Südamerikas. Auf ihnen sollen sich einst die Götter verbrannt haben, um in die himmlischen Gefilde aufsteigen zu können. Der Völkerkundler Karl F. Kohlenberg meint, daß sich hinter diesem Bild Technologie verbirgt. Einst beobachteten die Menschen, wie Außerirdische in Raketen gen Himmel flogen. Feuer und Rauch waren die beein-druckenden Begleiterscheinungen ihres Verschwindens. Die zurückbleibenden Menschen versuchten sich zu erklären, was sich da vor ihren Augen abgespielt hatte. Sie kamen zu der für sie natürlichen Antwort, daß die mächtigen Götter, die sie eben noch gesehen hatten, verbrannt waren. Sollte also der Feueraltar auf dem Götterberg einst so etwas wie eine Lande- und Startplattform für hubschrauberähnliche Vehikel gewesen sein?

Wir haben nun die enthaupteten Götter hinreichend bestaunt und marschieren um die Schotterpyramide herum. Wir sind auf der Westterrasse angelangt. Wieder stehen wir vor vorge- schichtlichen Kunstwerken. Da sind kunstvoll ausgearbeitete Steinreliefs aneinandergereiht. Mein Guide macht mich auf einen majestätischen Löwen aufmerksam. Aus der wissen- schaftlichen Literatur weiß ich, daß es sich dabei um das älte- ste bekannte Horoskop handelt. Symbolisch dargestellt ist, das konnte genau rekonstruiert werden, der 7. Juni 62 vor Christus – der Tag, an dem Antiochos zum Herrscher gekrönt wurde und seinen Thron bestieg.

Das älteste Horoskop der Welt

Weitere Reliefs zeigen einen kleinen Adler, einen zweiten, kleineren Löwen, einen größeren Löwen, einen imposanten großen Adler und wiederum die wichtigen Götter Fortuna, Zeus, Apollo und Herakles. Abermals hat sich Antiochos selbst als gleichberechtigte Gottheit für alle Ewigkeiten in die

199

Reihe der Himmlischen hineingemogelt. Als ein Sterblicher, der ein Gott sein wollte.

Die Reliefs und die Statuen sind beeindruckend. Sie scheinen zum Leben zu erwachen, wenn man sie bei Sonnenaufoder -untergang beobachtet. Dies faszinierende Spiel von Licht und Schatten ist wohl beabsichtigt. Hüten die heiligen Kunstwerke doch ein Geheimnis. Es soll sich irgendwo im Inneren der künstlich aufgeschütteten Schotterpyramide befinden. Sie hat am Fuß einen Durchmesser von etwa 150 Metern und ist rund fünfzig Meter hoch.

Der mächtige Antiochos selbst war es, der unweit von der Pyramide eine Inschrift installieren ließ. Sie lautet: »Ich habe diesem Monument eine unsterbliche Botschaft anvertraut!« Das macht neugierig. Ein Fluch, auf den mich vor Ort der Archäologe Dr. Ülgür Gökovali aufmerksam macht, soll aber abschrecken:

> »Wenn du diesen Ort versehentlich entweiht hast, so geh schnell von hinnen! Begib dich in die Einsamkeit! Dort machst du den Frevel ungeschehen! Bist du aber mit Absicht gekommen, so wirst du nimmermehr glücklich sein!«

Wem gilt diese Drohung? Etwa potentiellen Grabräubern? Oder neugierigen Touristen? Heutige Wissenschaftler sind davon überzeugt, daß die Pyramide tatsächlich ein Geheimnis birgt – vermutlich die Gruft des Antiochos. Wie mögen die Grabbeigaben aussehen, die man ihm für die Reise ins Jenseits mitgegeben hat? Und worin mag dann die »unsterbliche Botschaft« bestehen? Fragen wie diese werden erst beantwortet werden können, wenn man die letzte Ruhestätte des Antiochos gefunden hat. Das aber ist so leicht nicht zu bewerkstelligen.

Vergleicht man die Pyramide auf dem Nemrud-Berg mit Exemplaren in Ägypten oder in Zentral- und Südamerika, dann wirkt der künstliche Steinberg auf dem Nemrud eher bescheiden. Er ist aber im Gegensatz zu den Denkmälern Ägyptens nur sehr schwer zu knacken. Für Grabräuber ist es kein Problem, einen Stollen in eine steinerne Pyramide zu treiben. Das ist eine schweißtreibende Arbeit, führt aber mit Sicherheit irgendwann zum Ziel. Selbst wenn die Plünderer – oder später die Archäologen – genötigt sind, den Leib so eines steinernen Denkmals wie einen Schweizer Käse zu durchlöchern – irgendwann stoßen sie zwangsläufig auf einen Gang oder gar eine Kammer.

Im Fall der Nemrud-Pyramide ist das anders. Man kann sie nicht einfach anbohren. Wie vorsichtig man auch gräbt, kaum hat man eine Schaufel voll Geröll beiseite geräumt, rutscht die gleiche Menge nach. Das Loch ist wieder verschüttet. Aus diesem Grunde ist die Schotterpyramide bislang nicht angetastet worden, sie hat ihr Geheimnis bis heute gewahrt. Es kann ihr nur mit enormem technischem Aufwand entrissen werden.

Zwei Methoden sind denkbar. Man könnte mit brachialer Gewalt rücksichtslos vorgehen und den gesamten Kunstberg Stein für Stein abtragen. Für ein solches Vorgehen werden die örtlichen Behörden verständlicherweise die Genehmigung verweigern.

Der wohl einzig mögliche Weg wäre, eine Röhre in das Innere der Pyramide zu legen. Aber wie? Wohin soll sie führen? Beim beachtlichen Volumen des Bauwerks, in dessen Inneren bereits verschiedene Mauern ausfindig gemacht wurden, kann nur gezielt vorgegangen werden. Man muß das Objekt erst durchleuchten, um herauszufinden, wo sich die gesuchte Kammer befindet. Dann erst kann man mit dem Verlegen eines Tunnels beginnen.

Wird es je dazu kommen? Ich bin skeptisch. In Ägypten ist man ja schon einen ganzen Schritt weiter: Man hat einen bislang unbekannten Gang entdeckt. Man ist auf eine Tür gestoßen. Und konnte sich bislang nicht dazu entschließen, sie zu öffnen.

Flucht in die Unterwelt

Vor vielen Jahrmillionen ereignete sich auf dem Gebiet der heutigen Türkei eine Katastrophe unvorstellbaren Ausmaßes. Die Vulkane Erciyes Dagi (3916 Meter) und Hasan Dagi (3253 Meter) brachen aus und töteten alles Leben zwischen den heutigen Ortschaften Kayseri und Aksaray. Lavamassen breiteten sich aus, überzogen eine einst blühende grüne Landschaft mit tödlichem, glühendheißem Brei.

Das flüssige Gestein erkaltete und erstarrte. Jahrmillionen war es den Wetterunbilden ausgesetzt. Sturm, Regen, Hitze und Kälte wirkten darauf ein. So entstanden kuriose Formen, die in ihrer bizarren Schönheit beeindrucken. Spitz reichen steinerne Nadeln weit in den Himmel. Sie gleichen den Bauten der emsigen Termiten, sind aber reine Zufallsprodukte, Launen der Natur. Steinerne »Riesenpilze« erinnern an märchenartige Träume, in denen Pilze größer als Bäume werden.

Was die Natur in Jahrmillionen schuf, das lockt seit Jahrhunderten Menschen an. Handwerklich geschickte Techniker fanden irgendwann heraus, daß man die phantastisch anmutenden Lavasteingebilde mit relativ geringem Kraftaufwand gut bearbeiten kann. So wurden die riesigen Formationen innen ausgehöhlt. Emsige Christen, fromme Mönche, fühlten sich von den phantastischen Naturgebilden wie magisch angezogen. Sie schlugen zunächst einzelne einfache Zimmer in den Stein, dann aber auch zahlreiche Kapellen. Ihre Wände und Decken wurden mit prachtvollen Gemälden verziert, die Szenen aus dem Leben Jesu darstellen.

Vor Jahrhunderten zogen hier die Mönche ein. Sie wandten sich spirituellen Wahrheiten zu, lebten abgeschieden und fristeten ein kärgliches Dasein. Nachfolger fanden sie immer weniger, so wurden ihre Klausen weitestgehend wieder verlassen. Im vergangenen Jahrhundert kamen Arme, die nirgendwo sonst eine Bleibe finden konnten, als Nachfolger der Einsiedler. Bis in unser Jahrhundert soll es immer wieder Menschen gegeben haben, die in den einstigen Einsiedlerklausen hausten.

Doch während die gewiß einzigartigen Siedlungen in den überirdischen Lavaformationen zahllose Touristen anlocken, interessiert sich für die wahre Sensation vom türkischen Kappadokien kaum jemand. Die geheimnisvolle Unterwelt aber ist es, die einem den Atem verschlägt.

Derinkuyu ist eine von den türkischen unterirdischen Städten. Man findet ihren Eingang an der Landstraße Nevsehir-

Nigde, knapp 55 Kilometer von Nigde. Acht Kilometer davon entfernt liegen die Eingänge zu einer weiteren unterirdischen Stadt, zu Kaymakli. Derinkuyu wurde 1963, Kaymakli 1964 entdeckt.

Unterwegs in der Unterwelt

Was für viele der großen archäologischen Rätsel unserer Welt gilt, das trifft in besonderem Maße auch auf die unterirdischen Städte der Türkei zu. Sie werden in wissenschaftlichen Werken nur kurz erwähnt. Die unterirdischen Städte von Kappadokien sind aber ein echtes Weltwunder.

Eben war ich noch in der gleißenden Helligkeit des Alltags. Eben noch schwitzte ich unter sengender Nachmittagssonne. Doch kaum bin ich nur einige wenige Schritte in den Eingangstunnel von Derinkuyu gegangen, umgibt mich angenehme, milde Kühle. Es dauert einen Augenblick, bis sich meine Augen auf die Dunkelheit eingestellt haben.

Ich taste mich vorsichtig voran. Staunend stelle ich fest, wie großzügig der Haupttunnel angelegt ist. Es sieht so aus, als habe man mit spielerischer Leichtigkeit die Unterwelt erschlossen. Ich folge dem Hauptgang weiter, biege einmal ab und stehe vor einem massiven Eisengitter, das ich mit einiger Kraftanstrengung zur Seite wuchten kann. Ich krieche hinein. Der Gang ist kaum einen Meter hoch und führt steil abwärts. Ich krabbele weiter. Irgendwann setzt die Grubenlampe an meiner Stirn aus. Vollkommene Dunkelheit umgibt mich. Weiter taste ich mich, krieche langsam nach vorn.

Plötzlich blendet mich Licht, das mir gleißend erscheint. Ich blicke in einen riesigen Raum. Er ist mit zahlreichen Nischen versehen. Im Zentrum liegt so etwas wie ein riesiger »Mühlstein« auf dem Boden. Ich messe nach. Ein perfekter Kreis, zwei Meter hoch und dreißig Zentimeter dick.

Von diesen Kolossen gibt es viele in der unterirdischen Welt. Nach Aussage der Wissenschaft dienten sie einst als so etwas wie »Tresortüren«. Sie wurden vor die Eingänge gerollt, um so angreifende Feinde daran zu hindern, in die Welt unter der Erdoberfläche einzudringen. Wieder wage ich mich in

Schutz vor Feinden: eine Tresortür von Derinkuyu

einen niedrigen Tunnel. Er ist knapp 1,20 Meter hoch. Wie kann es anders sein: Auch hier erlischt bald meine Grubenlampe. Liegt es am Glühbirnchen oder an den Batterien? Wieder krieche ich in die Dunkelheit, taste mich vorsichtig vor. Plötzlich greife ich ins Leere. Ein Steinchen löst sich, fällt. Angestrengt lausche ich in die absolute Stille. Einen Aufprall höre ich nicht.

Ich nehme die Grubenlampe vom Kopf, rüttele am Gehäuse. Ich schraube das Birnchen aus der Fassung und wieder hinein. Ich wackele an den Batterien. Plötzlich spendet die Lampe wieder erfreulich helles Licht. Ich starre in einen senkrecht abfallenden, scheinbar abgrundtiefen Schacht. Ein Ende ist nicht auszumachen. Schließlich zünde ich ein Stückchen Papier an, werfe es in den steinernen Schlund. Tanzend schwebt es flackernd zu Boden. Deutlich sind zahllose Löcher an einer der Wände zu erkennen. Sie sind wie Perlen auf einer Kette aneinandergereiht. Einst sollen sie als »Leitersprossen« gedient haben. Mit ihrer Hilfe hinabzusteigen, darauf verzichte ich lieber.

Immer noch fällt das brennende Papier taumelnd tiefer. Nach dreißig, vierzig Metern entschwindet es aus meinem Blickfeld. Ich kehre lieber zum »Hauptgang« um. Er führt mich weiter in die Tiefe. Die Luft ist dabei stets erstaunlich frisch. Das ist nicht wirklich verwunderlich. Bislang wurden 1500 kleinere und 52 größere Be- und Entlüftungsschächte gefunden. Sie reichen bis zu 85 Meter tief in die unteren Bereiche der Stadt. Niemand vermag zu sagen, wie viele solche Lüftungsröhren noch der Entdeckung harren.

Wie wurden diese Röhren angelegt? Wurden sie gebohrt? Wenn ja, mit welchen Werkzeugen? Festzustehen scheint, daß nicht alle der Luftzirkulation dienten. Manche waren auch Bestandteil eines komplizierten Kommunikationssystems. Ich habe es getestet. Was etwa sieben Etagen unter der Erdoberfläche gesprochen wurde, war in der ersten Etage gut zu verstehen.

Ein Wunder im Untergrund: ein Gang in Derinkuyu

Es geht immer steiler nach unten. In der siebten – vielleicht ist es auch die achte – Etage unter der Erdoberfläche breitet sich ein unübersichtlicher saalartiger Raum vor mir aus. Wuchtige Säulen sind aus dem massiven Stein herausgehauen. Nach einem Plan, den mir ein Einheimischer aufgezeichnet hat, muß ich jetzt wieder nach oben kriechen, um in der dritten Etage auf einen Geheimgang zu stoßen. Tatsächlich finde ich ihn. Er ist imposante vier Meter breit und fast zwei Meter hoch. Laut einheimischer Forscher ist er immerhin neun Kilometer lang und verbindet unterirdisch die Städte Derinkuyu und Kaymakli. Angeblich gibt es eine Vielzahl von unteridischen Städten in der Türkei, zehn, zwölf Stockwerke unter der Erdoberfläche, eine Etage über der anderen. Tausende Räume boten einst Zigtausenden, ja Hunderttausenden Menschen Zuflucht.

Die Stadt Derinkuyu ist zwölf Stockwerke tief.

Wer floh da vor wem – und wann? Noch vor wenigen Jahren galt als erwiesen, daß die gewaltigen unterirdischen Anlagen das Werk von frühen Christen aus dem siebten Jahrhundert nach der Zeitenwende seien. Sie hätten sie angelegt, um den Arabern zu entkommen, die die Christen verfolgten.

Heute ist man von dieser Ansicht abgerückt. Sie vermochte nie so recht zu überzeugen.

Man muß sich nur die Situation vor Augen halten. Nehmen wir an, daß Christen im siebten Jahrhundert tatsächlich um Leib und Leben fürchten mußten. Sie flohen vor ihren Feinden, versteckten sich. Es ist aber unmöglich, daß sie in dieser Gefahrensituation anfingen, riesige unterirdische Städte in den harten Stein der Erde zu graben. So ein Unterfangen wäre nicht unbemerkt erfolgt. Es hätte zudem nicht Jahre, sondern Jahrzehnte erfordert. Die »bösen Verfolger« hätten dabei keineswegs tatenlos zugesehen.

Gewiß, es ist sehr wahrscheinlich, daß sich verfolgte Christen in die unterirdischen Städte zurückzogen. Sie bauten sie aber nicht. Sie fanden sie bereits vor. Martin Urban, einer der führenden Experten in Sachen »unterirdische Städte der Türkei«, hält eine Erschaffung in nachchristlichen Zeiten für unmöglich. Er vermutet, daß sie bereits um die Wende vom neunten zum achten vorchristlichen Jahrhundert entstanden. Auch der türkische Archäologe Dr. Ülgür Gökovali geht von einer »militärischen Verwendung« aus, meint aber, sie seien bereits 1400 vor Christus entstanden.

Wann und von wem auch immer die Flucht in die Unterwelt angetreten wurde – vor welchem Feind versuchte man sich in Sicherheit zu bringen? Denkt man an normale irdische militärische Angreifer, dann waren die gewaltigen Bunker militärstrategisch unsinnig.

Feinde mußten lediglich die Eingänge besetzen und abwarten. Dann saßen die Menschen in der Unterwelt in der Falle. Gewiß, sie konnten die Eingänge mit den tresorartigen Verschlußsteinen unpassierbar machen. Aber irgendwann mußten ihnen die Nahrungsmittel und das Wasser ausgehen.

Außerdem hätte es genügt, bei den »Ausgängen« des Luftversorgungssystems Feuer zu schüren, und die Eingeschlossenen wären hilflos erstickt.

Wenn also die Bunker nicht als Verstecke vor irdischen Angreifern dienten, aus welchem Grunde zog sich dann ein ganzes Volk in eine Welt tief unter der Erdoberfläche zurück? So groß die zahllosen Räumlichkeiten auch waren – sie konnten nur vorübergehend als Versteck dienen. Vor wem oder vor was flohen also die Menschen?

Erich von Däniken bietet eine Erklärung an: Demnach waren es die am Himmel dahinbrausenden Flugvehikel der Außerirdischen, von denen sich die Menschen bedroht fühlten. Ein solches Raumschiff wurde – als Modell – in der Stadt Toprakale, die einst in grauer Vorzeit Tuspa hieß, bei archäologischen Ausgrabungen gefunden.

Eine prähistorische Rakete

Das Fachblatt *Fortean Times* notierte kurz und bündig:

»Dieses Objekt ist zweiundzwanzig Zentimeter lang, hat eine Breite von 7,5 Zentimetern und ist acht Zentimeter hoch. Alter: geschätzte drei Jahrtausende. Für den heutigen Betrachter scheint es ein Raumfahrzeug für einen Passagier darzustellen. Der Kopf des Piloten fehlt. Manche Wissenschaftler bezweifeln das Alter. Es wird im Museum für Archäologie in Istanbul aufbewahrt, aber nicht ausgestellt.«

Die Rakete von Toprakale

Das Objekt gleicht in verblüffender Weise der Darstellung auf der geheimnisvollen Grabplatte von Palenque, löste sofort heftige Diskussionen aus. Kaum wurde der Fund bekannt, setzte ein vehementer Streit ein. Für eine Fälschung halten Jonny R. Hefner und Jörg Dendl die Skulptur. Vom Gegenteil ist Michael Hesemann, weit über die Grenzen Deutschlands als seriöser UFO-Forscher bekannt, überzeugt.

Ich möchte den Fund, den ich als einer der ersten Autoren überhaupt im österreichischen Fachblatt *Para* im Foto vorstellte, auch den Leserinnen und Lesern dieses Buches nicht vorenthalten. Haben wir es wirklich mit einem Relikt aus der grauen Vergangenheit der Türkei zu tun, mit dem Modell eines prähistorischen Raumschiffs? Oder handelt es sich lediglich um die relativ junge Kopie eines weitaus älteren Originals? Fragen wie diese werden erst dann beantwortet werden können, wenn das mysteriöse Objekt einer exakten Analyse unterzogen wird.

Götterberge und geschmolzener Stein

Wenn der Astronautengott der Bibel Jahwe vom Himmel stieg, dann wählte er gewöhnlich hohe Berge für seine Landungen aus. Dabei entstand fürchterlicher Lärm, Feuer und Rauch waren die typischen Begleiterscheinungen. Menschen waren in Gefahr. Sie durften nur aus sicherer Distanz das gewaltige Schauspiel beobachten. Vorsorglich wurden Zäune errichtet. Die Abgrenzungen sollten dafür sorgen, daß niemand dem himmlischen Vehikel zu nahe kam. In diesem Kontext stellt sich eine Frage: Gab es vergleichbare Landungen und Starts auch in Europa?

Karl August von Cohausen und die »Glasburgen«

Bereits im 19. Jahrhundert entdeckte der Forscher Karl August von Cohausen ein unlösbares Rätsel. Er beschrieb es in seinem umfangreichen Werk *Die Befestigungsweisen der Vorzeit und des Mittelalters,* das 1898 in Wiesbaden erschien.

Worum ging es? Um seltsame Veränderungen von Stein auf hohen Bergen. So etwa auf dem »Glasbläserkopf« bei Kirn-Sulzbach:

»Hinter dem Kamme auf seiner Südostseite liegt bis zur Nahe hinab, wie ein unnahbares Asyl, die Feldflur ›Brombeerberg‹ oder ›Glasbläserkopf‹. Vor ihr ist ein etwa sechs Meter tiefer Graben ausgehoben. Der Felskamm ist auf seiner ganzen ziemlich waagrechten Erstreckung 270 Schritt lang, 1 bis 1,80 Meter breit und meist nicht über 1 m hoch, bildet aber den Grat eines natürlichen, spitzen Walles, der, wie sich erkennen läßt, auch noch künstlich befestigt war. Auf ihm liegen nämlich hier und da vom Feuer veränderte und verschlackte Steine. Andere, und zwar die meisten, sind in den Graben oder den Berghang hinabgestürzt.«

Die Steine waren enormer Hitze ausgesetzt. Immerhin verschmolzen sie miteinander. Es entstand eine Glasur, »glatt und unersteiglich«, die den »Bau zu einem Glasberge machte«. Wie das Phänomen auch zustande kam, es trat, so berichtet Carl August von Cohausen, auch bei St. Medard an der Glan, sieben Kilometer von Meisenheim, 26 Kilometer südwestlich von Bad Kreuznach, auf dem »Berg Monreal« auf. Interessant ist vor allem ein Steinwall.

»Auf der Außenböschung der Nordseite erkennt man auf fünfzehn bis zwanzig Schritt Länge und mit fünf bis sechs Meter Abstand von der Wallkrone die Oberkante zweier Trockenmauern. Das Gestein ist Melaphyr in verschiedenen Stadien der natürlichen Verwitterung und der künstlichen Glühung.«

Wie das Phänomen auch zustande kam – irgendwer ließ auf zahlreichen Bergen Stein durch enorme Hitzeeinwirkung verglasen. So zum Beispiel im Falle der Engelburg gegenüber von Rothenburg o. d. Tauber. Von Cohausen meldet wiederum einen steinernen Wall, der wieder »mit Glasur überzogen oder völlig zu Kalk gebrannt« ist.

Berge mit geschmolzenem Stein

Berge mit geschmolzenem Stein finden sich europaweit. Zum Beispiel im Gebiet von Mosel und Meurthe in Frankreich. Bei einem 338 Meter langen Wall ist »das Gestein je nach seiner Natur verglast, verschlackt, mit einem Glasuranfluge versehen, mürbe und entfärbt oder zu Kalk gebrannt«.

Wie viele »Glasburgen« es einst gab, ist unbekannt. Niemand vermag zu sagen, wie viele von ihnen zerstört und abgetragen wurden. Von Cohausen:

> »In der Lausitz, in Obersachsen und in Böhmen sind unter zahlreichen Ringwällen in der oberen Lausitz solche mit stellenweiser Verschlackung aufgefunden worden, so der auf der Landskrone bei Görlitz, die auf dem Schaafberg und auf dem Stromberg bei Löbau, der von Koschütz bei Dresden und, wenigstens mit einer kleinen Schlackenpartie, der Rotstein unfern Löbau. Geradeso finden sich in Böhmen unter 23 Stein- und 54 Erdwällen sechs Steinwälle mit Verschlackung, nämlich auf dem Schaafberge bei Bukowetz, zu Horn bei Katowitz, Swakowa bei Sobestan, auf dem Burgberge bei Kanden, zu Hradischt bei Strakonitz und auf der Kuppe des Vladar bei Luditz.«

Auch Walther Machalett verweist in seinem Buch über die Externsteine bei Detmold auf die Steinverglasungen. Er macht darauf aufmerksam, daß viele der Berge, auf denen es zu dem mysteriösen Phänomen kam, »Stromberg« heißen. Hat das etwas mit den »verglasten Wällen« zu tun? Soll der Name zum Ausdruck bringen, daß da – wie und warum auch immer – harter Stein verflüssigt wurde, also »strömte«? Und warum sind es häufig uralte »Kultorte« auf Bergeshöhen, wo geheimnisvolle Kräfte wirkten und zu Steinverglasungen führten? Geschah irgend etwas auf diesen Bergen, etwas Unerklärliches für die damaligen Menschen, das sie nur als etwas Überirdisches ansehen konnten?

Von Cohausen weist darauf hin, daß derlei verglaste Steinwälle in Schottland »Vitrified forts«, »Glasburgen«, genannt werden:

> »Ihre Wälle umgaben eine kleine Fläche auf dem Gipfel steiler Hügel, am Ende oder auf der Mitte schmaler Begren-

zungen. Eine der bestausgeprägten und damals zuerst beschriebenen Glasburgen ist Knock ferrel Naphian, oder Fingals Wohnung, zwei Meilen westlich von Dingwall in Rossshire.«

Fingal war ein gälischer Held. Kommen damit die Astronautengötter ins Spiel?

Wer das Geheimnis der Steinverglasungen ergründen möchte, findet im Nordwesten Schottlands ein ideales Studienobjekt: Auf dem Gipfelplateau des Tap O'Noth, etwa 560 Meter hoch, befindet sich eine rätselhafte Anlage. Sie muß uralt sein. Archäologen vor Ort schreiben sie den Kelten zu. Das ist aber reine Spekulation. Das mysteriöse Bauwerk kann genausogut Jahrtausende älter sein. Stonehenge wurde schließlich auch lange Zeit den Druiden angedichtet, ist aber ebenfalls Jahrtausende älter.

Aus der Luft betrachtet erinnert der mysteriöse Bau, profan ausgedrückt, an eine flache Badewanne. Wenn er wirklich eine Badewanne gewesen sein sollte, dann hatte ein Riese darin Platz. Das »Ding« ist nämlich reichlich groß: 28 x 45 Meter.

Um das eigentliche Rätsel des Tap O'Noth erkennen zu können, muß man schon den Berg erklimmen. Dann entdeckt man ein Kuriosum: Da wurde ohne Mörtel oder Bindemasse Stein auf Stein gesetzt. Und doch kleben die Brocken irgendwie aneinander. Der Archäologieprofessor Schindler erklärt: »Die Steine müssen enormer Hitze ausgesetzt gewesen sein, mindestens 1200 Grad. Erst bei diesen Temperaturen schmilzt dieser Stein, so daß dann einzelne Bauelemente miteinander verbacken werden.«

Falsche Erklärungen

Seit August von Cohausen wurden immer wieder »natürliche Erklärungen« gesucht.

Sind die Verglasungen vielleicht gar nicht das Ergebnis menschlichen Handelns, sondern natürlich entstanden? Stammte die erforderliche Hitze von der Glut eines Vulkans?

Das mag denkbar sein. Aber: Es sind heute allein in Schottland noch rund 60 ähnliche Bauten bekannt, nur Vulkane gab und gibt es nicht in näherer oder weiterer Entfernung. Diese Erklärung scheidet also aus.

Könnte eine kriegerische Auseinandersetzung den seltsamen Effekt bewirkt haben? Nehmen wir an, Feinde griffen die kleine Siedlung auf dem Berge an. Rings um die Anlage häuften sie Unmengen trockenen Holzes an die Mauer, steckten es in Brand.

Dieses Gedankenspiel ist alles andere als glaubhaft! Die Bewohner im steinernen Wall hätten doch nicht tatenlos zugesehen, wie über längere Zeit in Reichweite ihrer Waffen dürres Holz herbeigeschafft und um ihre Siedlung angehäuft wurde. Bevor es dazu hätte kommen können, hätten die Belagerten ihrerseits ihre Feinde angegriffen und vertrieben. Die Voraussetzungen dafür waren ideal. Schließlich saßen sie im Schutz einer Wallanlage, die Angreifer indes wirkten auf freiem Gelände.

Sollten die Verteidiger für solche Schutzmaßnahmen zu schwach gewesen sein? Waren sie vielleicht zahlenmäßig unterlegen? Dann wäre die mühsame Prozedur des Herbeischaffens von Bergen von Holz vollkommen unnötig gewesen. Dann hätte man die Bewohner der Anlage einfach überrumpelt.

Man mag hin und her überlegen. Man kann alle möglichen nur theoretisch denkbaren Variationen in Gedanken durchspielen. Es gibt keine natürliche Erklärung für die so weit verbreiteten Steinverglasungen. Selbst wenn wir unterstellen, daß die angreifenden Feinde ausreichend Holz von außen an die Wälle schichten konnten, das beim Verbrennen Stein schmelzen ließ, kommen wir einer Lösung des Rätsels nicht näher. Denn bei einem Feuer, das ausreichend Hitze hätte entwickeln können, wäre sicher auch die Siedlung innerhalb der Maueranlage verbrannt. Es hätte ein gewaltiges Feuer von innen und von außen gegeben. Die Steine wären von innen und von außen erhitzt und somit auf beiden Seiten verflüssigt worden. Auf dem Tap O'Noth trat der Verglasungseffekt freilich nur an den Innenseiten der Mauern auf. Er kann nicht durch Feuer von

außen entstanden sein. Brannte es also innerhalb des Stein-
rings? Diese Erklärung wäre akzeptabel – aber nur für Tap
O'Noth.

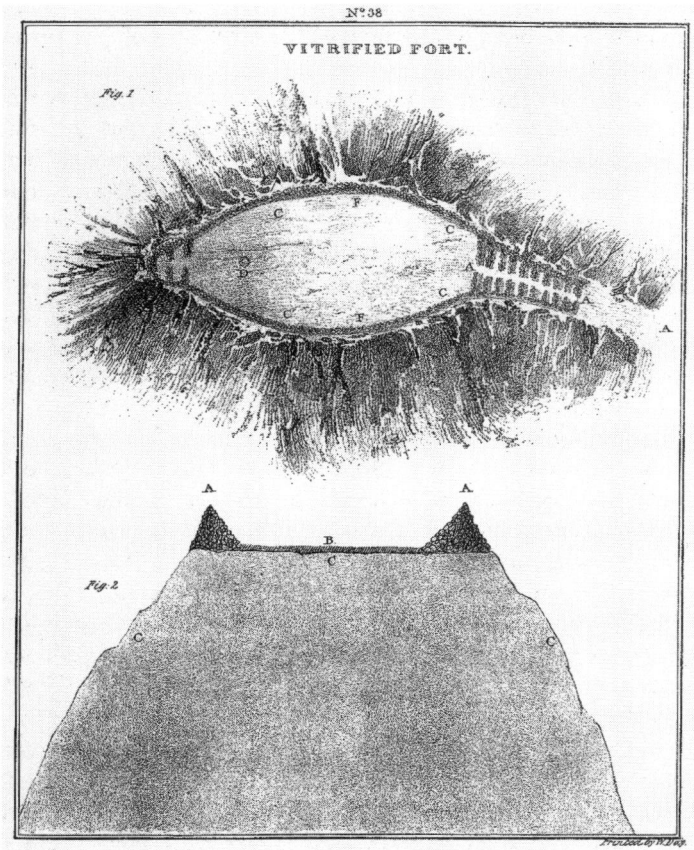

*Die Glasburg von Knock ferrel Naphian nach einer Lithographie aus dem
Jahre 1829*

Bei der vergleichbaren Anlage bei Knock ferrel Naphian in
Schottland sind es wiederum nur die Außenseiten, die verglast

wurden. Waren hier also die angreifenden Feinde schuld? Ich muß mich wiederholen! Wenn von außen so viel Holz angehäuft und angezündet wurde, daß beim Abbrennen derart hohe Temperaturen entstanden, daß Stein verflüssigt wurde, dann hätte auch die Siedlung im Inneren Feuer fangen müssen. Dann müßten Verglasungen innen und außen auszumachen sein.

Wenden wir uns einer anderen Hypothese zu. Haben wir es mit einer vergessenen Technik der besonderen Art zu tun? Wurden die Verschmelzungen in speziellen Öfen gezielt herbeigeführt? Wie mag man vorgegangen sein? Legte man Steine in »Steinbacköfen« dicht aneinander? Erzeugte man dann eine wahre Höllenglut? Dann wären immer gleichzeitig sowohl Innen- als auch Außenseiten der Steine verglast worden. Davon einmal abgesehen: Es wären Hochtemperaturöfen erforderlich gewesen, wie es sie nachweislich vor Jahrhunderten nicht gab. Eine entsprechende irdische Technologie kann nicht einfach spurlos verschwunden sein.

Immer wieder in die Diskussion eingebracht wird das sogenannte »System der gallischen Mauer«. Diese Bezeichnung geht auf Cäsar zurück. Nach den Aufzeichnungen des Despoten (*De bello gallico/Über den gallischen Krieg*) kannten die Kelten eine »murus gallicus«, eben eine »gallische Mauer«. Archäologische Ausgrabungen bei Abernethy in der Gegend von Perth und bei Dun Lagaidh in der Umgebung von Ross bestätigen Cäsars Text. Bei den dortigen Bauwerken aus der Römerzeit schichtete man wechselweise Holz und Steine aufeinander. Es gab sie also wirklich, die gallische Mauer.
Was geschieht nun, wenn eine solche Konstruktion in Flammen aufgeht? Man hat in den vergangenen zweihundert Jahren alle nur denkbaren Varianten durchgespielt. Es wurden Tonnen von Stein und Holz verbaut und in Brand gesetzt. Niemals kam es dabei zu Steinverglasungen. Um eine einigermaßen hohe Temperatur beim Verbrennen zu erzielen, müßte das Mauerwerk aus gewaltigen Mengen von Holz und einigen wenigen Steinen bestanden haben. Dann aber wären die Steine nicht weitflächig ineinander verschmolzen, nicht überbrückend verglast!

215

Eine solche Bauweise, die überwiegend aus Holz und wenigen Schichten Stein besteht, wurde weder in England noch in Schottland je praktiziert. Die Wallanlagen sollten ja der Verteidigung dienen. Hätten sie vorwiegend aus Holz bestanden, dann wären sie alles andere als stabil gewesen und hätten zudem leicht von angreifenden Feinden in Brand gesetzt werden können. Und großflächige Verglasungen wären nicht entstanden.

Wie also kam es zu den Verglasungen? Solange es keine andere Erklärung gibt, darf mit Phantasie spekuliert werden. Man stelle sich vor: Ein gewaltiges Raumschiff setzt auf einem schottischen Berg zur Landung an. Aus sicherer Distanz beobachten ehrfürchtige Menschen, was da geschieht. Für sie gibt es keinen Zweifel: Da sind Götter vom Himmel herabgefahren. Vielleicht kam es zu Kontakten mit den Besuchern, vielleicht auch nicht. Irgendwann verschwanden sie wieder gen Himmel. Zurück blieben verflüssigte und wieder erstarrte, verglaste Steine.

Das war das Werk der wunderwirkenden Götter. Die verformten, großflächig miteinander verbackenen Steine waren etwas Göttliches. Lag es da nicht nahe, eben diese Steine in Tempelbauten zu integrieren? Oder in Schutzwälle, die gewiß jedem Feind standhalten würden? Waren doch die Steine ein Werk der Götter, die zur Erde herabgekommen waren!

Von unbequemen Funden

Das Raumschiffmodell aus dem archäologischen Museum von Istanbul ist ein höchst unbequemes Objekt, weil es sich nicht als Puzzlestein in das herkömmliche Bild, wie es von der Wissenschaft von der Vergangenheit gezeichnet wird, paßt. Raumfahrt vor Jahrtausenden in Europa? Unmöglich. Also muß das »Ding« falsch sein, weil es nicht echt sein darf!

Im Jahr 1600 wurde in Rom Giordano Bruno als Ketzer verbrannt, unter anderem auch deshalb, weil er zu behaupten gewagt hatte, daß es in den Tiefen des Alls andere »Erden« gibt, bevölkert von anderen »Menschheiten«. Das war in den Augen der Theologen Ketzerei, weil mit kirchenfrommen Lehren unvereinbar. Jesus starb nach christlicher Überzeugung für die Sünden der Menschen – nur der Menschen oder auch der Außerirdischen?

Wenn aber Jesus durch seinen Kreuzestod auch die Außerirdischen erlöste, wären die ETs trotzdem benachteiligt, wir Erdenmenschen bevorzugt worden. Schließlich lebte Jesus auf unserem Planeten, wodurch wir eine höhere Chance haben, uns zum christlichen Glauben zu bekennen. Die Benachteiligung der Außerirdischen gegenüber uns Menschen aber ist mit der Lehre von einem gerechten liebenden Gott unvereinbar.

Oder besuchte Jesus alle Planeten im Universum? Wurde er überall immer wieder hingerichtet? Das ließe sich mit der Einzigartigkeit, Einmaligkeit Jesu nicht vereinbaren.

Fazit: Außerirdische kann es nicht geben, weil es sie nach Ansicht der Theologen nicht geben darf. Also wurde jeder, der das Gegenteil behauptete, zum Ketzer, dem Folter und Scheiterhaufen drohten.

Die blutige Verfolgung Andersdenkender hat ein Ende gefunden, die kirchlichen Inquisitoren wurden aber von selbsternannten wissenschaftlichen Gralshütern abgelöst. Wer von der als gültig angesehenen Lehrmeinung abwich, wurde – und wird – lächerlich gemacht oder totgeschwiegen. Und so mancher Fernsehmoderator scheint sich dazu berufen zu fühlen, etwa Vertreter der UFO-Forschung oder der Prä-Astronautik an den öffentlichen Pranger zu stellen.

Die Feuer der Intoleranz sind gottlob erloschen. Doch nach wie vor wird gern mundtot gemacht, wer ketzerhafte Ansichten vertritt. Und archäologische Objekte wie das »türkische Raumschiffmodell« werden vorschnell zu Fälschungen erklärt. Von diesem Los sind auch ganze Sammlungen von Funden betroffen.

Die »Crespi-Collection«

Pater Crespi (1891–1982) betreute über fünfzig Jahre lang die Gemeinde der Kirche »Maria Auxiliadora«, der »hilfreichen Mutter Gottes«, in Cuenca, Ecuador. Der fromme Gottesmann genoß bei den Indios schon zu Lebzeiten einen geradezu legendären Ruf. Frömmelndes Gehabe war ihm fremd, er betreute die Ärmsten der Armen, speiste arme Schulkinder, sorgte dafür, daß sie eine möglichst gute Ausbildung erhielten

Pater Carlos Crespi

218

– und wird deshalb auch heute noch zutiefst verehrt. Vor »seiner« – inzwischen vollkommen renovierten – Kirche steht ein Denkmal des Priesters. Die Ärmsten der Armen verehren den Gottesmann fast wie einen Heiligen, stets wird sein steinernes Abbild mit frischen Blumen geschmückt. Man betet zu ihm – in der Hoffnung, Pater Crespi, den man im Himmel vermutet, möge ein gutes Wort bei Gottvater einlegen, ein wenig mithelfen und Wunder bewirken, so daß Kranke wieder gesund werden.

Fremden Wissenschaftlern begegneten die Indios noch in unserem Jahrhundert mit Mißtrauen, schließlich waren es die Nachkommen jener barbarischen Eindringlinge, die ihre Kultur fast vollständig zerstörten. Und das unter dem Zeichen des Kreuzes, der christlichen Nächstenliebe. Pater Crespi vertrauten die Menschen. Sie bedankten sich für seine Hilfe mit Kunstwerken, die sie herbeischleppten und dem Frommen schenkten. So kam es, daß sich in seiner Kirche bald Berge von Artefakten türmten. Mehrere Räume, aber auch ein Schuppen, reichten nicht aus, um sie alle aufzunehmen.

Crespis Sammlung und die Kunst der Indianer

Weltbekannt wurde die Sammlung Crespis durch Erich von Dänikens drittes Buch *Aussaat und Kosmos*. Obwohl die Passagen jenes Weltbestsellers, die sich mit Crespis Sammlung auseinandersetzten, höchst bescheiden vom Umfang her waren, konzentrierte sich die Kritik auf sie. Dabei ging es leider nur um eine einzige Frage: Sind die metallenen Kunstgegenstände aus massivem Gold oder nicht? Und wenn sie nicht aus reinem Golde waren, darin waren sich die Kritiker Dänikens einig, dann kann es sich bei den Gegenständen ja nur um Fälschungen handeln.

Diese eingeengte Sichtweise ließ freilich vollkommen außer acht – was die Metallobjekte zeigen –, daß sie mit geheimnisvollen Schriftzeichen versehen sind, daß sie abstrakte Zeichnungen, aber auch Bilder und Symbole tragen.

Wie schon die goldgierigen Spanier plündernd wertvollste Kunstschätze zusammenstahlen und nur den Goldwert sahen,

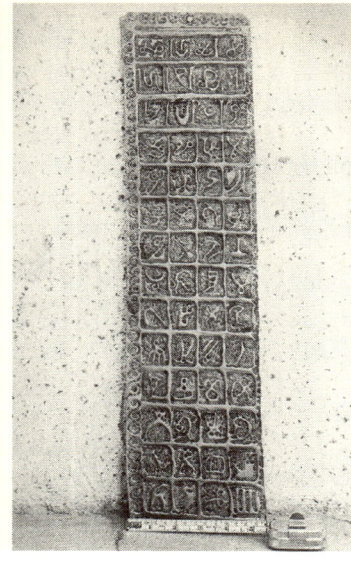

Zwei Platten aus Pater Crespis Sammlung

alles einschmolzen, so scheint es für die Kritiker Dänikens ebenfalls nur auf die Frage anzukommen: Gold oder nicht? Ob sich jene Herrschaften darüber im klaren sind, daß sie Jahrhunderte nach den mörderischen Eroberern die altbewährte Ignoranz an den Tag legen?

Wer sich ausgiebiger mit der Kunst der Indios Ecuadors auseinandersetzt, muß feststellen, daß es den Kreativen damals weniger darum ging, möglichst viel Gold oder Silber zu verarbeiten. Wichtiger waren ihnen Form und Inhalt der Werke, die sie mit geradezu religiöser Inbrunst schufen.

Pater Crespi war nun nicht nur ein geachteter Mensch, der den christlichen Glauben wirklich lebte und nicht nur frömmelnd lehrte, er war auch ein Wissenschaftler von erheblichem Ansehen. Er bekleidete über Jahre hinweg den Posten des Direktors des Goldmuseums von Cuenca. Und wenn seine geistigen Kräfte, als er den Zenit seines Lebens überschritten hatte, auch nachließen, so wußte er in jüngeren Jahren gewiß Wertloses von Wertvollem auseinanderzuhalten. So war dem

220

Pater auch bekannt, daß die Inkas Metall-Künstler waren, daß sie gern einfache Metalle mit einer hauchdünnen Schicht Gold überzogen. Sie war oft unvorstellbar dünn – gelegentlich nur 0,5 bis 2 Mikrometer!

Frau Prof. Lechtmann schreibt: »Die Herrscher des Inkareiches nutzten Gegenstände, die wie aus purem Gold aussahen!« In Wirklichkeit waren sie aber nur mit einem Hauch Gold überzogen, was so mancher Spanier enttäuscht feststellen mußte, als er edelste Kunstwerke zerstampfte und einschmolz.

Der die Erde stützt

Anders als eilfertige Dänikenkritiker setzten sich Vertreter der angesehenen Epigraphischen Gesellschaft intensiver mit Pater Crespis Sammlung auseinander. Den Experten kam es weniger darauf an, aus welchen Metallen und Legierungen die Artefakte bestanden. Sie studierten die Schriftzeichen auf den Kunstwerken. Sie lehnten nichts vordergründig als »plumpes Machwerk« ab, sie sondierten und untersuchten sorgsam. So fanden sie heraus, daß auf einem dreieckigen Votivtäfelchen Crespis Schriftzeichen zu sehen sind, die jenen gleichen, die im dritten vorchristlichen Jahrhundert an einem Denkmal von König Mesinissa, Thougga, Tunesien, angebracht wurden.

Professor Fell, der inzwischen leider verstorbene Leiter der Epigraphischen Gesellschaft, staunte: Da hatten nicht irgendwelche Fälscher sinnlos Schriftzeichen aneinandergereiht. Die Zeichen auf dem Crespi-Artefakt lassen sich übersetzen, ergeben einen Sinn, wie Professor Fell in seinem Buch *America BC* darlegt. Seine Übersetzung lautet »Der Elefant, der die Erde stützt auf den Wassern und sie erbeben läßt.«

Seltsam: Da finden sich Artefakte in Pater Crespis Sammlung mit Schriftzeichen, die dem Libyschen verwandt sind. Sie lassen sich übersetzen und ergeben religiös-mythologische Aussagen. Professor Dr. Kanjilal aus Kalkutta untersuchte ebenfalls Schrifttafeln aus dem Besitz Crespis. Resultat: Einige davon sind altbrahmanisch. Da kann von wertlosen Fälschungen wohl nicht mehr gesprochen werden. Leider hat aber die in der Sensationspresse verbreitete Lüge von der Wertlosigkeit der Funde dazu geführt, daß sich kaum noch ein Wissenschaftler ernsthaft mit den Artefakten auseinanderzusetzen wagt, hat er doch zu befürchten, daß er gleich als Außenseiter gilt.

Pyramiden, Elefanten und fremde Schriftzeichen – das archäologische Rätsel von Cuenca bleibt ungelöst.

Trauriges Ende einer wertvollen Sammlung?

In Cuenca machte ich eine traurige Entdeckung. Crespis Brüder im Glauben vor dem Herrn, aufgeklärt durch Pseudoexperten, sind zu dem Schluß gekommen, daß Crespis Sammlung wertlos sei. Während der Renovierung der Kirche wurden große Teile der Sammlung zerstört, oder im Boden einbetoniert. Im örtlichen Kloster sind nach wie vor Schrifttafeln aus Crespis Besitz zu sehen – sie wurden dazu benutzt, um brüchig gewordene Holztreppen auszubessern, und an morsche Wände genagelt. Niemand vermag zu sagen, was bereits zerstört wurde, was noch vorhanden ist – und was noch heute mutwillig zerstört wird.

Im Keller des Museums der Banco Central lagern noch heute große Mengen von tönernen Kunstgegenständen aus Crespis Sammlung. Die Bank hat, so wurde mir vor Ort von Esteban Salazar vom Museum Banco Central versichert, einen Teil der Crespi-Sammlung für 433 000 US-Dollar gekauft. Es ist doch kaum zu glauben, daß »Bankmenschen« solch eine beträchtliche Summe für »wertlosen Plunder« ausgeben!

Esteban Salazar hat noch Hoffnung. Er will versuchen, eine »Sammlung Crespi« zu rekonstruieren und öffentlich zur Schau zu stellen. Wird ihm das gelingen?

Zahlreiche Metallobjekte wurden von Militärs beiseite geschafft und nach Machalla gebracht. Trotz intensiver Recherchen ist es mir nicht gelungen, Näheres über ihren Verbleib zu erfahren. Im Kloster von Cuenca selbst, so erfuhr ich wiederholt, gibt es ebenfalls noch Artefakte, sie werden aber nicht gezeigt. »Was, Sie wollen diese alten Sachen sehen? Da müssen wir Sie enttäuschen. Da ist nichts mehr vorhanden. Außerdem lohnt es sich nicht, die Gegenstände anzusehen, da sie vollkommen wertlos sind!«

Das Geheimnis der »Michiganbibel«

Es geschah im Frühjahr des Jahres 1847. Ein Bauer bei Crystal, nordwestlich von Detroit, stieß beim Ausgraben von Baumwurzeln auf ein Stück schwarzen Schiefers. Erst wollte der Mann den »wertlosen Plunder« wegwerfen, da bemerkte er, daß der Fundgegenstand »seltsame Zeichen und Gravuren« aufzuwies. Die Angelegenheit wäre wohl in Vergessenheit geraten, wären nicht in den folgenden Wochen und Monaten im Raum Crystal, in und um St. Louis, aber auch im Raum Edmore und Umgebung weitere Artefakte gefunden worden, die ganz ähnliche Schriftzeichen trugen.

Henriette Mertz hat sich wie kaum ein zweiter Mensch intensiv mit den geheimnisvollen Michiganfunden auseinandergesetzt. »Zwischen 1870 und 1920 fanden Bauern in 17 Bezirken im Staate Michigan kuriose Artefakte. Es wurden insgesamt sieben Sammlungen angelegt.« Hunderte, ja Tausende von Kunstgegenständen wurden vorwiegend von Laien aus Pyramidenhügeln und indianischen Gräbern geborgen. Vereinzelte Wissenschaftler bekundeten Interesse, so Prof. Dr. Edwin North, der in Detroit ein eigenes Privatmuseum eröffnete, das ausschließlich den Michiganfunden gewidmet war. Das Museum wurde nach New York verlegt, kam dann nach Springspot, Indiana. Dort brach dann ein Feuer aus, dem ein Großteil der Funde zum Opfer fiel. Ein gewisser Thad Wilson rettete ganze zwanzig Objekte aus dem rauchenden Bauschutt. Wo sie verblieben, das konnte ich trotz intensivster Recherchen nicht in Erfahrung bringen.

Die Michiganfunde passen von den Motiven her nicht nach Nordamerika. Die Schriftzeichen weisen verblüffende Ähnlichkeiten etwa mit altägyptischen Hieroglyphen, aber auch mit hebräischen und griechischen Buchstaben auf. Entziffern konnte die Texte bislang noch niemand. Die zahllosen Bildmotive verblüffen. Dargestellt sind biblische Szenen, etwa die Schöpfungsgeschichte, Adam und Eva sind zu sehen, ebenfalls ihre Vertreibung aus dem Paradies. Kain und Abel sind ebenso zu sehen wie die Geschichte der Sintflut. Wir werden Zeugen des Baus der Arche, erleben, wie die Überschwemmung zahllose Opfer fordert.

Im Herbst des Jahres 1890 hob James Scotford Löcher für einen Zaun auf der Davis-Farm aus. Er entdeckte dabei einen Krug mit Schriftzeichen, fand weitere kleine Gegenstände. 1907 wurden im Raum Detroit erneut Objekte entdeckt. Reverend James Savage berichtete: 700 der Objekte zeigten eigenartige Bilder, Szenen, die alle aus der Bibel zu stammen schienen. 13 Jahre später, am 20. September 1920, ging man wissenschaftlich vor, öffnete sorgsam einen Grabhügel. Prof. Dr. Frederick Starr von der University of Chicago berichtete: »Der Hügel war unberührt und überwachsen, es waren keinerlei Eingriffe vorgenommen worden, nichts konnte nachträglich hineingeschmuggelt worden sein.« Sorgsam wurde Schicht für Schicht abgetragen, dabei kamen Artefakte ans Tageslicht, die wieder die inzwischen hinlänglich bekannten biblischen Motive trugen. Prof. Dr. Starr erklärte jetzt die Funde für »falsch«, was er zu Beginn der Ausgrabungen für unmöglich gehalten hatte.

Neben den Tausenden von Tonscherben mit Inschriften und biblischen Motiven wurden auch Schiefertafeln und Kupferplatten gefunden. 1954 leitete Dr. Roy W. Driere, Metallurgiefachmann am Michigan College of Mining and Technology, eine Exkursion nach Calumet und Houghton, Michigan. Er fand heraus, daß dort vor rund 4000 Jahren Kupfer gewonnen wurde. Wann die Minen ihren Betrieb aufnahmen, wann sie geschlossen wurden, konnte er nicht feststellen.

Fragen über Fragen ergeben sich: Wer schuf die »Michigan-Bibel«? Fälscher können es angesichts der Menge an Funden nicht gewesen sein. Fälscher wirken auch nicht Jahrzehnte lang im verborgenen. Sie vergraben auch nicht mühsam hergestellte Falsifikate, um sie mühevoll in alten Gräbern und Erdpyramiden »verschwinden« zu lassen, wo sie – vielleicht – Jahrzehnte später gefunden werden.

Kontakte mit Europa ?

Die Michigan-Bibel paßt nicht in das Bild der Geschichte Nordamerikas. Kontakte mit dem alten Europa darf es vor Jahrtausenden nicht gegeben haben. Also dürfen die Michigan-Relikte auch nicht echt sein. Und weil sie nicht echt sein dürfen, können sie es auch nicht sein. Also erübrigt es sich, sich wissenschaftlich damit auseinanderzusetzen. Diese Vorgehensweise erscheint mir als geradezu symptomatisch für die Welt der Wissenschaft. Was nicht ins Konzept paßt, was nicht

225

mit vorgefaßten Meinungen in Einklang steht, das wird ignoriert. So bestätigt Wissenschaft sich letztlich immer selbst, so haben es neue Gedankengebäude schwer – etwa die Prä-Astronautik –, wenn sie nicht in die liebgewordene Landschaft passen.

Sollten aber nicht Theorien über die Vergangenheit geändert werden, wenn neue Fakten auftauchen, die sich mit dem bisher Angenommenen nicht in Einklang bringen lassen? Meist wird in der Welt der Wissenschaft umgekehrt verfahren: Fakten werden nur anerkannt, wenn sie das Althergebrachte bestätigen. Wissenschaftlich ist ein solches Vorgehen sicher nicht.

Die Cabrera-Sammlungen

Im Frühjahr 1996 erschien mein Sachbuch *Bevor die Sintflut kam.* Über 300 000 Kilometer hatte ich auf Forschungsreisen zurückgelegt, um neues Material zu sammeln. Einer der interessantesten Orte, vielleicht die unheimlichste Stätte, die ich aufsuchte, war die geheime archäologische Sammlung von Prof. Dr. Javier Cabrera Darquea. Sie war bislang der Öffentlichkeit nicht zugänglich.

In meinem Buch *Das Sphinx-Syndrom/Die Rückkehr der Astronautengötter* schlug ich als einer der ersten Fachautoren einen Bogen zwischen grauer Vergangenheit und aktueller Gegenwart. Die wichtigsten Thesen in Schlagworten: Der Mensch wurde in grauer Vorzeit von Außerirdischen als Kunstprodukt wissenschaftlicher Experimente erzeugt. Die Besucher aus dem All schufen aber nicht nur den Homo sapiens sapiens, sie produzierten auf gentechnischem Wege wahre Monster und Mischwesen. Im Lauf der Jahrtausende kehrten die außerirdischen Experimentatoren zur Erde zurück, wie sie immer wieder versprochen hatten. Einzelne Menschen wurden schon vor Jahrtausenden an Bord außerirdischer Vehikel verschleppt. In unseren Tagen führen die Außerirdischen wieder Versuche durch. Sie sezieren Tiere zu Tode, gewinnen Genmaterial, sie entführen Männer, entnehmen Spermaproben, sie entführen Frauen, befruchten sie künstlich, rauben ihnen Embryos bei einer weiteren Entführung und zeigen den »Leihmüttern« oft nach Jahren, wie sich ihre Kinder entwickelt haben. Kurz: Die Außerirdischen experimentierten bereits in grauer Vorzeit mit Menschen. Und sie tun das auch heute noch.

Eines der Hauptergebnisse meiner nunmehr über zwanzigjährigen Forschungsarbeit: Die Besucher aus dem All sind alles andere als kosmische Heilsbringer, sie sind keine Engel im Raumanzug, sie sind vielmehr eiskalte Wissenschaftler. Die drängenden irdischen Probleme müssen wir selbst lösen, das nehmen uns die Besucher aus dem All nicht ab. Sektengurus, die just das behaupten, betreiben ein gefährliches Spiel, verleiten sie doch dazu, die Hände in den Schoß zu legen, auf die Außerirdischen hoffend.

Zwei geheimnisvolle Sammlungen

Professor Dr. Javier Cabrera Darquea ist weltweit für seine ungewöhnliche archäologische Sammlung bekannt. Der direkte Nachfahre des Stadtgründers von Ica, Captain Don Gerónimo Luis de Cabrera y Toledo, hat Tausende von Steinen gesammelt, die er in seinem Privatmuseum ausstellt. Die gravierten Steine zeigen wahrhaft phantastische Gravuren. Da sieht man Menschen und Saurier in trauter Eintracht, da starren Menschen mit Fernrohren zu den Sternen, da werden komplizierteste chirurgische Eingriffe durchgeführt, etwa Operationen an Hirn oder Herz.

Sind die gravierten Steine echt? Ohne Zweifel gibt es unzählige Fälschungen. Sie werden in der Gegend von Ica angefertigt und für relativ wenig Geld an zahlungswillige Touristen verkauft. In der Regel wird dabei offen von Imitationen gesprochen. Dessenungeachtet gibt es aber ohne Zweifel eine Fülle von echten, sehr alten gravierten Steinen. Aus der Tatsache, daß es auch gefälschte Steine gibt, kann und darf nicht geschlossen werden, daß alle gefälscht sind. Schließlich wird ja auch niemand behaupten wollen, daß alle Geldscheine gefälscht sind, nur weil es auch »Blüten« gibt.

Echte und falsche Steine sind in der Regel leicht zu unterscheiden. Die Gravuren der echten Steine sind von einer Oxydationsschicht überzogen. Bereits im Sommer 1967 führte die Compania Minera Mauricio Hochschild eine Untersuchung von gravierten Steinen durch. Der Geologe Dr. Erik Wolf analysierte die Oxydationsschichten, die sich auf den Einritzungen gebildet hatten, ließ dann weitere Proben von Professor Dr. Josef Frenchen vom Institut für Mineralogie und Petrographie an der Universität Bonn durchführen. Im Frühjahr 1969 lag dann das eindeutige Ergebnis vor. Demnach müssen die Einritzungen vor mindestens 12 000 Jahren vorgenommen worden sein. Ein weit höheres Alter könne nicht ausgeschlossen werden.

Gefälschte Steine sind meist schon an der hastigen Ausführung der primitiven Ritzungen zu erkennen. Oftmals wurden sie mit dunkler Schuhcreme eingeschmiert, um ihnen ein altehrwürdiges Aussehen zu verleihen.

So phantastisch die berühmte Sammlung von Professor Dr. Cabrera Darquea auch anmutet – sie wird bei weitem in den Schatten gestellt von einer zweiten, bislang geheimen Sammlung.

Cornelia Petratu und Bernard Roidinger schreiben über diese Geheimsammlung reichlich nebulös in ihrem Werk *Die Steine von Ica:*

»Hatte schon das Betreten des Privatmuseums von Dr. Cabrera wie ein Schock auf uns gewirkt, so übertraf das, was wir jetzt zu sehen bekamen, jegliche Vorstellungskraft. Was Dr. Cabreras ›geheime Kammern‹ bergen, ist so erschütternd, daß es alle Grenzen rationaler Vorstellungskraft sprengt. Auch wenn wir es zu erklären versuchen, wir können es nicht. Es übersteigt ganz einfach unsere Vorstellungskraft. Die Bilder der biologischen Zyklen von Dinosauriern, ihr Zusammenleben mit den Menschen oder das fliegende ›mechanische Etwas‹ verblassen nach Besichtigung der ›geheimen Kammern‹.«

Was aber bergen die geheimen Kammern?
Schon seit Jahren war mir die Geheimsammlung Prof. Dr. Cabreras bekannt. Schon seit Jahren stand sie auf der Prioritä-

tenliste der geheimnisvollen Orte, die ich unbedingt besuchen wollte, ganz oben. Erstmals hatte ich im Herbst 1992 versucht, die Artefakte dieser Sammlung anzusehen und zu fotografieren, als ich, begleitet von drei Freunden, zwei Monate lang in Südamerika unterwegs war, von Ecuador bis zur Osterinsel. Leider vergeblich. Kurzfristig war der »Herr der gravierten Steine« zu einem Vortrag nach Europa gereist.

Ich hatte aber Gelegenheit, mit einem Bruder des Professors ausführlich zu sprechen. Er bestätigte mir die Existenz einer zweiten, geheimen Sammlung, die er mir aber leider nicht zeigen dürfe.

Im Frühjahr 1995 war es dann soweit. Unterwegs in Südamerika mit einer Reisegruppe der europäischen Sektion der »Ancient Astronaut Society« besuchte ich Ica in Peru. Auf Bitten von Erich von Däniken wurde einigen von uns gestattet, das Geheimarchiv zu betreten. Und zu fotografieren, was über lange Jahre verboten war. »Die Zeit war noch nicht reif dafür«, erklärte Prof. Dr. Cabrera Darquea.

Ein archäologisches Horrorkabinett

Die Luft ist stickig, abgestanden, staubgeschwängert, reizt zum Husten. Man erahnt in der Dunkelheit keine Kammer, sondern einen langen, schlauchartigen Korridor, dessen exakte Ausmaße nicht zu erahnen sind. Auch nicht, nachdem spärliche Glühbirnen eingeschaltet worden sind und den langen Raum in ein unheimliches Licht tauchen. Ich fühle mich in eine unheimliche, kafkaeske Welt versetzt. Der schmale Korridor scheint sich unendlich lang fortzusetzen, man muß sich förmlich durchzwängen, zwischen breiten Regalen, die altersschwach unter ihrer phantastischen Last ächzen. Allem Anschein nach hat der Besitzer dieser zweiten Sammlung nachträglich immer wieder zusätzliche Regalbretter anbringen lassen. Sie bestehen aus roh zugeschnittenem Holz und wurden ohne Zweifel eingebaut, damit noch mehr Tonfiguren Platz finden. Jetzt sind so viele Tonfiguren in den Regalen untergebracht, daß man wohl Wochen, ja Monate benötigt, um sich jede Figur auch nur oberflächlich anzuschauen. Tausende

Figuren müssen hier gelagert sein. Oder sind es gar Zehntausende? Schwer zu sagen. Und Prof. Dr. Cabrera behauptet, daß er wegen der knappen räumlichen Verhältnisse nur einen Bruchteil der Hunderttausende Figuren auszustellen vermag, die sich in einem geheimnisvollen unterirdischen »Depot«, einem künstlichen Tunnel befinden. Viele davon seien »lebensgroß«, bis zu zwei Meter hoch und »sehr schwer«. Irgendwann einmal will er die riesige, gesamte Sammlung öffentlich zeigen. Aber dafür benötigt er wohl ein eigenes, großes Museum.

»Außerirdische im vorgeschichtlichen Peru«, murmele ich vor mich hin. Professor Dr. Cabrera lächelt. »Kennen Sie Nazca nicht?« fragt er mich, »und das Rätsel der Wüste?« Ich nicke. »Sie meinen die Tunnelsysteme, die unterirdischen Röhren?«

Die Unterwelt von Nazca:
Überreste eines vorgeschichtlichen Flughafens?

Die Ebene von Nazca ist weltberühmt. Nur einen Katzensprung von Professor Cabreras Museum entfernt liegt ein riesiger prähistorischer Flugplatz in der Wüste. Die gewaltigen Landebahnen sind bis zu 1700 Meter lang. Daneben befinden sich gewaltige Bilder von allem möglichen Getier. Zahllose Spekulationen über Sinn und Zweck des Mysteriums wurden angestellt. Sie alle können nicht so recht überzeugen.

Jim Woodman behauptet, Nazca sei so etwas wie ein Startplatz für Heißluftballone gewesen. Aber die benötigen keine riesigen Landepisten. Maria Reiche sieht in dem Liniengewirr einen Kalender. Gerald S. Hawkins, Astronomieprofessor in Cambridge, Massachusetts, suchte Bestätigung für diese Annahme. Er gab einem Computer alle wichtigen Sternpositionen der letzten 6900 Jahre von Nazca ein, außerdem einen präzisen Plan der Linien. Der Computer sollte nun errechnen, ob es Übereinstimmungen gab. Wurden wichtige Sterne mit den Linien angepeilt? Hawkins mußte enttäuscht zugeben: »Nein, diese Linien waren nicht auf Gestirne ausgerichtet!«

William H. Isbell von der New Yorker Staatsuniversität meint, die riesigen Kunstwerke im Wüstensand seien das Resultat einer Beschäftigungspolitik der besonderen Art gewesen. Mächtige Regenten hätten einst befürchtet, ihr Volk könnte übermütig werden und die Obrigkeit stürzen. Deshalb hätten die Despoten immer dann, wenn es gute Ernten und viel zu essen gab, Riesenpisten und gigantische Zeichnungen anlegen lassen. Um das Volk auf andere Gedanken zu bringen. Aber hätte sinnlose Sklavenarbeit das Volk nicht erst recht aufrührerisch werden lassen?

Henri Stierlin wiederum meint, die berühmten Bilder von Nazca seien das Ergebnis gigantischer Webarbeiten. Emsige Indios stapften demnach durch die Wüste und zogen lange Wollfäden hinter sich her. So seien die »Muster« im Wüstenboden entstanden. Überzeugend ist auch die »Erklärung« nicht. So manche Linie, die aus der Luft als Strich von Horizont zu Horizont zu sehen ist, führt über unbegehbare Steilhänge hinweg. Auch noch so sportive »Weberknechte« können hier nicht gegangen sein.

Nicht minder kurios ist die Spekulation des verstorbenen Fernsehprofessors Hoimar von Ditfurth. Das etwa 1000 Quadratkilometer große Wüstenareal sei eine Sportarena gewesen. Hurtige Läufer seien durch Staub und Dreck gehastet, hätten so die Linien erzeugt. Diese Überlegung ist nicht wirklich ernst zu nehmen. Wer soll denn die seltsamen Wüstenwettkämpfe beobachtet haben? Die Sportler wären nach kürzester Zeit dem Blick der Zuschauer entschwunden. Wiederum muß an Linien erinnert werden, die Steilhänge überwinden. Sie waren als Rennstrecke denkbar ungeeignet.

Was wäre, wenn Nazca wirklich war, wonach es aussieht? Da gibt es kilometerlange Pisten, just so, wie wir sie von Flugplätzen kennen. Landeten hier einst Spaceshuttles? Die gewaltigen Tierbilder von Vögeln, Affen, Spinnen usw. sind wesentlich jüngeren Datums. Und sie entstanden nach neuestem Stand der Wissenschaft über einen längeren Zeitraum hinweg. Womöglich wurden sie jahrhundertelang in den trockenen Wüstenboden gescharrt. Professor Frederico Kaufmann-Doig meint: Diese Bilder sollten den himmlischen Göttern sichtbare Zeichen sein.

Was sollten sie ihnen mitteilen? Und welchen Göttern? Etwa jenen Außerirdischen, die vor Jahrtausenden in Nazca landeten und von dort wieder starteten? Sollten ebendiese mächtigen Wesen, bei denen es sich in den Augen der Bevölkerung doch nur um Götter handeln konnte, zur Rückkehr bewegt werden?

Während die Fachwelt über Sinn und Zweck der Riesenbilder und Pisten debattiert, verschweigt sie das eigentliche Geheimnis von Nazca. Unter dem gesamten Areal gibt es ein riesiges Netz von unterirdischen Tunnels und schachbrettartig verlegten Röhren. Ich war wohl einer der ersten Sachbuchautoren überhaupt, die vor Ort die Eingänge in diese Unterwelt von Nazca untersuchten.

Ein Eingang zu den Tunnels von Nazca

Diese Eingänge heißen auch heute noch »Augen der Wüste«. Sie hatten einen sehr praktischen Zweck: Durch diese Einstiege gelangten Wartungsteams in die Röhren und Tunnels von Nazca. Sie hielten sie sauber. Sie führten, wenn erforderlich, Wartungsarbeiten aus.

Welchem Zweck diente diese unterirdische Anlage? Noch heute fließt unter dem Wüstenboden Wasser durch Röhren und Tunnels. Heute wie vor mehr als zweitausend Jahren, als das Geheimnis unter dem Wüstenboden geschaffen wurde, waren die Tunnels und Röhren scheinbar unsinnig.

Wasser wurde und wird an der Erdoberfläche benötigt, für Ackerbau und Viehzucht. Das Röhren- und Tunnelsystem aber dient genau dem gegenteiligen Zweck. Es wird kein Wasser zur Versorgung von Ackerland nach oben geleitet. Das Wasser wird dort abgezogen, wo es eigentlich benötigt wurde, und verschwindet in Röhren, die zum Teil zehn Meter unter der Erdoberfläche verlaufen. Somit erscheint das ganze System als widersinnig. Warum? Weil wir davon ausgehen, daß eine landwirtschaftlich orientierte Kultur alles tat, um Wüstengebiet zu bewässern und fruchtbar zu machen. Kein Bauer käme je auf die für ihn vollkommen abstruse Idee, Landstriche, die von Dürre bedroht sind, auch noch extra trockenzulegen.

Wenn aber die mysteriöse Anlage gar keine landwirtschaftliche Bedeutung hatte? Wenn sie einem ganz anderen Zweck diente? Was wäre, wenn es sich um eine ursprünglich technische Anlage handelte? Wenn ihre Aufgabe darin bestand, dafür zu sorgen, die Landepisten für die Vehikel der Götterastronauten trocken zu halten?

Das eigentliche Geheimnis liegt unter dem Wüstenboden von Nazca. Ich habe es 1992 erkundet. Niemand konnte mir erklären, wieso dieses Mysterium von der Fachwelt totgeschwiegen wird. Dabei ist es endlich an der Zeit, daß die Unterwelt von Nazca erforscht wird. Ob sie noch Reste außerirdischer Technologie birgt?

Wie mögen diese Besucher ausgesehen haben? So, wie die mysteriösen Wesen aus Professor Cabreras geheimer zweiter Sammlung?

Cabreras »geheime Sammlung« und UFO-Entführungen

Viele der Tonfiguren erscheinen mir unheimlich, fremdartig und doch seltsam vertraut. Warum?

»Ein paar Fotos von diesen Figuren hättest Du in Deinem Buch *Das Sphinx-Syndrom* bringen sollen. Als Illustration zu den Berichten von Menschen, die von Außerirdischen entführt worden sind, die erlebt haben, wie zwergenwüchsige Außerirdische an Menschen herumoperiert haben«, raunt mir eine Mitreisende zu. Ich muß der Frau beipflichten.

Wie lange mag es schon solche Experimente geben? Wie lange schon mögen Menschen von Außerirdischen entführt und zum Wohle der ›Wissenschaft‹ mißbraucht worden sein? Seit Jahrtausenden? Seit dem Anbeginn der Zeit?

Professor Dr. John E. Mack, Harvard, hat in den vergangenen Jahren bereits zahlreiche Entführungsfälle, bei denen Menschen an Bord von UFOs verschleppt und von fremdartigen, kleinwüchsigen Wesen traktiert wurden, wissenschaftlich untersucht. Viele der Entführungsopfer können sich zunächst gar nicht mehr an das erinnern, was mit ihnen geschah. Erst unter dem Einfluß der Hypnose fallen Gedächtnisblockaden, kehren Erinnerungen zurück. Und wenn man erfährt, was mit den entführten Menschen geschieht, dann versteht man auch, warum viele der Opfer die oft bedrückenden Erlebnisse aus dem Gedächtnis zu verdrängen versuchen.

Da werden Männern Spermaproben entnommen, Frauen werden künstlich befruchtet und Monate später der Embryos im Rahmen weiterer Entführungen beraubt.

Von Außerirdischen entführt

Ein typisches Entführungserlebnis hatte Catherine. Prof. Dr. Mack hat sie ausführlich unter Hypnose befragt. Sie wurde, wie so viele Opfer in biblischen wie in modernen Zeiten, in ein UFO verschleppt. »Es war enorm groß, von silbermetallischer Farbe, überall waren Lichter.« An Bord wimmelte es von kleinwüchsigen Außerirdischen. Einige machten sich über Catherine her, wollten ihr die Kleidung vom Leibe reißen. Sie zog sich selbst aus und wurde nackt in einen Raum von gewaltiger Größe gebracht. Sie sah Hunderte von medizinischen Behandlungstischen, zwischen 100 und 200 Frauen und

Männer wurden von zahllosen kleinwüchsigen Außerirdischen mit unterschiedlichen Instrumenten untersucht.

Eines der Wesen aus dem All brachte Catherine dazu, sich ebenfalls auf einen der Tische zu legen. Auf einer Karre wurde medizinisches Gerät herbeigeschafft. »Ein metallenes Ding« wurde in ihre Vagina geschoben, immer tiefer. Die Frau empfand Scham und Schmerz, dann wurde etwas aus ihr herausgeschnitten, ein Embryo. Einer der Entführer versuchte Catherine einzureden, sie müsse stolz darauf sein, daß sie für diese Experimente ausgewählt worden sei, deren Endresultat die Züchtung eines neuartigen Lebewesens sei.

Nun wollte sie verärgert wissen: »Warum zerstört ihr, verdammt noch mal, mein Leben?« Die Antwort der Fremden: »Wir zerstören es doch nicht!« Sie sei eine Art neue »Eva«. Neuartige Lebewesen entstünden. Und diese neue Schöpfung sei nun einmal nicht ohne Frauen wie sie möglich. Sie sei dazu auserkoren worden, eine wichtige Rolle in dem für die Menschheit so entscheidenden Projekt zu spielen. Es müsse geschehen, was ihr widerfahre, ob sie nun damit einverstanden sei oder nicht. Da sei es doch besser, wenn sie sich nicht widersetze und mitmache.

Wie Catherine wurde auch Yvonne Schneider an Bord eines UFOs entführt. In der Nacht vom 15. auf den 16. August 1994 hatte die damals 18jährige attraktive junge Frau aus Bad Salzuflen im Freien mit ihrem Freund geschlafen. Gegen ein Uhr morgens, ihr Freund war eingeschlafen, wurde sie auf ein UFO aufmerksam. Sie hielt das fliegende Etwas für einen Stern, doch der bewegte sich, kam rasch auf sie zu, tiefer und tiefer, stand dann als helle Scheibe über ihr. Dreihundert Meter über dem Erdboden schwebte das UFO, es mag einen Durchmesser von 50 Metern gehabt haben. Über einen »Lichtstrahl« wurde Yvonne Schneider förmlich an Bord des außerirdischen Raumschiffs gesogen. Im Inneren der fliegenden Scheibe wurde die verängstigte Frau, ganz ähnlich wie Catherine, auf einer Art Operationstisch höchst unangenehmen medizinischen Untersuchungen unterzogen. Wie bei Catherine wurde dabei ein medizinisch-technisches Gerät benutzt.

Zeugen heutiger UFO-Entführungen berichten von Operationen, die bereits auf den Tonfiguren in Professor Cabreras Geheimsammlung zu sehen sind.

Nun zeigte ich Frau Yvonne Schneider Fotos, die ich in der archäologischen Geheimsammlung Cabreras aufgenommen hatte.

Das Entführungsopfer Yvonne Schneider erschrak sichtlich beim Anblick der Tonfiguren. »Genauso wie diese Tonfiguren sahen auch die Wesen aus, die mich an Bord ihres Raumschiffs verschleppten und auf einem ›Operationstisch‹ traktierten.« Genauso äußerte sich ein zweites Entführungsopfer, eine weitere junge Frau aus einer deutschen Großstadt, die wie Catherine und Yvonne von Außerirdischen entführt worden ist. »Es sind die Außerirdischen, mit denen ich zu tun habe«, erklärte sie mir.

Wie sehen nun diese geheimnisvollen, in Ton dargestellten Wesen aus der Geheimsammlung Cabreras aus? Was tun sie? Was sind sie? Es sind eher zierliche, geradezu kleinwüchsige Wesen, mit starren katzenähnlichen Augen, die bei vielen der Tonfiguren ungewöhnlich groß sind. Die Schädel der Kreaturen machen einen fremdartigen Eindruck. Mich erinnern diese Gestalten an die »kleinen Grauen«, an die Entführer, die in unseren Tagen Menschen an Bord von Raumschiffen verschleppen.

Erstmals zeigte ich Fotos, die ich bei Prof. Dr. Cabrera Darquea aufnahm, am 20. Juli 1995 in der RTL-Late-Night-Show von Thomas Koschwitz einer breiten Öffentlichkeit.

Dr. Johannes Fiebag schreibt über die geheimnisvollen Wesen:

»Die Menschen haben die gleichen Gesichtszüge. Wesen aus einer uralten Zeit, einer längst vergangenen Epoche – oder Wesen von einem anderen Planeten?... Abstruse Figuren, Fratzen, Masken, Horrorgestalten, medizinische Operationen... Es ist unglaublich, es stockt einem der Atem. Gespenstische Szenen aus einer anderen Welt.«

Ich empfinde ähnlich wie er. Da sehen wir spukhafte Gestalten, die Messer und andere medizinische Geräte in den Händen halten, an Operationstischen stehend, auf denen lang ausgestreckt Menschen liegen, scheinbar besinnungslos oder in einer Art von Trance. Auf manchen der Operationstische liegen weitere medizinische Geräte und Schläuche. Werden Bluttransfusionen vorgenommen? Welchem Zweck dienten die medizinischen Eingriffe? Werden Krankheiten auf chirurgischem Wege beseitigt? Oder wird da seziert, wissenschaftlich untersucht? Dienen die Menschen auf den Operationstischen den Fremden als »Versuchstiere«?

Menschen als »Untersuchungsmaterial«, mit dem man umgeht, so wie menschliche Wissenschaftler mit Tieren umgehen? Eine furchteinflößende Vorstellung? Zweifelsohne. Doch wenn wir die zahlreichen Berichte von Entführungsopfern unserer Tage lesen, dann müssen wir feststellen, daß die Besucher aus dem All just so mit Menschen umgehen. Für sie sind wir anscheinend nicht gleichberechtigte Gesprächspartner, sondern Lebewesen, mit denen man experimentiert, ohne sich um eine Einwilligung zu bemühen.

Für mich stellt die Geheimsammlung von Professor Cabrera Darquea eine Weltsensation dar. Für den Besitzer der Sammlung sind die Figuren viele Jahrtausende alt. Sie seien, so versicherte mir der sympathische, äußerst engagierte Mann, älter als die Sintflut. Sie stellen, sagt er, außerirdische Wesen dar, die die Erde besuchten – bevor die Sintflut kam.

300 000 Kilometer reiste ich durch Ägypten, durch die Türkei, durch Nord-, Zentral- und Südamerika. Ich besuchte eine
Vielzahl von rätselhaften Stätten. Überall fand ich Spuren, die
sehr deutlich darauf hinweisen, daß die Erde von Außerirdischen besucht wurde. Sie stiegen zur Erde herab, bevor die
Sintflut kam, und kehrten, so wie sie es im Lauf der
Geschichte versprochen haben, in regelmäßigen Abständen
immer wieder zur Erde zurück.

Die Besucher aus dem All, die vor Jahrtausenden ob ihrer
scheinbaren Allmacht als Götter verehrt wurden, sind wieder
da. Sie entführen, wie zu biblischen Zeiten, Menschen, wie
das in Form von Tonfiguren in der sensationellen Sammlung
von Prof. Dr. Cabrera Darquea dargestellt wird.

Seitdem ich von Thomas Koschwitz interviewt wurde,
werde ich immer wieder gefragt, ob denn meiner Meinung
nach die Tonfiguren echt oder gefälscht seien. Ich will den
wissenschaftlichen Untersuchungen, die augenblicklich durchgeführt werden, nicht vorgreifen. (So liegt Professor Wölfli,
Zürich, einem der führenden Experten in Sachen Altersbestimmung von archäologischen Artefakten, eine Probe zur Altersbestimmung vor.) Ich kann mir nicht vorstellen, daß es sich
um Falsifikate handelt. Wer sollte Tausende von Tonfiguren
fälschen? Wer sollte solch eine Mammutarbeit auf sich nehmen? Und warum? Jede Figur muß einzeln gefertigt worden
sein. Wahre Heere von echten Künstlern wären beschäftigt
gewesen. Um sie Prof. Dr. Cabrera Darquea zu schenken?
Wohl kaum!

In *Bevor die Sintflut kam* komme ich zu folgendem Schluß:

»Die Exponate in der geheimen archäologischen Sammlung, sie lassen mich schaudern. Und wenn ich ehrlich bin,
dann muß ich etwas zugeben: Ich hoffe von ganzem Herzen, daß diese entsetzlichen Tonfiguren gefälscht sind! Über
den weiteren Verlauf der Entwicklung werde ich berichten.
Und wie gesagt: Ich wäre froh, wenn ich vermelden könnte,
daß die beschriebenen Artefakte unecht sind. Alpträume
gibt es schon genug!«

Außerirdische und das Geheimnis der Tier-verstümmelungen

Ein höchst reales Phänomen

Eine der markantesten Erhebungen des Lipperlandes ist der Köterberg bei Lügde-Niese. Einst hieß er Götterberg. Auf seinem Gipfel gab es wohl ein altes heidnisches Heiligtum. Christlichen Missionaren war die Erinnerung an die alten Himmlischen ein Dorn im Auge. Vergeblich versuchten sie, den Namen Götterberg in Vergessenheit geraten zu lassen. Als das nicht gelang, griffen sie zu einer List. Sie verballhornten den Namen in Köterberg.

Alte Einwohner des ländlich-idyllischen Dörfchens Niese erinnern sich noch an eine seltsame Sage, die vor wenigen Jahrzehnten noch Allgemeingut war. Demnach brausten einst am Himmel spukhafte Gestalten. Der »ewige Jäger« flog vom Götterberg her über Niese. Eines Tages sei nach einem solchen Zug der Teil eines stinkenden Pferdekadavers aus den Lüften gefallen.

Diese merkwürdige, ja unheimliche Überlieferung, die langsam in Vergessenheit zu geraten droht, erinnert an ein Phänomen, das als geradezu klassische Begleiterscheinung von UFOs bezeichnet werden muß. Die alte Sage freilich beweist, daß es weitaus älter ist: die sogenannten Viehver-stümmelungen.

Charles Hoy Fort und das monströse Geheimnis

Der erste Erforscher ungewöhnlicher Phänomene, der auf Tierverstümmelungen hinwies, war Charles Hoy Fort (1874–1932). Fort, in Albany, New York, geboren, wurde 1891 Reporter, arbeitete für die Zeitung *Brooklyn World*. Als das Blatt eingestellt wurde, bereiste er zwei Jahre lang die Welt. 1896 heiratete er, konnte seiner Frau nur ein ärmliches Leben bieten. Wie besessen begann er Material zu sammeln, las sich durch ganze Bibliotheken, stets auf der Suche nach Meldungen über scheinbar unerklärbare Phänomene. Als Fort 1916 eine Erbschaft machte und dadurch finanziell unabhängig wurde, widmete er sich ausschließlich der Erforschung des Unbekannten. Er bemühte sich dabei, so viele ungeklärte Rätsel wie nur möglich zu sammeln, ohne die geheimnisvollen Fakten in ein Korsett von Erklärungen zu pressen.

Das war nur konsequent: Warf er doch der etablierten Wissenschaft vor, Theoriengebäude zu errichten und alle Fakten, die nicht unterzubringen waren, zu »verdammen« und totzuschweigen. Diesen Fehler wollte er auf keinen Fall wiederholen.

Worum es ihm bei seiner Arbeit ging, verdeutlichte er gleich zu Beginn seines ersten Sachbuchs, das 1919 erschien. In *The Book of the Damned (Das Buch der Verdammten)* schrieb er: »Eine Prozession der Verdammten. Damit meine ich die Ausgeschlossenen. Wir werden eine Prozession von Daten erleben, die von der Wissenschaft ausgeschlossen worden sind.«

1923 erschien *New Lands (Neuland),* gefolgt von *Lo! (Da!)* im Jahr 1931 und *Wild Talents (Wilde Talente)* im Jahr 1932.

In seinem Buch *Lo!* machte Fort erstmals auf das Phänomen der Tierverstümmelungen aufmerksam: »Im Monat Mai des Jahres 1810 erschien etwas bei Ennerdale, nahe der Grenze von England zu Schottland, und tötete Schafe, manchmal sieben oder acht in einer Nacht, tötete sie, verschlang sie aber nicht, sondern saugte ihnen das Blut aus.« Am 15. September 1883 meldete der *Adelaide Observer,* Australien, daß ein Mr. Hoad aus Adelaide am Ufer des Brungle-Creek den »kopflosen Rumpf eines schweineähnlichen Tieres« gefunden habe. Wer oder was hatte es massakriert?

Fort weiß von polizeilichen Untersuchungen zu berichten, die sich der Tierverstümmelungen annahmen – freilich ohne Ergebnis. So meldete die Londoner *Daily Mail* vom 1. November 1905 das »Geheimnis der aufgeschlitzten Schafe von Badminton«. Da tauchte »etwas« auf und metzelte zahllose Schafe dahin. Sergeant Carter von der Polizeistation Gloucestershire überprüfte die Vorfälle: »Ich habe selbst zwei der Kadaver gesehen und kann definitiv sagen, daß das nicht das

Werk eines Hundes ist. Hunde sind keine Vampire, die Schafen das Blut aussaugen und das Fleisch kaum anrühren.«

In *Wild Talents* ging Fort ausführlich auf das unheimliche Phänomen der Tierverstümmelungen ein. Er schreibt:

»Vielleicht waren die fernen Vorfahren der menschlichen Wesen Affen, obwohl kein Evolutionist mir die Gründe dafür klargemacht hat, warum ich die gleichermaßen plausible Theorie bezweifeln soll, daß Affen sich aus Menschen entwickelt haben. Trotzdem denke ich, daß Menschen aus den Affen hervorgegangen sind. Schlitzer und Zerfetzer von Vieh mögen Rückfälle in die Affenära sein...«

Dann zitiert er die *London Daily Mail* vom 18. Mai 1925, die über eine geheimnisvolle »Epidemie« berichtet – jahrelang sei es in Kenia auf Farmen zu Viehverstümmelungen gekommen, denen Rinder und Schafe zum Opfer fielen. Eingeborene wurden verdächtigt, aber es zeigte sich, daß ihre Viehbestände genauso von den Vorfällen betroffen waren wie die der Weißen. Jetzt wurden Paviane beschuldigt – zu Unrecht, wie Fort meint. Denn »die Wunden waren lange, tiefe Schnitte, wie bösartige Schlitzer mit einem Messer; aber es wurde erklärt, daß Paviane töten, indem sie mit ihren Daumennägeln reißen«.

Paviane mit messerscharfen »Daumennägeln« kommen für eine weitere Epidemie nicht in Frage, die Fort beschreibt. Fort:

»Der bekannteste Fall von Viehverstümmelungen...ist jener von Wyrley, Staffordshire, England. Die erste einer Serie von Untaten ereignete sich in der Nacht des zweiten Februar 1903. Ein wertvolles Pferd wurde geschlitzt. Dann, in Intervallen bis zum 27. August, gab es Verstümmelungen von Pferden, Kühen und Schafen.«

Die unheimlichen Vorfälle machten den Menschen angst, sie forderten die Polizeibehörden auf, Maßnahmen zu ergreifen.

Die Behörden arbeiteten schnell. Da weder Paviane noch wilde Eingeborene in England als Täter in Frage kamen, wurde nach einem irren Sadisten gesucht und George Edalji verhaftet. Beweise gegen den Mann wurden gesucht – und gefunden. An seinem Mantel sollen sich Pferdehaare und Blutflecken befunden haben. Edalji kam vor Gericht, obwohl er seine Unschuld beteuerte, und wurde zu sieben Jahren Haft verurteilt. Sir Arthur Conan Doyle (1859–1930), Erfinder des legendären Sherlock Holmes, der wie Fort rätselhafte Phänomene untersuchte, nahm sich des Falles an, beschrieb ihn in *Great Stories of Real Life* (etwa: *Große Geschichten aus dem wirklichen Leben*) – und kam zu dem Schluß, daß die »Beweise«, die zur Verurteilung des angeblichen Unholds geführt hatten, von der Polizei gefälscht worden waren. Schließlich sah sich die Regierung dazu genötigt, eine Kommission ins Leben zu rufen, die zu dem Ergebnis kam, daß Edalji zu Unrecht verurteilt worden war.

Wer oder was verstümmelte also das Vieh? Im Sommer des Jahres 1907, so meldet Fort, ereigneten sich im Raum Staffordshire weitere ähnliche Vorfälle: »22. August 1907 – Verstümmelung eines Pferdes bei Wyrley. Fünf Nächte später wurden zwei Pferde, auf einem anderen Feld, geschlitzt und starben. 8. September – Pferde aufgeschlitzt bei Breenwood, Staffordshire.« Ein Metzger namens Morgan wurde beschuldigt, aber der konnte seine Unschuld beweisen.

Fort fühlte sich an »Wissenschaftler« erinnert: »Die Gebildeteren verwandeln das grobe Wort Schlitzer in Vivisektoren, die nicht klammheimlich nachts auf Feldern arbeiten, sondern in regulären Arbeitsstunden in Labors.«

Erstes Resümee

Charles Hoy Fort, der Vater der modernen Erforschung phantastischer Phänomene, hat nachgewiesen, daß die sogenannten Viehverstümmelungen über lange Zeiten hinweg beobachtet wurden. Er beklagte die Neigung von Polizei und Justiz, voreilig »normale« Erklärungen zu suchen, dabei vor Fälschungen nicht zurückzuschrecken und Unschuldige als angebliche Unholde hinter Schloß und Riegel zu bringen, nur um eine »natürliche Erklärung« für das Unfaßbare bieten zu können. Denn natürlich macht das unheimliche Phänomen den Menschen angst. Sie können es nicht ertragen, daß unerklärliche Kräfte willkürlich Tiere dahinmetzeln – und atmen erleichtert auf, wenn angebliche Sadisten als Täter vorgeführt werden.

Charles Hoy Fort freilich denkt bei den Tierverstümmelungen an Wissenschaftler, Vivisektoren, nicht an blutrünstige Raubtiere oder menschliche Sadisten. Lange vor Erich von Däniken bringt er aber auch Außerirdische ins Spiel. Er schreibt: »Ich akzeptiere, daß, wiewohl man uns gewöhnlich meidet, vielleicht aus moralischen Gründen, diese Erde von Forschern besucht wurde.« Er hält es für möglich, »daß in vorgeschichtlichen Zeiten außerirdische Besucher nach China kamen, innerhalb dessen, was wir als historische Epoche bezeichnen«. Sollte es tatsächlich eine Verbindung zwischen den mysteriösen, ja unheimlichen Tierverstümmelungen und dem UFO-Phänomen geben?

Tierverstümmelungen anno 1897?

Das Phänomen der Tierverstümmelungen ist ebensowenig neu wie das Rätsel der UFOs. Bereits vor rund einhundert Jahren wurden zahlreiche Staaten Nordamerikas von monatelang anhaltenden UFO-Wellen heimgesucht, wie der Fachautor Daniel Cohen nachweist. Zigtausende Zeugen beobachteten unabhängig voneinander rätselhafte Himmelserscheinungen, Lichter am Himmel, aber auch gewaltige Luftschiffe. Und jene Flugvehikel werden für die ersten Viehverstümmelungen verantwortlich gemacht. In der Ausgabe vom 23. April 1897 meldet die Wochenzeitung *Yates Center Farmer's Advocate,* Kansas, was der wohlhabende Farmer Alexander Hamilton aus Le Roy als Augenzeuge gesehen hatte:

»In der Nacht vom letzten Montag wurden wir gegen halb elf Uhr von unserem lärmenden Vieh geweckt. Ich stand auf, dachte, meine Bulldogge würde Scherze treiben, aber als ich die Tür öffnete, sah ich zu meinem größten Erstaunen, daß ein Luftschiff sich langsam auf meine Kuhweide herabsenkte, etwa 200 Meter vom Haus entfernt.«

Alexander Hamilton weckte seinen Sohn Wall und den Farmpächter Gid Heslip. Mit Äxten bewaffnet stürzten die Männer zu den Tieren.

»Inzwischen schwebte das Luftschiff langsam tiefer und befand sich nicht mehr als zehn Meter über dem Boden, 45 Meter von uns entfernt. Es bestand aus einem großen zigarrenförmigen Teil, etwa einhundert Meter lang, darunter eine Art Korb, der aus Glas oder einem anderen durchsichtigen Material bestand..... Es war von innen hell erleuchtet, alles war deutlich zu erkennen und das Luftschiff war bemannt von sechs der merkwürdigsten Wesen, die ich je gesehen habe. Sie plapperten miteinander, aber wir konnten kein Wort von dem verstehen, was sie redeten.«

Staunend, aber auch starr vor Angst starrten die Männer gen Himmel zum Luftschiff. Ein lärmendes Geräusch war zu vernehmen, dann wurde ein Scheinwerfer von extremer Lichtstärke auf sie gerichtet. Sie konnten an der Unterseite des Flugvehikels so etwas wie ein Turbinenrad ausmachen, zehn Meter im Durchmesser, das sich langsam drehte. Das Geräusch änderte sich, wurde zu einem Summen – der Flugapparat stieg gemächlich hoch, gewann dabei an Höhe. Als er etwa hundert Meter über ihnen stand, hielt er kurz in der Bewegung inne und schwebte direkt über eine junge, etwa zwei Jahre alte Kuh.

Das Tier muhte angstvoll, sprang hoch, schlug vorn und hinten aus, hatte allem Anschein nach sehr große Angst. Dann zerrte etwas das Kalb nach oben, in Richtung Flugvehikel, bald war das arme Tier nicht mehr zu sehen. Die Flugmaschine entschwand in Richtung Nordwesten.

Am Morgen des nächsten Tages machten sich die Männer auf die Suche nach dem verschwundenen Kalb. Alexander Hamilton war den ganzen Tag mit dem Pferd unterwegs, fand keine Spur. Am Abend kehrte er nach Hause zurück, wo Link Thomas in der Farm auf ihn wartete. Der Mann hatte das Kalb gefunden – oder besser gesagt, was von ihm übriggeblieben war: die Haut, die Beine und der Kopf.

Was war geschehen? Alexander Hamilton wußte nicht, wie er den unheimlichen Vorfall erklären sollte.

»Aber immer wenn ich am Einschlafen war, sah ich das verfluchte Ding, mit seinen hellen Lichtern und den unheimlichen Leuten. Ich weiß nicht, ob es Teufel oder Engel oder etwas anderes sind; aber wir haben sie gesehen und meine ganze Familie hat das Schiff gesehen. Ich möchte nichts mehr mit ihnen zu tun haben.«

Der UFO-Forscher Jerome Clark bezweifelt heute die Realität der von Alexander Hamilton beschriebenen Ereignisse. Den erschreckenden, unheimlichen Vorfall habe es nie gegeben. Er sei vielmehr das Produkt der reichlich lebhaften Phantasie mehrerer Männer gewesen, die sich in einem »Lügenclub« organisiert hätten, dessen Ziel es gewesen sei, möglichst unwahrscheinliche Geschichten zu erfinden, sich mit hanebüchenen Stories gegenseitig zu übertrumpfen. Dabei wird freilich geflissentlich übersehen, daß eine eidesstattliche Erklärung Alexander Hamiltons vorliegt, in der er beschwört, ein reales, persönliches Erlebnis wahrheitsgemäß beschrieben zu haben. Und es liegt eine weitere eidesstattliche Erklärung vom 21. April 1897 vor:

»Da es heutzutage Skeptiker gibt, schon immer gab und immer geben wird, die die Wahrheit von Dingen anzweifeln, wenn sie den Bereich des Unwahrscheinlichen berühren, und im Wissen, daß manche ignorante und argwöhnische Menschen die Wahrhaftigkeit der Erklärung (Alexander Hamiltons) bezweifeln, versichern wir, die Unterzeichnenden, daß wir Alexander Hamilton bis zu dreißig Jahre lang kennen und daß wir, was die Wahrhaftigkeit seiner Worte angeht, aufrichtig glauben, daß seine Erklärung wahr und richtig ist.«

Es folgen dann die Unterschriften von zwölf hoch angesehenen und geachteten Persönlichkeiten, etwa von dem Friedensrichter Alexander Stewart, und dem Sheriff M. E. Hunt, dem 2. Sheriff W. Lauber, dem Anwalt J. H. Sticher und dem Arzt Dr. E. K. Kellenberger.

Die UFO-Forscher Frank Edwards, Jacques Vallée und Lucius Farish recherchierten den Fall nach und kamen zur Überzeugung, daß er sich tatsächlich so wie beschrieben ereignet hat. Sollten sie alle einer Falschmeldung aufgesessen sein? Sollte Alexander Hamilton einen Meineid geleistet haben? Er war zum Zeitpunkt der mysteriösen Ereignisse 65 Jahre alt und einer der angesehensten Bürger seiner Gemeinde, politisch aktiv, ein wohlhabender Farmer, eine angesehene Autorität. Sollten zwölf angesehene Bürger eidesstattlich versichert haben, einer Geschichte zu glauben, wenn Hamilton ein stadtbekannter Lügenbold war? Andererseits: Eine Enkelin Hamiltons soll Jahrzehnte später behauptet haben, die ganze Geschichte sei eine Erfindung gewesen. Fakt oder Fiktion? Diese Frage kann wohl nicht mehr definitiv beantwortet werden. Fest steht aber: Was Hamilton 1897 beschrieb, ereignete sich nach Zeugenaussagen in unserem Jahrhundert immer wieder. UFOs erscheinen, Menschen werden entführt und erleben, wie kleinwüchsige Wesen mit Tieren experimentieren.

Noch mehr UFOs und weitere Viehverstümmelungen

Im Sommer 1967 untersuchte der Pathologe und Hämathologe John Altshuler im San Louis Valley von South Colorado im Great-Sand-Dunes-Nationalpark UFO-Erscheinungen, sichtete geheimnisvolle Lichter, die am Himmel der Berggipfel des Sange de Christo seltsame Flugmanöver ausführten, und wurde fast von einigen Polizeibeamten als »verdächtiges Subjekt« verhaftet. Als er sich als Mediziner und Pathologe zu erkennen gab, führte man ihn zur Harry-King-Ranch, wo er mit einem klassischen Fall von Viehverstümmelung konfrontiert wurde. Am 9. September 1967 war ein dreijähriges Stutenfohlen tot aufgefunden worden. Der Kopf des Tieres war auf grauenvolle Weise verstümmelt, sämtliches Fleisch war chirurgisch exakt entfernt worden, innere Organe fehlten. Und keine zehn Meter von der Fundstelle des Kadavers entfernt befanden sich fünfzehn kreisrunde verbrannte Stellen – Landespuren von UFOs?

Professor Altshuler kam schon damals zu dem Schluß: Das Phänomen der Tierverstümmelungen geht auf das Konto von außerirdischen Experimentatoren, die Versuche durchführen. Aus Angst um seinen wissenschaftlichen Ruf legte Altshuler zunächst großen Wert darauf, daß seine Erkenntnisse nicht veröffentlicht wurden. Heute läßt er aber keinen Zweifel mehr aufkommen: Viehverstümmelungen sind das Werk von Besuchern aus dem All. Sie benutzen hochmodernes Gerät, eine Art von Laserskalpell.

Zehn Jahre später, im Frühjahr 1977, wird Sterling, Colorado, von einer »UFO-Epidemie« heimgesucht. Ein riesiges »Mutterschiff« taucht auf, begleitet von kleineren Flugvehikeln, die zur Erde herabsteigen und für schlimmste Tierverstümmelungen verantwortlich sind. Davon sind jedenfalls die meisten Farmer der Gegend überzeugt. Sheriff Lou Girodo, Chefermittler im Auftrag des Bezirksstaatsanwalts, faßt zusammen: »Tatsächlich ist es sehr wahrscheinlich, daß das, was mit den Tieren geschieht, auf das Konto von Wesen aus dem Weltall geht!« Davon sind auch die Rancher Pat McGuire und Cousin Mark Murphy überzeugt – bei einem nächtlichen Jagdausflug beobachten sie ein riesiges Flugobjekt, das zur Erde sinkt; sie machen rote, gelbe, blaue und weiße Lichter an Unter- und Oberseite des Objekts aus. Das »Ding«, so die Farmer, entführte eine Kuh.

Metzeln also Außerirdische auf Amerikas Farmen?

Davon sind nicht nur die Rancher aus der Region von Sterling, Colorado, überzeugt. Und sie fordern vehement, daß sich endlich Behörden mit dem Phänomen auseinandersetzen. Sie sind wütend, weil die offiziellen Stellen scheinbar nur lau beschwichtigen, ohne den Dingen wirklich auf den Grund gehen zu wollen. Der Schein trügt.

Professor Hynek und die Tierverstümmelungen

Bei meinen langjährigen, intensiven Nachforschungen in Sachen Viehverstümmelungen entdeckte ich amtliche Dokumente, die eindeutig belegen, daß sich US-Behörden sehr wohl mit dem blutigen Phänomen auseinandersetzten. So habe ich konkrete Hinweise dafür, daß sich das amerikanische Finanzministerium um eine Lösung des unheimlichen Rätsels bemühte. Ohne Erfolg. Schließlich verfaßte das Büro des Department of the Treasury in Minneapolis, Minnesota, eine Studie zum Thema. Und zwar auf Betreiben von Dr. Hynek, der sich den Ruf eines UFO-Papstes erworben hat.

Auch Dr. Hynek sah allem Anschein nach einen Zusammenhang zwischen UFO-Phänomen und Viehverstümmelungen. Don Flickinger schickte die gesammelten Unterlagen im Herbst 1975 an Dr. J. Allen Hynek, damals Direktor des Center for UFO Studies in Northfield, Illinois. Im Begleitbrief heißt es:

»Wie Sie dem beigefügten Nachforschungs-Report entnehmen können, setzt sich die Regierung mit der Viehverstümmelungssache auseinander. Ich wurde instruiert, diese einleitende Untersuchung durchzuführen, und dieser Bericht wurde dem Generalstaatsanwalt vorgelegt.«

Im Herbst 1975 wurde der 12seitige Bericht in Geheimdienstkreisen herumgereicht. Bis heute wurde er nicht publik gemacht.

Sind Menschen oder Außerirdische am Werk?

Donald E. Flickinger, Special Agent, lehnte die UFO-Erklärung des Viehverstümmelungsphänomens ab. Für ihn gab es keinen Zweifel, daß da höchst irdische Kriminelle am Werk waren. Also suchte er in der Welt der Kriminellen nach potentiellen Tätern – und wurde fündig. Sein Kronzeuge war Albert Kenneth Bankston. Bei diesem Mann scheint es sich um einen Berufsverbrecher zu handeln, der Ende der sechziger Jahre wegen Bankraubs inhaftiert war. Am 15. Februar 1975 wurde der Häftling vom Marion Federal Prison nach Hastings, Minnesota, in das Dakota County Jail, verlegt. Am 18. Februar 1975 wurde er von Donald E. Flickinger erstmals zur Sache vernommen.

Der »Kronzeuge« behauptete, daß die Viehverstümmelungen das Werk einer Gruppe von Schwarzmagiern seien, die nicht nur Tiere grausam abgeschlachtet, sondern auch Menschenopfer dargebracht hätten. Bankston will seine Informationen von Don Olenchuck erhalten haben, einem ehemaligen Mitglied der Hell's Angels. Wegen diverser Drogendelikte war er zu einer zwanzigjährigen Haftstrafe verurteilt worden. Olenchuck habe Bankston gestanden, vor seiner Inhaftierung einer Gruppe angehört zu haben, »die für viele Viehverstümmelungen im ganzen Lande verantwortlich war. Er beschrieb Bankston, wie das Vieh getötet, verstümmelt und wie unterschiedliche Körperteile in Riten und Zeremonien benutzt wurden.«

1974 sei Bankston bewußt geworden, wie besorgt die Nation das Phänomen der Viehverstümmelungen beobachte, er habe daher per Korrespondenz mit anderen Strafgefangenen Erkundigungen durchgeführt. Einer seiner wichtigsten Informanten war der Strafgefangene Dan Dugan. Dugan habe gestanden, einer Bande angehört zu haben, die sich mit okkulten Praktiken beschäftigte, die Tiere und Menschen tötete und verstümmelte.

Dugan gab an, 1965 in Fort Worth, Texas, gelebt zu haben. Als »starker Konsument von Drogen« sei er in eine satanische Gruppe geraten, die Körperteile von Tieren für blutige Rituale benutzte.

»Er beschrieb das Töten von Hunden, Katzen und Hasen. Die Geschlechtsorgane der Tiere wurden abgeschnitten und in den Riten verwendet. Führer der okkulten Gruppe teilten ihm mit, daß sich ihr Glaube weitgehend auf Passagen der Bibel stütze, vor allem auf die Johannes-Apokalypse, und daß Astrologie eine wesentliche Rolle in den Aktivitäten spiele. Alle Mitglieder der Gruppe glaubten, daß ihre Religion Menschenopfer fordere.«

1969 habe er erkannt, daß rituelle Morde und Menschenopfer »sehr real werden würden«.

Weiter heißt es im Bericht von Donald E. Flickinger:

249

»Dugan erklärte, daß im Spätsommer 1969 er und mehrere Mitglieder der Gruppe nach Cozad, Nebraska, gereist seien, wo sie mehrere Mitglieder der okkulten Gruppen aus den nahe gelegenen Universitäten getroffen hätten. Sie zelteten an einem See bei Cozad und planten die Durchführung einer ihrer Zeremonien. Vier junge Leute, zwei Jungs und zwei Mädchen, die keine Verbindung mit der okkulten Gruppe hatten, zelteten in der Nähe. In dieser Zeit wurde eine Betäubungsdroge, PCP, benutzt, um einige der Tiere zu narkotisieren, bevor die Verstümmelungen durchgeführt wurden. Die Führer der okkulten Gruppen waren in jener Nacht daran interessiert, welche Wirkungen diese Droge auf Menschen habe, da sie meinten, sie später eventuell einsetzen zu können, wenn man Menschenopfer in großem Maßstabe durchführen wollte, so daß man sich einigte, die Droge an den vier Jugendlichen auszuprobieren. Dugan erklärte, daß er vier Mitglieder der okkulten Gruppe begleitete, die Betäubunsgewehre besaßen, und daß er beobachtete, wie sie auf die vier Jugendlichen schossen.«

Dugan beschrieb dann, wie diese Jugenlichen gequält und schließlich grausam getötet worden seien.

Zweites Resümee

Was ist nun von den Aussagen der Strafgefangenen zu halten?

Ich habe nach sorgfältigem Studium der mir vorliegenden Akten den Eindruck gewonnen, daß US-Bundesbehörden verzweifelt nach einer natürlichen Erklärung des Viehverstümmelungsphänomens gesucht haben und daß den »Spezialagenten« die Antworten geboten wurden, die sie hören wollten. Außerirdische »Experimentatoren« durften für die Vorgänge nicht verantwortlich sein, also mußten irdische Verursacher gefunden werden. Allem Anschein nach hofften Strafgefangene wie Bankston, die zu langjährigen Gefängnisaufenthalten verurteilt worden waren, man würde ihnen Straferlasse gewähren, wenn sie nur aussagten, was die Spezialagenten hören wollten.

So kamen Aussagen zustande, die aber letztlich nie von den angeblichen Tätern selbst, sondern von »Bekannten« stammten, denen im Gefängnis angeblich grausame Details enthüllt worden seien. Und die zu Protokoll genommenen Aussagen erinnern oft an blutige Horrorfilme. So soll Dugan von »umfangreichen Menschenopfern« gesprochen haben, die die okkulten Gruppen Ende 1975 zu Beginn des »Wassermannzeitalters« Satan darbringen wollten. 1975 wolle man in ganz Amerika so viele Menschen wie möglich ermorden und opfern. Eine umfangreiche Liste sei angelegt worden, prominente Mitglieder des Kongresses, Senatoren und weitere Prominente seien in tödlicher Gefahr.

Die Aussagen, von Spezialagenten zusammengetragen, wurden sehr ernst genommen. Konkrete Anschuldigungen wurden überprüft. So wurde Henry Lyle Soric aus Austin, Texas, als »landesweiter Anführer der okkulten Gruppe« bezeichnet. Er soll bei der Ermordung der vier Jugendlichen in Cozad, Nebraska, dabei gewesen sein, Anweisungen für die Verstümmelung ihrer Körper gegeben haben. Henry Lyle Soric wurde vom Texas Department of Public Safety in Austin, Texas, ausfindig gemacht und sorgsam überwacht. Allem Anschein nach aber verlief die Überwachung ergebnislos. James Shiels aus Mountain Home, Idaho, wurde bezichtigt, ebenfalls an der Ermordung der vier Teenager beteiligt gewesen zu sein. In Montana war der Mann wegen Mordes verurteilt worden und zur Zeit der umfangreichen Untersuchungen inhaftiert. Don Olenchuck, wegen diverser Drogendelikte zu 20 Jahren Haft verurteilt, soll zusammen mit seiner Freundin Lynn Gallea Fitzpatrick ebenfalls an der Ermordung der vier Teenager beteiligt gewesen sein. Die Behörden entdeckten die Beschuldigte in Minneapolis, wo sie als »Masseuse in einer Sauna« arbeitete, überwachten sie – ohne Resultat. Streng überwacht wurde auch Casey McDaniel, angeblich ebenfalls beteiligt an der Ermordung der vier Teenager. Er sollte nach der Aussage 1975 zu den Haupttätern der geplanten Ermordung und Opferung wichtiger Politiker gehören.

Zu den Greueltaten kam es weder 1975 noch 1985 noch 1995. Nach Bankston sollten aber alle zehn Jahre Massenop-

ferungen von Menschen durchgeführt werden. Die Tierverstümmelungen seien lediglich »Vorstufe« für eine angeblich
konkret geplante, großangelegte »Aktion«, der in den USA
zahllose Menschen im wahrsten Sinne des Wortes zum Opfer
fallen sollten. Der mir vorliegende amtliche Bericht kommt
schließlich zu folgendem Resümee:

> »Es sollte festgehalten werden, daß die von Bankston
> beschriebenen Aktivitäten und Ereignisse augenblicklich
> weder bewiesen noch widerlegt werden können. Es ist mög-
> lich, daß Bankston und Dugan eine phantastische, bizarre
> und unheimliche Geschichte erfunden haben, die so kompli-
> ziert ist, daß sie niemals als Lügner überführt werden kön-
> nen. Eine ordentliche Untersuchung der gesamten Angele-
> genheit würde naturgemäß beträchtliche Arbeit und
> Koordination erfordern. Ich muß zugeben, daß ich
> gemischte Gefühle habe, ob solch eine Horrorstory wahr
> sein könnte, gleichzeitig kann ich aber nicht umhin zu emp-
> finden, daß eine Untersuchung gerechtfertigt wäre.«

Rund zwanzig Jahre sind vergangen, seit Spezialagent
Donald E. Flickinger seinen Report verfaßte. Zum Glück kam
es nie zu den angekündigten Massenmorden. Der Bericht
basiert, so lautet mein Resümee, auf unglaubwürdigen Aussagen von Strafgefangenen, die nichts zu verlieren haben.
Vielleicht erhofften sie sich Strafnachlässe, vielleicht wollten
sie sich nur einen makaberen »Spaß« erlauben und die verhaß-
ten Justizbehörden dazu veranlassen, umfangreiche Recherchen anzustellen. Was die Aussagen der Strafgefangenen aber
besonders unglaubwürdig macht, ist, daß nach Professor Dr.
John Altshuler bei den Tierverstümmelungen modernste
Laserskalpelle zum Einsatz kamen und kommen, die den
angeblichen »Okkultisten« auf keinen Fall zur Verfügung
gestanden haben können. Und: Obwohl eine Vielzahl von Personen konkret beschuldigt wurde, an den unheimlichen Vorfällen beteiligt gewesen zu sein, konnte nicht ein einziger
Täter aus der okkulten Szene der unheimlichen Verbrechen
überführt werden. Trotz intensivster Recherchen wurden keine

Beweise für die angeblich in den gesamten USA begangenen Verbrechen gefunden.

Mein zweites Resümee: Ohne Zweifel mag es in den USA zu okkult-motivierten Tieropfern, ja Tötungsdelikten gekommen sein – und auch noch kommen. Für das sich seit Jahrzehnten immer stärker ausbreitende Phänomen der Tierverstümmelungen insgesamt sind aber wohl Okkultgruppen nicht verantwortlich zu machen.

Verbrecherische Geheimdienste?

Wer sich mit Phänomenen wie UFOs und Tierverstümmelungen in den USA auseinandersetzt, wird feststellen, daß es in Amerika eine sehr große Bereitschaft in der Bevölkerung gibt, den Geheimdiensten die schlimmsten Greueltaten zu unterstellen. So darf es den sachkundigen Rechercheur auch nicht befremden, daß sie auch für die Tierverstümmelungen verantwortlich gemacht werden. So veröffentlichte Project Stigma, Paris, Texas, 1980 die Broschüre *The Choppers – and the Choppers* in bescheidener Auflage, die 1991 in stark erweiterter Form neu aufgelegt wurde. Die Broschüre soll beweisen, daß der Geheimdienst für die Tierverstümmelungen verantwortlich ist. Der Nachweis ist nicht gelungen. Trotzdem stellt *The choppers – and the choppers* ohne Zweifel einen Meilenstein auf dem Gebiet der Erforschung des Tierverstümmelungsphänomens dar. Auf fast 20 eng bedruckten Seiten gelingt eindeutig der Nachweis, daß in zahlreichen Staaten der USA von Sommer 1971 bis April 1986 an zahllosen Tierverstümmelungsszenarien »unidentifizierbare Hubschrauber« auftauchten. Doch nichts spricht wirklich dafür, daß die Besatzungen dieser »Chopper« tatsächlich auch für die Verstümmelungen verantwortlich sind.

So wurden im August 1971 vierzig Schafe im Lake County von Colorado, USA, Opfer des mysteriösen Phänomens. Ein Farmer aus Basque »sah einen Hubschrauber seine Herde überfliegen«. Im März 1973 kam es in Sarpy County, Nebraska, zu einer wahren »Welle« von Tierverstümmelungen – und wieder wurden Hubschrauber am Ort des Geschehens gemeldet. Am 13. November 1974 entdeckte man auf der

Douglas-Werkmeister-Farm, Madison County, Nebraska, gegen 8.35 Uhr abends eine »verstümmelte Kuh«. Und just in jenem Gebiet kreiste ein unmarkierter Hubschrauber in der Nacht. Ähnliches geschah am 22. Januar 1975 in Lamar County, Texas. Eine Stunde, nachdem eine verstümmelte Kuh gefunden worden war, wurde ein tief fliegender Hubschrauber ausgemacht.

Am 8. April 1979 observierte ein Hubschrauber den Rio Arriba Bezirk, New Mexico – und zwar jene Gefilde, in denen sich Tierverstümmelungen häuften, etwa im Raum von Dulce.

Im Oktober 1982 wurden im Sweetwater Bezirk, Wyoming, mehrere Fälle von Viehverstümmelungen amtlich gemeldet. Deputy Sheriff Theron Wide sah mehrfach »unheimliche Hubschrauber«. Am Sonntag, dem 10. Oktober 1982, beobachtete der Ordnungshüter »einen kleinen, zweisitzigen Hubschrauber, der über dem Weideland kreiste«.

Am 21. Mai 1983 wurde eine Kuh in Washington County, Colorado, von einem Farmerehepaar gefunden. Über der Weide des Grauens schwebte einen oder zwei Tage später ein Hubschrauber.

Am 21. April 1986 wurde in Marshall County, Alabama, auf der Vandervoort-Farm ein totes weibliches Rind entdeckt – ein typisches »Verstümmelungsopfer«. Herz und Vagina sowie eine Zitze vom Euter waren mit chirurgischer Präzision entfernt worden. Am Tier selbst fanden sich geringe Blutspuren, kein Tropfen Blut aber wurde am Boden entdeckt – und der hätte eigentlich von Blut nur so triefen müssen. Ed Teal vom örtlichen Sheriff-Büro: »Die fehlenden Teile waren nicht einfach herausgerissen worden. Sie waren präzise herausgeschnitten worden. Sehr unheimlich!« Farmer Vandervoort: »In der Nacht nach der Verstümmelung hörte mein Nachbar Schuldirektor Les Click einen Hubschrauber über meine Farm fliegen.«

Die Fülle von Beobachtungen stimmt nachdenklich. Es scheint keinen Zweifel zu geben: Wo Tierverstümmelungen auftreten, tauchen anschließend nicht identifizierbare »Hubschrauber« auf. In UFO-Kreisen wurde immer wieder die These vertreten, es handele sich dabei in Wirklichkeit um außerirdische Flugvehikel, die sich als Hubschrauber tarnen. Die kühne Behauptung läßt sich aber durch nichts beweisen.

Drittes Resümee

Wahrscheinlicher, aber ebenso unbewiesen, ist folgende Erklärung: Es könnte sich bei den in so vielen Fällen beschriebenen Hubschraubern tatsächlich um Maschinen von Geheimdiensten handeln. Sie tauchen aber stets erst auf, nachdem verstümmelte Tiere gefunden worden sind. Wenn Geheimdienste tatsächlich grausame Tierversuche durchführen sollten, etwa um neu entwickelte Waffen zu testen, so stünde derartigen Institutionen ohne Zweifel ausreichendes Tiermaterial zur Verfügung, ohne daß die Öffentlichkeit je davon erfahren würde. Wenn Geheimdienste Tiere metzeln, dann wohl, wie der Name sagt, im geheimen. Man würde wohl kaum auf private Viehbestände zurückgreifen und die so übel bearbeiteten Tierkadaver auf öffentlichem Areal zurücklassen.

Mein drittes Resümee: Wenn Geheimdienste involviert sein sollten, und ich halte das für sogar wahrscheinlich, dann nicht als Verursacher, sondern als Beobachter des Phänomens.

So heißt es auch in der Einleitung von *The Choppers – and the Choppers:*

»Solche Hubschrauber, nicht gekennzeichnet, tief fliegend, geräuschlos, sind über Jahre hinweg meldet worden. Sie wurden in Gegenden gesichtet, in denen UFOs beobachtet worden waren. In manchen Fällen wurden die geheimnisvollen Hubschrauber zusammen mit UFOs gesehen oder kurz nachdem UFOs gesichtet worden waren.«

Sollten also doch UFOs für das grausame Phänomen der Tierverstümmelungen verantwortlich sein? Und sollten Vertreter von Geheimdiensten sowohl das Rätsel der UFOs als auch der Verstümmelungen zu ergründen suchen?

Zurück zu den UFOs

Ich habe in meinen Büchern *Das Sphinx-Syndrom* und *Bevor die Sintflut kam* konkrete Beweise angeführt, die dafür sprechen, daß unser Planet tatsächlich von Außerirdischen besucht wird, die nicht nur Menschen entführen und unwürdigen wissenschaftlichen Experimenten unterziehen, sondern auch entsetzliche Tierversuche durchführen.

Konkrete Zeugenaussagen scheinen das eindeutig zu bestätigen. Im Juli 1983 saßen Ron und Paula Watson, Mount Vernon, Missouri, nach einem arbeitsreichen Tag auf der gemütlichen Veranda des Wohnhauses ihrer Farm. Der Tag war heiß gewesen, ein Gewitter kündigte sich an. Auf dem Nachbargrundstück beobachteten die biederen Leute durchs Fernglas zwei kleinwüchsige Gestalten in silbrig glänzenden Anzügen, die eine Kuh »bearbeiteten«. Das Tier lebte noch, schien aber irgendwie bewegungsunfähig, ja gelähmt zu sein. Und plötzlich »schwebte die Kuh zusammen mit den kleinwüchsigen Wesen« in Richtung eines kegelförmigen UFOs, das silbrig glänzend im Hintergrund auf einer Wiese stand. Ron Watson: »Erst sahen wir das Raumschiff fast gar nicht, weil seine Oberfläche wie ein Spiegel Gras, Büsche, Bäume und Himmel reflektierte.« In dem UFO war eine »Öffnung« auszumachen, eine Art »Tür«, auf die die kleinwüchsigen Wesen zusammen mit ihrem Opfer zuschwebten und durch die sie verschwanden. Sekunden später war das UFO nicht mehr zu sehen.

Linda Moulton Howe ist wohl *die* UFO-Expertin für Tierverstümmelungen, nicht nur in den USA, sondern weltweit. Seit vielen Jahren beschäftigt sich die attraktive Frau ausschließlich mit dem unheimlichen Phänomen. Ihrer Meinung nach läuft eine neue Schöpfung ab: Außerirdische gewinnen Genmaterial aus Tieren, entführen Männer, entnehmen Spermaproben, verschleppen Frauen, schwängern sie künstlich und stehlen ihnen Monate später, bei weiteren Entführungen, die Embryos. Verschiedentlich kam es vor, daß ihnen Monate oder Jahre später ihre »Kinder« gezeigt wurden, unheimliche Wesen – Mischkreationen, in deren Genen sich Erbmaterial von Tieren, Menschen und Außerirdischen nachweisen ließe?

Dieses Szenario habe ich in meinen Büchern beschrieben – und von einigen UFO-Gläubigen herbe Kritik geerntet. Man hielt mir vor, daß es sich bei den UFOs um Raumschiffe handele, von Besuchern aus dem All, die den Menschen nur wohlgesonnen seien, die uns liebevoll beobachten und nur unser Bestes wollen. Zu Mißhandlungen von Mensch und Tier seien jene absolut guten Wesen gar nicht in der Lage. Sie seien nicht hier auf Erden, um uns zu quälen, sondern um uns zu helfen, etwa bei der Lösung der die Menschheit bedrohenden Probleme.

Eine altägyptische Sphinx – Ergebnis außerirdischer Genmanipulationen?

Ich halte derlei pseudoreligiöse Hoffnungen, die von Berufsskeptikern gern aufgegriffen werden, für vollkommen fehl am Platz. Wir müssen mit unseren Problemen selbst fertig werden, Hilfe aus dem All dürfen wir nicht erwarten.

Die »Götter« der Vorzeit sind in unseren Tagen zur Erde zurückgekehrt und experimentieren wieder mit Mensch und Tier. Diese Vorstellung mag beängstigend wirken, unheimlich und furchteinflößend. Wenn wir aber das Rätsel der Tierverstümmelungen wirklich lösen wollen, dann dürfen wir auch vor unangenehmen Fakten die Augen nicht verschließen!

Was auch immer für die Tierverstümmelungen verantwortlich ist – das Phänomen ist keineswegs auf das ferne Amerika begrenzt. So berichtete *Newsletter* aus Belfast, Irland, am 20. Oktober 1995:

> »Eine brutal verstümmelte Kuh wurde an der Grenze unserer Provinz gefunden. Sie gilt als das erste Tieropfer von außerirdischen Wesen in unserer Region. Miles Johnston, ein Mitglied von Quest International, einer Gruppe, die UFO-Sichtungen und Entführungen untersucht, behauptet, der ausgehöhlte Kadaver sei vor sechs Wochen bei Camlough, Bessbrock, Co. Armagh, gefunden worden. Er sagte, sie sei ein Zeichen dafür, daß Ulster von unidentifizierten Lebensformen bedroht werde, die ein Blutbad unter Viehbeständen der Britischen Inseln und Amerika anrichten. ›Diese Kuh trägt alle Kennzeichen einer Verstümmelung durch Außerirdische. Das gesamte Blut ist herausgesaugt, das Fleisch ist vom Schädel entfernt, und lebenswichtige innere Organe sind entnommen worden. Die Organe wurden durch einen sauberen Schnitt, der mit Hilfe eines High-Tech-Lasergeräts ausgeführt wurde, herausgesaugt. Derlei geschah Tausenden von Tieren in den USA, aber es ist der erste Fall in Nordirland‹. Mr. Johnston, ein Elektronik-Experte aus Lurgan, behauptet, daß ein großer schwarzer Hubschrauber und eine untertassenförmige Flugmaschine zur Zeit der Verstümmelung in der Region beobachtet wurden. ›Vielleicht gibt es in unserer Provinz Menschen, die von Außerirdischen entführt worden sind, die aus Verlegenheit und aus Angst über ihre Erlebnisse bisher geschwiegen haben. Nun ist es an der Zeit, daß sie ihre Geschichte erzählen.‹«

Viertes Resümee: Fragen bleiben

In meinem Archiv habe ich eine Fülle von Berichten über Verstümmelungen. Zahlreiche Zeugenaussagen scheinen den Schluß nahezulegen, daß das Phänomen der Viehverstümmelungen auf außerirdische Besucher zurückzuführen ist. Andererseits ist das wohl nicht die ganze Wahrheit.

So berichtete die angesehene *New York Times* am 26. Januar 1996 über unheimliche und unerklärliche Vorfälle aus Canóvanas, Puerto Rico. Zahlreiche Zeugen wollen ein monströses Wesen hautnah erlebt haben, das für viele Tierverstümmelungen in der Region verantwortlich sei. Madelyne Tolentino beschreibt es als känguruhartig: »Es sprang wie ein Känguruh und stank nach Schwefel.« Und Luis Guadalupe meint: »Es war häßlich wie ein Dämon und flog durch die Luft!« Der 29jährige Bauarbeiter: »Es war etwa 1,20 oder 1,50 Meter groß und hatte riesige, längliche rote Augen. Eine spitze, lange Zunge kam aus seinem Maul und verschwand wieder. Es war grau, aber sein Rücken veränderte die Farbe. Es war ein Monster.«

Fest steht, daß im Verlauf der vergangenen Monate Hunderte von Tieren dahingemetzelt wurden – Ziegen, Schafe, Hasen, Hühner, Katzen und Hunde. Was das Wesen auch war – es saugte seinen Opfern alles Blut aus dem Leib. Und: Ähnliche Vorfälle hat es in der Region bereits in den siebziger Jahren gegeben. Damals wurden hauptsächlich Kühe Opfer des »Vampirs von Moca«, wie die Presse das Monsterwesen nannte.

Hunderte Zeugen wollen es inzwischen gesehen haben. Die Beschreibungen fallen unterschiedlich aus. Manche schildern es als tiger-, andere als affenähnlich, sehr viele als eine Kreatur halb Mensch, halb Tier, mit roten, hervortretenden Augen, kurzen Armen und Klauen. Und es soll fliegen können.

Während die Polizei sich in Beschwichtigungsversuchen ergeht, nimmt José Sito, der Bürgermeister von Canóvanas, ein ehemaliger Polizeibeamter, das unheimliche Phänomen sehr ernst. Höchstpersönlich leitete er umfangreiche Suchtrupps, die das Monster auffinden und töten sollten. Bisher vergeblich. Der Politiker befürchtet: »Was es auch ist, es ist hochintelligent. Heute attackiert es Tiere, morgen mag es Menschen angreifen!« Und Juan E. López, ein angesehener Lokalpolitiker, erklärte: »Diese Tötungen sind seltsam und müssen beurteilt werden. Wir müssen von offizieller Stelle die Genehmigung erhalten, eine Untersuchung durchzuführen – mit dem Ziel, die Vorfälle aufzuklären!«

Je intensiver ich mich mit dem Phänomen der Tierverstümmelungen auseinandersetze, um so unheimlicher erscheinen mir die Vorfälle, um so mehr Fragen ergeben sich. Ein abschließendes Resümee erscheint mir unmöglich. Die wichtigste Frage aber, die sich mir stellt, ist: Was auch immer die blutigen Massaker ausführt, beschränkt es sich auf Tiere – oder sind auch Menschen gefährdet?

Anhang

Aufruf zur Teilnahme an der Roswell-Initiative

Im ersten Kapitel des vorliegenden Buches ging ich auf den sogenannten Roswell-Fall von 1947 ein.

Damals wurde der Absturz eines UFOs dementiert; offiziell war es nur ein Wetterballon. Die Angelegenheit ist seither durch die Regierung mit dem Schleier des Geheimnisses zugedeckt worden.

Eine neue »Erklärung« wurde inzwischen nachgeschoben, wonach es sich bei dem Absturz um ein militärisches Experiment mit gebündelten Ballons handelte (»Mogul«). Auch dabei handelt es sich wieder um eine Vertuschung des Sachverhalts.

Die Pressemitteilung, die zuerst das ungewöhnliche Ereignis bekanntgab, wurde vom Kommandeur der 509. Bombereinheit des Roswell Army Air Field, Oberst William Blanchard, herausgegeben, der später zum Viersternegeneral und Vizechef der Air Force der Vereinigten Staaten befördert wurde. Die Wetterballon- und später die Mogul-Geschichte waren zur Vertuschung des tatsächlichen Ereignisses erfunden worden.

Am 12. Januar des Jahres 1994 gab der Abgeordnete des Kongresses der Vereinigten Staaten von Amerika, Steven Schiff aus Albuquerque, New Mexico, auf einer Pressekonferenz bekannt, daß er im Verteidigungsministerium wie gegen Mauern gelaufen sei, als er im Namen der Bürger und Zeugen Informationen über das Roswell-Ereignis verlangte. Das Fehlen jeder Antwort seitens des Verteidigungsministeriums nannte der Abgeordnete »erstaunlich«. Er schloß daraus, daß immer noch vertuscht wird. Er kündigte weitere Untersuchungen in der Sache an.

Die Geschichte hat gezeigt, daß offizielle Versicherungen oder Dementis durch die Regierung oft bedeutungslos sind. Es gibt nur einen logischen Weg, die Wahrheit über Roswell zu finden: einen Exekutivbeschluß, der jede Geheimhaltung von Informationen bezüglich der Existenz von UFOs und extraterrestrischer Intelligenz aufhebt.

Solch eine Aktion ist auf alle Fälle berechtigt und angemessen. Schließlich geht es um eine Angelegenheit von universeller Bedeutung.

Um alle potentiellen Zeugen mit der nötigen Sicherheit zu versehen, wäre es nötig, solch einem klar formulierten Beschluß Gesetzeskraft zu verleihen. Eine derartige Verfügung ist grundlegend notwendig. Just das war es auch, was der Präsidentschaftskandidat Jimmy Carter 1976 versprach. Bis heute wurde dieses Versprechen nicht eingelöst.

Wenn, wie offiziell behauptet wird, keine Informationen über Roswell, UFOs oder extraterrestrische Intelligenz zurückgehalten werden, dann bedeutet ein Exekutivbeschluß zur Aufhebung der Geheimhaltung nur eine bloße Formalität. Denn dann gibt es ja gar nichts, was enthüllt werden müßte.

Der Beschluß hätte den positiven Effekt, daß die Sache ein und für allemal richtiggestellt würde. Jahre der Kontroverse und Verdächtigungen würden enden – und das vor den Augen der Bürger der Vereinigten Staaten von Amerika und den Menschen der übrigen Welt.

Wenn andererseits die Zeugen von Roswell die Wahrheit sagen und Informationen über extraterrestrische Intelligenz existieren, dann geht es nicht an, daß Informationen darüber nur einigen wenigen Privilegierten innerhalb der amerikanischen Regierung zugänglich sind. Derlei Wissen von grundlegender Bedeutung muß allen Menschen unseres Planeten zur Verfügung stehen. Sie haben ein Recht darauf, wirklich umfassend informiert zu werden. Die Preisgabe des zurückgehaltenen Wissens würde fraglos weltweit als ein historischer Akt von Ehrlichkeit und gutem Willen anerkannt werden.

Bitte lassen Sie sich nicht beirren: Weltweit wurde der sogenannte Santilli-Film diskutiert. Zu sehen ist in besagtem Film angeblich, wie ein »außerirdischer Toter« aus dem Roswell-UFO-Wrack seziert wird. Gleichgültig, ob es sich bei diesem Streifen um eine Fälschung handelt (was wahrscheinlich ist!) oder nicht: Es ist endlich an der Zeit, daß der Roswell-Vorfall aufgeklärt wird. Dazu können Sie, liebe Leserinnen und Leser, aktiv beitragen, indem Sie die Roswell-Aktion unterstützen.

Es folgt nun der Text der Roswell-Erklärung. Ich bitte meine Leserinnen und Leser herzlich, den Text abzuschreiben oder zu kopieren und abzuschicken an

Herrn   oder   Herrn
Joachim Koch   Hans-Jürgen Kyborg
Stadtrandstr. 550 g   Zweibrücker Str.11
13589 Berlin   13583 Berlin

Ich unterstütze die Initiative für einen Exekutivbeschluß, alle Informationen der US-Regierung, die die Existenz von UFOs oder von außerirdischer Intelligenz betreffen, von der Geheimhaltung zu befreien.
Ich glaube, daß die Völker der Welt das Recht haben, in dieser Sache die Wahrheit zu erfahren, gleichgültig, ob solche Informationen existieren oder nicht.
Es ist an der Zeit, die Kontroverse, die diese Thematik umgibt, zu beenden.

_____

Unterschrift/Datum

_____

Beruf

_____

falls vorhanden: Diplom, Titel, akademischer Grad

_____

Name (Vorname, Nachname, bitte in Druckbuchstaben)

_____

Straße

_____

Postleitzahl, Ort

_____

Land

Empfehlenswerte Organisationen und Zeitschriften im deutschsprachigen Raum

Im deutschsprachigen Raum gibt es eine recht aktive Szene. Unzählige Menschen haben sich zu mehr oder minder großen Vereinigungen zusammengeschlossen, in denen geforscht und diskutiert wird. Zahlreiche Fachpublikationen werden herausgegeben, die nur dank eines bewundernswerten Engagements der Verantwortlichen existieren können. Die folgende Liste kann keinen Anspruch auf Vollständigkeit erheben. Sie entstand nach den subjektiven Auswahlkriterien des Verfassers.

Forschungsgruppen mit eigenen Publikationen

Ancient Astronaut Society (A.A.S.)
Erich von Däniken
CH-3803 Beatenberg
Schweiz

Zeitschrift *Ancient Skies*

Deutschsprachige Gesellschaft für UFO-Forschung e.V. (DEGUFO)
Reinhard Nühlen
Postfach 2831
D-55516 Bad Kreuznach

Zeitschrift: *DEGUFORUM*

Forschungsgesellschaft Kornkreise (FGK)
Ulrike Kutzer
Wallenrodstraße 6
D-91126 Schwabach

Zeitschrift: *FGK-Report*

Giordano-Bruno-Gesellschaft
Nicolas Benzin
Döhlestraße 1
D-37269 Eschwege

Zeitschrift: *Mitteilungen der G.-Bruno-Gesellschaft* und
Frankfurter Briefe

Grenzwissenschaftlich Interessierte Vereinigung (GIV)
Hermannstraße 12
D-12049 Berlin

Zeitschrift: *Victim's Voice*

Independent Alien Network
Wladislaw Raab
Rumfordstraße 20
D-80469 München

Zeitschrift: *UFO-Report*

Interessengemeinschaft Prä-Astronautik Essen e.V. (IPE)
Cornelia Brandt
Wintgenstraße 26
D-45239 Essen

Zeitschrift: eingestellt

Mutual UFO-Network
Central European Section (MUFON-CES)
Dipl.Phys. Illobrand von Ludwiger
Gerhart-Hauptmann-Straße 5
D-83620 Feldkirchen-Westerham

Zeitschrift: *MUFON-CES-Berichte*

UFO-Interessengruppe Frankfurt/ Oder (U.I.G.)
Mario Ringmann und Sandra Grabow
Hamburger Straße 11
D-15234 Frankfurt/Oder

Zeitschriften: *Unknown Reality* und Sonderhefte
Unknown Reality

Vereinigung nordhessischer Paläo-SETI-Forscher (VNP)
Nicolas Benzin
Döhlestraße 1
D-37269 Eschwege

Eigenständige Zeitschriften

It's a hoax
Herausgeber: Roland Roth
Rothwestener Straße 9
D-34233 Fuldatal-Simmershausen

Magazin 2000 plus
Herausgeberin: Ingrid Schlotterbeck
Chefredakteur: Michael Hesemann
Lupinenstraße 103
D-41466 Neuss

Omicron
Herausgeber: Roland Roth
Rothwestener Straße 9
D-34233 Fuldatal-Simmershausen

UFO-Kurier
Herausgeber: Jochen Kopp
Hirschauer Straße 10
D-72108 Rottenburg

UFO-Nachrichten
Herausgeber: W. L. Forster
Postfach 1211
D-87630 Obergrünzing-Kempten

Dank

Dieses Buch ist das Ergebnis zwanzigjähriger Arbeit. Es wäre ohne die Hilfe zahlreicher Menschen gar nicht möglich gewesen. Sie alle aufzulisten würde freilich den Rahmen dieser Danksagung sprengen. Stellvertretend seien wichtige Namen genannt. Jene, die ich nicht aufliste, bitte ich zu bedenken: Der Raum ist begrenzt.

Der erste Dank geht an meine langjährige Lebensgefährtin, Frau Barbara Kern, die meine zahlreichen Auslandsaufenthalte zum Zwecke der Recherche vor Ort nicht nur hinnahm, sondern die mich bei oft langwierigen Vorbereitungsarbeiten tatkräftig unterstützte. Fast zwanzig Jahre leben wir nun zusammen. Mögen noch recht viele folgen.

Dank schulde ich ganz besonders dem leider so früh verstorbenen Verleger John Fisch aus Luxemburg. Er brachte in seinem Verlag Weihnachten 1979 mein erstes Buch *Astronautengötter* heraus.

Danken möchte ich mehreren für meine Arbeit äußerst wichtigen Menschen, die es mir überhaupt erst ermöglich(t)en, Artikel, Serien und Bücher zu publizieren: Lilo und Frank Feldman, Reinhold G. Stecher, Brigitte Dörner und Dirk R. Meynecke und ihren Mitarbeiterinnen und Mitarbeitern.

Dank schulde ich auch sehr vielen Autorenkollegen, Wissenschaftlern und Forschern. Alle ihre Namen aufzulisten, ohne auch nur einen zu vergessen, ist unmöglich. Stellvertretend seien genannt: Luc Bürgin, Dr. h.c. Erich von Däniken, Walter Ernsting, Dr. Johannes Fiebag, Peter Fiebag, Lars Fischinger, Dr. Karl Grün, Reinhard Habeck, Michael Hesemann, Gerd W. Höchsmann, Roland Horn, Linda M. Howe, Peter Krassa, Prof. Dr. Patricio Moncayo, Prof. Dr. Dr. Hermann Oberth, Dr. Gene M. Phillips, Wladislaw Raab, Roland Roth, Hans-Werner Sachmann und Wolfgang Siebenhaar.

Ebenso unvollständig bleiben muß die Liste all jener, mit denen zusammen ich auf zahlreichen Reisen die interessantesten Orte unseres Globus besuchen durfte und denen ich zahlreiche wichtige Anregungen verdanke: Anne Choulet, Ingeborg Diekmann, Willi Dünnenberger, Max Gerich, Bodil und Preben Hansson, Jürgen Huthmann, Horst Lachmann, Steffi Liersch, Ilse Pollo, Herbert Regenfelder, Ronald Rottmann, Torsten Sasse, Kerstin Scheibe und Julia Zimmermann.

In den vergangenen Jahren haben mich zahllose Leserinnen und Leser angeschrieben. Sie haben mich ermutigt, den eingeschlagenen Weg fortzuführen, haben mir auch konstruktive, hilfreiche Kritik zukommen lassen. Ihnen allen bin ich sehr dankbar. Stellvertretend seien genannt Herr Jürgen Belloff und Frau Edeltraud Brandner.

Sehr verbunden fühle ich mich der Giordano-Bruno-Gesellschaft, deren Mitteilungsblätter ich stets mit großem Genuß lese. Die Giordano-Bruno-Gesellschaft beschäftigt sich mit der Erforschung von Kultur und Geschichte sowie der Vermittlung der von ihren Mitgliedern gewonnenen Ergebnisse. Auf dem Gebiet der Naturphilosophie steht dabei der Namensgeber Giordano Bruno im Mittelpunkt des Interesses. Die Giordano-Bruno-Gesellschaft möchte insbesondere auch Jugendliche in ihre Arbeit mit einbeziehen. Sie wird überwiegend von Vertreterinnen und Vertretern der dänikenschen Astronautengötter-Hypothese getragen, die versuchen, innovativ und fächerübergreifend zu wirken.

Kontaktanschrift: Giordano-Bruno-Gesellschaft, z. H. Herrn Nicolas Benzin, Döhlestr. 1, D-37269 Eschwege.

Literaturverzeichnis

Mit sehr wenigen Ausnahmen habe ich alle in diesem Buch beschriebenen rätselhaften Stätten selbst besucht. In das Buch flossen aber ebenso die Resultate eines äußerst intensiven Quellen- und Literaturstudiums. Nachfolgend werden wichtige Werke aufgelistet. Sie können von der interessierten Leserschaft dazu benutzt werden, um sich ausführlicher mit den abgehandelten Themen auseinanderzusetzen. Schließlich ermöglichen sie weiteres selbständiges Arbeiten, stets den großen Geheimnissen und Mysterien unseres Planeten auf der Spur. Den aufgeführten Werken können weitere Literaturhinweise entnommen werden.

Vorwort von Erich von Däniken

1) Crick, F. H. und Orgel, L. E.: *Directed Panspermia.* In *ICARUS,* Nr. 19, London 1973

2) Holye, Fred und Wickramasinghe, N. C.:*Die Lebenswolke,* Frankfurt am Main 1979

3) Crick, Francis: *Das Leben selbst. Sein Ursprung, seine Natur.* München und Zürich 1981

4) Merkle, Ralph C.: *Molecular Nanotechnology in Frontiers of Supercomputing II: A National, Reassessment,* University of California Press, 1992

5) do.: *Two types of Mechanical Reversible Logic.* In *Nanotechnology* 4, 1993, Seiten 114-131

6) Drexler, Eric K.: *Molecular Engineering: an approach to the development of general capabilities for molecular manipulation.* In *National Academy of Sciences,* USA, 1978, Seiten 5275-5278

7) Merkle, Ralph C.: *A Proof About Molecular Bearings. In Nanotechnology,* Vol. 4, 1993, Seiten 86-90

8) do: *Self Replicating Systems and Molecular Manufacturing.* In *Journal of the British Interplanetary Society,* Vol. 45, 1992, Seiten 407-413

9) Wertz, J. R.: *The Human Analogy of the Evolution of Extraterrestrial Civilizations.* In *Journal of the British Interplanetary Society,* Vol. 29, Nr. 7-8, 1976

10) Fogg, M. J.: *Temporal Aspects of the Interaction among the First Galactic Civilizations. The Interdict Hypothesis.* In *ICARUS,* Vol. 69, London 1987

UFOs heute und einst

Berlitz, Charles und Moore, William: *Der Roswell-Zwischenfall,* Wien 1980

Chicago Enterprise: Ausführliche Berichterstattung über UFOs in der Ausgabe vom 22. November 1896

Cohen, Daniel: *The Encyclopedia of the Strange,* New York 1985

Cohen, Daniel: *The Great Airship Mystery,* New York 1981

Eberhart, George (Hrsg.): *The Roswell Report – A historical perspective,* Chicago 1991

Fiebag, Dr. Johannes: *Die Anderen,* München 1993

Fort, Charles Hoy: *The Complete Books of Charles Fort,* New York 1974

Charles, Hoy Fort: *Neuland,* Berlin 1996

Gross, L. E. : *UFOs. A History,* Vermont 1987

Hazard, Christine: *Did the airforce hush up a flying saucer crash? Woman's World,* 27. Februar 1990

Hesemann, Michael: *Geheimsache UFO,* 3. Auflage, Neuwied o. J.

Hesemann, Michael: *Jenseits von Roswell,* Neuwied 1996

Langbein, Walter-Jörg: *Schein oder Wirklichkeit?* 40 Jahre UFOs, in *Frankenpost* vom 16./17. April 1988

Langbein, Walter-Jörg: *Das Sphinx-Syndrom,* München 1995 und Berlin 1997

Langbein, Walter-Jörg: *Bevor die Sintflut kam,* München 1996

Randle, Kevin D. und Schmitt, Donald R.: *The truth about the UFO crash at Roswell,* New York 1994

Marienerscheinungen und UFOs

Barthas, Chanoine: *Fatima – ein Wunder des zwanzigsten Jahrhunderts,* Freiburg 1955

Bernardus, P.: *Fatima – Wahrheit oder Täuschung?,* München 1952

Castelbranco, J.: *Maria erscheint und spricht in Fatima,* Konstanz, München, Freiburg 1949

Däniken, Erich von: *Erscheinungen,* Düsseldorf, Wien 1974

Ernst, Robert: *Lexikon der Marienerscheinungen,* Wallhorn, Belgien 1985

Es, Marinus Maria van: *Fatima – Erscheinungen und Botschaft Unserer Lieben Frau,* Jestetten 1979

Fiebag, Dr. Johannes: *Die geheime Botschaft von Fatima,* Tübingen 1986

Fiebag, Dr. Johannes und Fiebag, Peter: *Himmelszeichen,* München 1992

Fonseca, L. Gonzaga da: *Maria spricht zur Welt – in Fatima 1917,* Freiburg 1978

Heyder, Gebhard: *Advent-Muttergottes in der Waldschlucht,* Regensburg 1986

Hierzenberger, Gottfried und Nedomansky, Otto: *Erscheinungen und Botschaften der Gottesmutter Maria,* Augsburg 1993

Hoffmann, Hellmuth: *Die Wahrheit über die Botschaft von Fatima,* Bietigheim 1983

Holgersen, Alma: *Das Buch von Fatima,* Wien, München 1954

Lochet, Louis: *Muttergotteserscheinungen,* Freiburg 1957

Lüthold-Minder, Ida: *Helvetia Mariana. Die marianischen Gnadenstätten der Schweiz,* Stein a. Rhein 1979

Ortner, Reinhold: *Die Berge werden erbeben,* Stein a. Rhein, 2. Auflage 1985

Weidner, Gisela (Hrsg.): *Maria Mutter Jesu,* Wien 1990

Außerirdische in der Bibel

Ancient Astronaut Society (Hrsg.): *Neue Beweise der Prä-Astronautik,* Rastatt 1979

Beier, Hans Herbert: *Kronzeuge Ezechiel. Sein Bericht, sein Tempel, seine Raumschiffe,* München 1985

Blumrich, Josef F.: *Da tat sich der Himmel auf. Die Raumschiffe des Propheten Ezechiel und ihre Bestätigung durch modernste Technik,* Berlin 1994

Dendl, Jörg: *Herkunft und Verbleib der Bundeslade aus historischer Sicht,* G.R.A.L.-Sonderband 1, 3. Auflage, Berlin 1993

Dopatka, Ulrich: *Lexikon der außerirdischen Phänomene,* Bindlach 1982

Dummermuth, Fritz: *Biblische Offenbarungsphänomene,* in *Theologische Zeitschrift* Nr. 21/1965

Eichrodt, W.: *Das Alte Testament deutsch,* Göttingen 1968

Fiebag, Dr. Johannes und Fiebag, Peter: *Die Entdeckung des Grals,* München 1989

Fohrer, Georg: *Einleitung in das Alte Testament,* Heidelberg 1969

Ginsberg, Louis: *Legends of the Bible,* Philadelphia 1968

Krassa, Peter: *Gott kam von den Sternen,* Berlin 1995

Littmann, Enno: *The Legend of the Queen of Sheba in the Tradition of Axum,* Leyden 1904

Sassoon, George und Dale, Rodney: *Die Manna-Maschine,* Berlin 1994

Smend, Rudolf: *Der Prophet Ezechiel,* Leipzig 1880

Außerirdische im alten Indien

APA-Guides: Südindien, Berlin 1993

Beier, Hans Herbert: *Kronzeuge Ezechiel. Sein Bericht, sein Tempel, seine Raumschiffe,* München 1995; Berlin 1996

Biren, Roy: *Das Mahabharata,* Düsseldorf, Köln 1961

Bopp, Franz: *Ardschunas Reise zu Indras Himmel,* Berlin 1824

Britton, S. C.: *Ancient Indian Iron,* in Nature 134, (S. 238-240 und 277-279, 1934)

Childress, David Hatcher: *Vimaana Aircraft of Ancient India,* Stelle, Illinois, 1991

Däniken, Erich von: *Erich von Däniken im Kreuzverhör,* Düsseldorf und Wien 1978

Davenport, David W.: 2000. A. C. *Distrizione Atomica,* Mailand 1979

Fiebag, Peter: *Der Obelisk: Symbol für ein Raumfahrzeug?* in Däniken, Erich von (Hrsg.): *Neue kosmische Spuren,* München 1992

Fritz, John: *City of Victory,* New York 1991

Furduj, Dr. Rostislaw: *Zur Metallsäule in Delhi – Ein neuer Wink* in Däniken, Erich von (Hrsg.): *Kosmische Spuren,* München 1992

Gottschalk, Hebert: *Sonnengötter und Vampire,* Berlin 1978

Groslier, Bernhard Philippe: *Hinterindien,* Baden-Baden 1960

Krassa, Peter und Habeck, Reinhard: *Die Palmblattbibliothek und andere geheimnisvolle Schauplätze dieser Welt,* München 1993.

Ions, Veronica: *Indische Mythologie,* Wiesbaden 1967

Kanjilal, Dileep Kumar: *Fliegende Maschinen im Alten Indien* in Däniken, Erich von: *Habe ich mich geirrt?,* München o. J.

Langbein, Walter-Jörg: *Das Sphinx-Syndrom/Die Rückkehr der Astronautengötter,* München 1992

Langbein, Walter-Jörg: *Astronautengötter/Die Chronik unserer phantastischen Vergangenheit,* Berlin 1995

Langbein, Walter-Jörg: *Bevor die Sintflut kam,* München 1996

Langbein, Walter-Jörg: *Das Wissen der Alten,* Rastatt 1997

Lauenstein, Diether: *Das Erwachen der Gottesmystik in Indien,* München 1943

Marco-Polo-Reiseführer: *Indien,* Ostfildern, o. J.

Michell, George: *Der Hindu-Tempel,* Köln 1991

Mooney, Richard E.: *Gods of air and darkness,* New York 1975

Nelles Guides: *Indien Nord,* o. J., 2.Auflage 1991

Ramachandra Dikshitar: *War in Ancient India,* Madras, London 1944

Runde, Ingo: *Die Säule von Delhi bleibt ein Rätsel* in Däniken, Erich von (Hrsg.): *Kosmische Spuren,* München 1992

Sachmann, Hans-Werner: *In Schutt und Asche,* Baden Baden 1989

Thompson, Richard L.: *Vedic Cosmography and Astronomy,* Los Angeles, Bombay 1990

Volwahsen, Andrea und Stierlin, Henri (Hrsg.): *Architektur der Welt,* Band 9, *Indien,* Lausanne o. J.

Zimmer, Heinrich: *Indische Sphären,* Zürich 1963

Astronautengötter bei den Mayas

Bowditch, Charles: *The Temples of the Cross of the foliated cross and of the sun at Palenque,* Cambridge, Mass. 1906

Burghardt, Hermann: *Maya-Götter aus Sumer,* in *SETI* 1/1995

Coe, Michael: *Die Maya,* Bergisch-Gladbach 1968

Däniken, Erich von: *Erinnerungen an die Zukunft,* Düsseldorf und Wien 1968

Däniken, Erich von: *Der Tag an dem die Götter kamen,* München o. J.

Eckhardt, Rudolf: *Neues von den Maya: Das Pascal-Parado-xon,* Vortrag gehalten auf dem One-day-Meeting der Ancient Astronaut Society, Zürich, 11.9.1993

Fagan, Brian: *Die vergrabene Sonne,* München 1979

Fiebag, Peter: *Der Götterplan,* München 1995

Förstermann, Ernst: *Drei Inschriften von Palenque* in *Globus,* Braunschweig, vom 16. 09. 1899

Ivanoff, Pierre: *Maya, Monumente, große Kulturen,* Luxemburg 1974

Krupp, Edwin: *Astronomen, Priester, Pyramiden,* München 1980

Langbein, Walter-Jörg: *Bevor die Sintflut kam,* München 1996

Lhullier, Alberto Ruiz: *The Mystery of the Temple of the Inscriptions,* Cambridge, Massachusetts, 1953

Mehlring, Marianna: *Knaurs Kulturführer Mexiko,* München 1993

Prescott, William: *History of the Conquest of Mexico,* Paris 1844

Schele, Linda: *The Blood of the Kings. Dynasty and Ritual in Maya Art,* Fort Worth 1986

Spinden, Herbert: *The Reduction of Mayan Dates,* Cambridge, Mass. 1924

Stingl, Miloslav: *Den Maya auf der Spur,* Leipzig 1971

Thompson, John Eric: *Die Maya – Aufstieg und Niedergang einer Indianerkultur,* München 1968

Thót, Làszlo: *Die technische Interpretation des Palenque-Reliefs* in Fiebag, Dr. Johannes und Fiebag, Peter (Hrsg.): *Aus den Tiefen des Alls,* Berlin 1995

Wilhelmy, Herbert: *Welt und Umwelt der Maya,* Leiden 1981

Monstergräber, Pyramiden und Astronautengötter

Al-Marizi: *Hitat,* übersetzt von Erich Grafe, Leipzig 1911

Anati, Emmanuel: *Capo di Ponte,* Brescia 1981

Anonymus: *Divers Find Rock Lake's Lost Pyramids, Gazetter,* Janesville, Wisconsin, 7. Juni1989

Anonymus: *Pyramids Found in Rock Lake, Daily Times,* Waterton, 6. Juni 1989

Anonymus: *Lake Holds Indian Shafts. Lake Mills' Pyramids Believed Old Altars,* Zeitungsartikel, Name und Erscheinungsort nicht mehr feststellbar.

Beckrath, Jürgen von: *Abriß der Geschichte des Alten Ägypten,* München 1971

Corliss, William: *A handbook of Puzzling Artefacts,* Glen Arm, Maryland, USA, 2. Auflage 1980

Däniken, Erich von: *Die Augen der Sphinx,* München 1989

Davidovits, Joseph und Morris, Margie: *The Pyramids. An Enigma Solved,* New York 1988

Eberhard, Otto: *Beiträge zur Geschichte der Stierkulte in Ägypten,* Leipzig 1938

Eggebrecht, Eva: *Die Geschichte des Pharaonenreiches* in *Das Alte Ägypten,* München 1984

Ekschmitt, Werner: *Die Sieben Weltwunder,* Mainz 1984

Ettinger, Robert: *The Prospect of Immortality,* New York 1965

Forbiger, Dr. A. (Übersetzer): *Strabons Erdbeschreibung,* Berlin o. J.

Hassanin, Samir: *Ägypten mit den Augen eines Ägypters erleben,* Aarau o. J.

Herodot: *Historien,* München 1963

Hopfner, Theodor: *Der Tierkult im Alten Ägypten,* Wien 1913

Karst, Josef: *Eusebius Werke/Band V/Die Chronik,* Leipzig 1911

Krassa, Peter und Habeck, Reinhard: *Die Palmblattbibliothek und andere geheimnisvolle Schauplätze dieser Welt,* München 1993

Langbein, Walter-Jörg: *Die Suche nach der Botschaft aus dem All,* A.A.S.-One-day-Meeting, Bayreuth vom 24.-26. Oktober 1986 (Vortrag/Manuskript)

Langbein, Walter-Jörg: *Alte Rätsel. Neue Fakten.,* A.A.S.-One-day-Meeting,Zürich, 25. August 1990

Langbein, Walter-Jörg: *Das Sphinx-Syndrom,* München 1995

Langbein, Walter-Jörg: *Bevor die Sintflut kam,* München 1996

Langbein, Walter-Jörg: *Die großen Rätsel der letzten 2500 Jahre,* München 1997

Lauer, Jean-Philippe: *Saqqara, die Königsgräber von Memphis,* Bergisch Gladbach 1977

Leca, Pierre: *Die Mumien,* Düsseldorf 1982

Lehner, Mark: *The Egyptian Heritage,* Virginia Beach, Virginia, USA, 1991

Lurker, Manfred: *Götter und Symbole der Alten Ägypter,* Bern 1974

Mariette, Auguste: *Le Sérapeum de Memphis,* Paris 1857

Meyer, Eduard: *Geschichte des Altertums,* Stuttgart 1909

Mond, Robert: *The Bucheum,* Band I, London 1934

Oertel, Friedrich: *Herodots Ägyptischer Logos und die Glaubwürdigkeit Herodots,* Bonn 1970

Paturi, Felix: *Zeugen der Vorzeit,* Düsseldorf 1976

Paturi, Felix: *Die großen Rätsel unserer Welt,* Stuttgart 1989

Schoch, Peter: *The Great Sphinx Controversy,* in *Fortean Times,* No.79, 1995

Simpson, Jacqueline: *Mythen und Legenden des alten Europa,* Klagenfurt 1990

Sitchin, Zecharia: *Stufen zum Kosmos,* Untergäri 1982

Sichtin, Zecharia: *Forging the Pharao's Name,* Artikel in *Ancient Skies,* US-Ausgabe, Vol. 8,2/1981

Unger, Georg: *Chronologie des Manetho,* Berlin 1967

Vergessene Welten, Rastatt 1994

Wahrmund, Adolf: *Diodor von Sizilien,* Stuttgart 1986

Whitcomb, Ben: *The Lost Pyramids of Rock Lake,* in *Skin Diver,* Januar 1990

Wolf, Doris: *Was war vor den Pharaonen?,* Zürich 1994

Außerirdische in Europa und in der Türkei

Aksit, Ilhan: *Türkei,* Istanbul 1988

Bittel, Kurt: *Bogazköy,* Ankara o.J.

Boulanger, Robert: *Die Blauen Führer: Türkei,* München o.J.

Can, Turhan: *Istanbul, Tor zum Orient,* Istanbul o.J.

Cohausen, August von: *Die Befestigungsweisen der Vorzeit und des Mittelalters,* unveränderter Nachdruck, Augsburg 1996

Däniken, Erich von: *Beweise,* Düsseldorf 1977

Demir, Ömer: *Cappadokien, Wege der Geschichte,* Ankara 1990

Dendl, Jörg und Hefner, Jonny R.: *Rätselhaftes Objekt im archäologischen Museum* in *GRAL* Nr. 5 und Nr. 6/1994

Dörner, Friedrich Karl und Dörner, Eleonore: *Vom Pergamon zum Nemrud Dag,* Mainz 1989

Gökovali, Sadan: *Commagene und Nemrut,* Izmir 1988

Hesemann, Michael: Fax an Walter-Jörg Langbein vom 21. 1. 1995

Human, Carl: *Reisen in Kleinasien und Nordsyrien,* Berlin 1890

Langbein, Walter-Jörg: *Raumfahrt vor Jahrtausenden* in *PARA,* Mai-Heft 1994

Langbein, Walter-Jörg: *Das Sphinx-Syndrom,* München 1995

Langbein, Walter-Jörg: *Bevor die Sintflut kam,* München 1996

Langbein, Walter-Jörg: *Die großen Rätsel der letzten 2500 Jahre,* München 1997

Machalett, Walther: *Externsteine,* Maschen 1970

Moltke, Helmuth Friedrich Graf von: *Briefe über Zustände und Begebenheiten in der Türkei aus den Jahren 1835 bis 1839* in *Gesammelte Schriften,* Band 8, Berlin 1893

Museum für anatolische Civilisationen: *Türkei,* Ankara o.J.

Pörtner, Rudolf: *Archäologie. Die großen Abenteuer und Entdeckungen,* Salzburg 1990

Yörükoglu, Ömer: *Unterirdische Städte in Kappadokien,* Ankara 1989

Von unbequemen Funden

Bennet, Wendell C.: *Ancient Arts of the Andes,* New York 1954

Borhegyi, Stephan: *Pre-Columbian Cultural Connections Between Mesoamerica and Ecuador,* New Orleans 1959

Bushnell, Geoffrey: *The First Americans,* New York 1968
Cabrera Darquea, Javier: *The message of the engraved stones of Ica,* Ica, Peru, 1994

Canby, Thomas: *The Search for the First Americans,* in *National Geographic Magazine,* 3/1973

Däniken, Erich von: *Aussaat und Kosmos,* Düsseldorf 1972

Däniken, Erich von: *Entlarvung der Entlarver* in Däniken, Erich von (Hrsg.): *Kosmische Spuren,* München 1992

Däniken, Erich von: *Habe ich mich geirrt?,* München o.J.

Ditfurth, Hoimar von: *Warum der Mensch zum Renner wurde,* in *Geo* Nr.12 1981

Fiebag, Dr. Johannes: *Dr. Cabreras Gruselkabinett,* in *esotera,* Heft 10/ 1995

Hadingham, Evan: *Lines to the Mountain Gods,* New York 1987

Hawkins, Gerald S.: *Beyond Stonehenge,* London 1973

Hiben, Frank: *The Lost Americans,* New York 1961

Isbell, William: *Die Bodenzeichnungen Alt-Perus,* in *Spektrum der Wissenschaft,* Dezember 1978

Kaufhold, Peter: *Auf den Spuren des Erich von Däniken,* London 1982

Kaufhold, Peter: *Von den Göttern verlassen?,* München 1984

Langbein, Walter-Jörg: *Geheimnisvolles Südamerika,* in *PARA* Juli und August 1993

Langbein, Walter-Jörg: *Bevor die Sintflut kam. Von Götterbergen und Geisterstädten, von Zyklopenmauern, Monstern und Sauriern,* München 1996

Langbein, Walter-Jörg: *Das Sphinx-Syndrom. Die Rückkehr der Astronautengötter,* München 1995

Langbein, Walter-Jörg: *Astronautengötter. Die Chronik unserer phantastischen Vergangenheit,* Berlin 1995

Langbein, Walter-Jörg: *Die großen Rätsel der letzten 2500 Jahre,* München 1997

Langegg, Ferdinand von: *El Dorado,* Graz 1975

Leitner, Thea: Schätze. *Vergraben, versunken, gefunden,* Wien 1985

Mack, Prof. Dr. John E.: *Entführt von Außerirdischen,* Essen, München 1995

Mason, Alden J.: *Das alte Peru,* Zürich 1965

Mueller, Karl von: *The Treasur Hunter's Manual,* 7 Bände, Dallas 1979

Ostler, Reinhold: *Verborgenen Schätzen auf der Spur,* Stuttgart o.J.

Petratu, Cornelia und Roidinger, Bernard: *Die Steine von Ica/ Protokoll einer anderen Menschheit,* Essen, München 1994
Reiche, Maria: *Geheimnis der Wüste,* Stuttgart 1968
Roden, Hans: *Schatzsucher,* München 1965
Seuren, Günter: *Schätze dieser Erde,* München 1989
Stierlin, Henri: *Nazca, la clef du mystère,* Paris 1983
Stierlin, Henri: *Nazca,* Paris 1983
Stingl, Miloslav: *Die Inkas,* Wien, Düsseldorf 1978
Williamson, George H.: *Road in the Sky,* London 1965
Woodman, Jim: *Nazca,* München 1977

Außerirdische und das Geheimnis der Tierverstümmelungen

Adams, Tom: *The Choppers and the Choppers,* Paris, Texas, 1991
Cohen, Daniel: *The Encyclopedia of the Strange,* New York 1985
Eagle, Crestone, Colorado: *Mutilations Begin Again,* Februar 1993
Farkas, Viktor: *Unerklärliche Phänomene jenseits des Begreifens,* Frankfurt 1988
Howe, Linda Moulton: *An Alien Harvest,* Cheyenne 1989
Journal, Albuquerque, New Mexico: *Better Exams Sought in Mutilations,* 4. Oktober 1994
Morning News, Dallas, Texas: *Search Continues for 1700 Cattle* (Datum nicht feststellbar)
Morning Tribune, Lewiston, Ohio, 28. November 1994
News, Santa Rosa, New Mexico: *Making a Federal Case out of Cattle Mutilations,* 20. Oktober 1994
Wolverton, Keith und Donovan, Roberta: *Mystery Stalks the Prairie,* Reynesford, Montana, 1976

Register

Hans-Werner Peiniger
Das Rätsel:
Unbekannte Flugobjekte

288 Seiten, Hardcover
Format: 13 x 21 cm
DM 19,80/öS 145,-/sfr 19,-
ISBN 3-8118-1393-5

UFOs – sind sie tatsächlich Besucher aus dem All,
Einbildung oder schlichtweg Betrug?

Seit 25 Jahren untersucht die „Gesellschaft zur Erforschung
des UFO-Phänomens", die größte deutsche Vereinigung von
Wissenschaftlern und UFO-Experten, das Geheimnis der
fliegenden Untertassen. In diesem Buch hat Hans-Werner
Peiniger die wichtigsten Forschungsergebnisse zusammengetragen. Neben einfachen Sichtungen behandelt „Das Rätsel:
Unbekannte Flugobjekte" auch UFO-Fotos, außergewöhnli-
che Landespuren, Kontakte mit Außerirdischen, Entführungen
durch UFO-Piloten und Klassiker wie den Absturz einer
fliegenden Untertasse im amerikanischen Roswell …

Walter-Jörg Langbein

GEHEIMNISVOLLES WISSEN

• Biblische Propheten • Die mysteriöse Bundeslade
• Das unerklärliche Wissen der Antike
• Das Geheimnis der geschmolzenen Steine
• Das Rätsel der Geheimbünde • Unheimliche Rituale

MOEWIG

Unsere Vergangenheit ist mysteriös und rätselhaft. Vergangene Kulturen verfügten über ein geheimnisvolles Wissen, das jeder vernünftigen Erklärung zu trotzen scheint. Woher kannten die biblischen Propheten so detailgenau die Zukunft? Wer baute Flugzeuge im alten Ägypten ...?

Walter-Jörg Langbein
Geheimnisvolles Wissen

368 Seiten, Hardcover
DM 10,-/öS 73,-/sfr 10,-
ISBN 3-8118-1425-7

Walter-Jörg Langbein

MAGISCHE WELTEN

• Wissen ohne Grenzen
• Ausblick in die Zukunft • Mysterien des Altertums
• Magie im Mittelalter • Propheten und Hellseher
• Traumwelten

MOEWIG

Phänomene, die jeder Logik widersprechen, ereignen sich jeden Tag auf unserem geheimnisvollen Planeten. Menschen sehen in Visionen die Zukunft voraus, lassen mit Gedankenkraft Eisenkugeln schweben, beeinflussen die Welt durch magische Riten. Wunder, Wahn oder Wirklichkeit?

Walter-Jörg Langbein
Magische Welten

368 Seiten, Hardcover
DM 10,-/öS 73,-/sfr 10,-
ISBN 3-8118-1424-9

Perry Rhodan: Band 61
Terra im Brennpunkt

ca. 416 Seiten, Hardcover
DM 29,80/öS 218,-/sfr 27,50
ISBN 3-8118-2081-8

Perry Rhodans Plan ist es, Terra vom Schwarm „schlucken"
zu lassen. Damit sollen die Menschen ihre volle Intelligenz
wiedererhalten und im Vollbesitz ihrer Kräfte den Über-
lebenskampf gegen die Götzen führen. Den Götzen wird
eine Menschheit vorgegaukelt, die auf der technischen Stufe
des ausgehenden 20. Jahrhunderts steht. Noch dürfen
die Fremden nicht wissen, wie stark Terra wirklich ist.
Der erbitterte Kampf um die Erde entbrennt.